重读司马迁书系

天启汉光

西汉开国六十年

冯立鳌◎著

中国文史出版社

图书在版编目（CIP）数据

天启汉光：西汉开国六十年 ／ 冯立鳌著 . —北京：
中国文史出版社，2013.12

（重读司马迁书系）

ISBN 978-7-5034-4618-4

Ⅰ.①天… Ⅱ.①冯… Ⅲ.①中国历史—西汉时代—
通俗读物 Ⅳ.①K234.109

中国版本图书馆 CIP 数据核字（2013）第 310548 号

责任编辑：刘　夏
封面设计：中联学林

出版发行：中国文史出版社
网　　址：www.wenshipress.com
社　　址：北京市西城区太平桥大街 23 号　邮编：100811
电　　话：010－66173572　66168268　66192736（发行部）
传　　真：010－66192703
印　　装：北京天正元印务有限公司
经　　销：全国新华书店
开　　本：170mm×240mm　1/16
印　　张：16
字　　数：253 千字
版　　次：2014 年 3 月北京第 1 版
印　　次：2014 年 3 月第 1 次印刷
定　　价：48.00 元

目 录
contents

上 部

人物篇

草创汉朝的刘邦（汉高祖）   *005*

  减轻赋税，稳定民心   *005*

  难镇北疆，和亲息战   *007*

  封邦裂土，疑忌生衅   *009*

  内生嫌隙，皇权难弭   *014*

  关注诗书，始行数化   *018*

仁弱失政的刘盈（汉惠帝）   *022*

  恩礼待人，心性良善   *022*

  弱主雌性，母后为雄   *025*

阴狠凶残的吕雉   *029*

  佐助夫君，影响政局   *029*

  主朝贪私，诛杀功臣   *030*

  好恶任情，少有理性   *034*

  为人凶残，心性奸猾   *038*

  贻害所爱，苦果自酿   *041*

顺时变化的叔孙通   *045*

  精识时务，善于变通   *045*

  面对现实，创制礼仪   *047*

  独立特行，目的为重   *049*

以文助汉的陆贾   *052*

  出使南越，笑谈抚藩   *052*

　　　　著述《新语》,导引汉政　　　　　　　　　　*056*

　　　　逆境蛰伏,交游为乐　　　　　　　　　　　　*057*

　　命运多舛的诸丞相　　　　　　　　　　　　　　*060*

　　　　萧何:皇权压迫,自污损名　　　　　　　　　*060*

　　　　曹参:无为而治,大获成功　　　　　　　　　*062*

　　　　王陵:耿直抗吕,触鳞失位　　　　　　　　　*064*

　　　　陈平:善识时务,以曲求伸　　　　　　　　　*066*

　　　　审食其:受宠女主,因幸为相　　　　　　　　*067*

　　事件篇

　　　　冒顿:创制"鸣镝",突袭夺政　　　　　　　　*071*

　　　　匈奴:东并西攻,以武强国　　　　　　　　　*074*

　　　　冒顿:招降边将,平城困汉　　　　　　　　　*077*

　　　　贯高:逞义刺帝,名闻天下　　　　　　　　　*079*

　　　　刘泽:舍金筹划,投机得王　　　　　　　　　*083*

　　　　刘襄:获悉密讯,兴师讨吕　　　　　　　　　*086*

　　　　汉大臣:夺军政变,诛灭吕氏　　　　　　　　*090*

　　　　汉大臣:选立新帝,母家求弱　　　　　　　　*096*

　　　本篇结语　　　　　　　　　　　　　　　　　　*099*

　下　部

　　人物篇

　　和善为政的刘恒(汉文帝)　　　　　　　　　　105

　　　　惴恐赴京,忐忑即位　　　　　　　　　　　　105

　　　　广施恩德,厚结人心　　　　　　　　　　　　110

　　　　大仁济民,心性良善　　　　　　　　　　　　112

　　　　珍惜民力,倡导简朴　　　　　　　　　　　　117

　　　　处政求稳,善纳谏言　　　　　　　　　　　　121

　　　　周旋北患,备武求和　　　　　　　　　　　　127

　　　　为人深情,养宠伤政　　　　　　　　　　　　131

　　大器早成的贾谊　　　　　　　　　　　　　　　136

洞悉政局，忧国献策 136

人生沉浮，自性悲戚 139

诚朴守职的张释之 143

公允执法，不阿尊贵 143

倡导淳朴，潜化政风 145

甘受廷辱，避祸贬职 146

走进漩涡的晁错 149

心忧国家，献策救弊 149

不避激流，陷身漩涡 152

直道而行的袁盎 157

方正做人，直谏事君 157

是非分明，宽以待人 160

行直路曲，舍生不惧 162

功高受诬的周亚夫 165

严于治军，为国靖难 165

不知变通，耿直为人 168

受诬不屈，命有定数 170

恃宠生事的刘武（梁孝王） 173

徙为梁王，为汉屏障 173

骄纵失宠，难续旧情 174

宏大父业的刘启（汉景帝） 178

纨绔之性，报怨做君 178

削藩惹祸，慌张应付 181

沿袭旧政，少有调整 186

家事缠身，周旋母后 188

无为治国，心尚法术 193

事件篇

赵佗：称尊岭南，感恩属汉 201

陈平：恭谦让位，凭才再获 204

周勃：受诬入狱，私情求免 206

刘长：椎杀朝臣，绝食弃生　　　　　　　　　　209

薄昭：擅杀汉使，受逼自尽　　　　　　　　　　215

中行说：叛降匈奴，挑战母邦　　　　　　　　　217

冯唐：君前论将，评说赏罚　　　　　　　　　　221

刘濞：坐大东南，聚势反叛　　　　　　　　　　224

窦太后：跳出荆门，鹊变凤凰　　　　　　　　　233

王美人：民妇入宫，用心争宠　　　　　　　　　236

本篇结语　　　　　　　　　　　　　　　　　　240

关于西汉开国六十年的议论　　　　　　　　　　243

附：

　图表1：汉初皇族家谱　　　　　　　　　　　　021

　图表2：汉初帝相转换及其对应关系　　　　　　068

　图表3：汉景帝刘启的众多后嗣状况　　　　　　198

　图表4：齐悼惠王刘肥的后世及承嗣状况　　　　231

后　记　　　　　　　　　　　　　　　　　　　247

公元前 202 年，汉王刘邦于垓下一战中全歼了项羽的军事力量，在七位诸侯王和属下将相的推戴下登上了皇帝之位。秦灭之后经过四年的楚汉战争，华夏宇内又出现了新的共主。刘邦的王朝建立在社会的长久阵痛已经结束、民族心智已基本成熟，一个短命的前朝刚被剔除的时候，历史犹如穿过了数百年风云激荡的幽深隧道，又进入了一片新的天地，这一天地的新开拓注定对华夏族日后的发展产生深重的影响。

中国中部的秦岭南麓有一条自西向东的江流，叫汉水，它是长江最大的支流。此地在战国属楚，楚怀王在此置郡，后为秦所得。公元前 312 年秦惠王在此设郡，因水为名，称为汉中。前 206 年项羽入关后分封诸侯，不愿给刘邦分封关中，将他封于秦岭之隔的汉中，称之为汉王，刘邦的军队也被称为汉军。四年之后，以汉王为首的汉军打败了对手，取得了天下，这个新建的国家也就顺乎其理地称为汉朝。由于这个王朝后来对民族发展的影响巨大而深远，因而华夏族逐渐地演变为汉民族。炎黄后裔的血脉里在此又增添了一道抹不去的痕迹。《诗经·小雅·大东》中有八字云："维天有汉，监亦有光。"这里的"汉"，自然是指"银汉"、"天河"，又称"云汉"、"天汉"，并无任何社会颂扬之意，但当地理上的汉水、汉中被一种社会组织，社会群体而因之命名时，诗经八字就寓示着它们富有光彩的未来。

汉朝的创立人及其后继者并没有足够地意识到民族发展的问题，他们一方面享受着自己的巨大成功，另一方面又以自己的智慧来认真经营这个王朝，对付着眼前的事务或突变。由于处在一个特殊的时代、特殊的位置，他们的思想和行为影响了社会的进程，甚至移动了历史的轨迹，也为后来的社会活动提供了极为珍贵的探索性实验。

客观地说来，汉王朝打败了对手，一统宇内，但在一片新的时代田地间，它仍然面临着三个巨大的矛盾：

其一是王朝与民众的矛盾。黎民百姓由于不堪忍受秦王朝的暴虐和压榨，在反秦斗争中充当了发起者、支持者和主力军的重要角色；他们在楚汉战争中也曾同情和倾向于支持刘邦的军队，尤其是关中等地的百姓更是给汉军以兵源上和物质上的支援，成为汉军多次败而不亡的支柱。当汉王朝一旦建立，成为他们命运主宰者的时候，双方的矛盾是不可避免的。民众盼望着社会安静、期待着休养生息，汉王朝以怎样的手段对待民众，将决定着民众对他们的基本态度。

其二是汉王朝与自己非统属的政权组织的矛盾。当时汉朝的统属区域未超出秦国的版图,在其统属区域的周边或区域之外,还有若干独立自存、不相统属的政权组织,规模最大、势力最强的当属北方的匈奴。匈奴在秦时就已强大,占据了南至阴山、北至贝加尔湖的广大蒙古高原,并常向南方进行习惯性的资源掠夺和领土扩张。秦始皇曾派大将蒙恬率三十万军队在北地驻防,并修筑万里长城以为防御。楚汉战争之际,匈奴在冒顿单于的统治下,东破东胡,西攻月氏,强化政权,进一步崛起,对汉王朝构成严重威胁;同时占据珠江流域、自称"南越王"的赵佗政权虽曾属于秦之一郡,但五岭遥隔,关山远阻,并没有与汉王朝建立任何明确的政治关系。除此之外,在人们当时能观察到的视野中,东瓯、闽越、楼烦、东胡等许多政权组织都在汉王朝的统属之外。随着交往的扩大,西域的楼兰、乌孙、大宛,西南夷的夜郎、滇越等都成了交往的对象。如何处理与这些政权组织的关系,尤其是如何对待虎视眈眈的匈奴之威,是年轻的汉王朝必须面对的一大难题。

其三,王朝统治集团内部的各种矛盾。当年秦王朝的统一包含着嬴氏政治集团的长期发展与世代积累,集团内部的利害关系是相对平稳的。与此不同,汉王朝的班底一直是一个靠利益纠合的集团。刘邦从公元前209年沛县起兵到前206年封为汉王,再到前202年登上帝位,整个过程大多靠协调和运用他人的力量。他曾以裂地封王的巨大利益诱使追随者尽力击楚,楚灭后建立王朝,就不能不对部属兑现这些利益,于是就形成王朝内部的不同利益集团。在失去外在压力和共同目标、没有任何政治规范做保障的情况下,各种利益集团间必定互相戒备,其冲突不可避免。具体说来,王朝与诸侯王的矛盾、与外戚、功臣间的矛盾,以及刘氏亲族内部的矛盾都将在适当的时机爆发出来。如何处理统治集团内部的种种矛盾,考验着最高执政者的智慧。

汉王朝大约用了六十余年的时间探索上述矛盾的解决方式,大体分为两个阶段。刘邦、刘盈和吕雉先后执政的23年表现为一种非自觉地事变应付,属第一个阶段;文景时期四十年间许多治国方式更为理性和自觉,为第二个阶段。六十多年间对第一对矛盾解决得最好,这为社会的繁荣和稳定奠定了重要的基础,尽管第三对矛盾曾经频繁发生,但立国的根基没有被动摇,且为第二对矛盾的进一步解决准备了条件。公元前141年刘彻即位,汉王朝结束了六十年的初创期。

┃ 上 部 ┃

　　天下权利的掌控对汉朝执政者纯粹是风险巨大的探索，这是他们从来没有遇到过但却必须认真解决而不能有丝毫马虎的问题。草莽君主刘邦及其追随者对此并非蓝图在手、胸有成竹，他们只是凭智慧本能地应对各种复杂的问题。依靠秦朝败亡和项羽失政的前车之鉴，刘邦选择出了属于自己的执政方式及其内外政策。然而，把各个利益集团的权力分配建立在什么样的平衡基点上，却一直缺乏各方满意的方案，刘邦对自己立国时选定的分封方案也心存疑窦，不断修正，致使天下政治利益划分上的争斗一直持续不断。刘邦执政的七、八年，汉朝政治正是在这种曲折、颠簸的动荡中度过。

　　前195年刘盈执政，国家权力逐渐被太后吕雉掌握，尤其是前188年刘盈逝后，吕雉称制专权，连刘氏亲族与开国元老层也被排挤出权力核心，吕氏集团一枝独大。各政治集团间利益分配的严重失衡，使各种政治矛盾长期潜伏积累。前180年的诛吕事变，正是各种政治矛盾在吕雉死后的集中爆发，也是汉王朝中各政治利益集团在国家权力分配上的一次重新洗牌。

　　刘邦、刘盈及吕雉执政时期，是西汉王朝的执政方式开始形成，而国家政权动荡不定的23年。

人物篇

草创汉朝的刘邦(汉高祖)

任何一位开国之君都在建国之初面临着稳定政局、设立制度和选择治国方略等一系列繁难的事情。《汉书·外戚恩泽侯表》中说"高帝拨乱诛暴,庶事草创,日不暇给",应当不是过分夸大之辞。从登上帝位到前195年去世的七八年间,刘邦在治国的许多方面都做了开创性的工作,为汉朝的政治打开了局面,确立了起点和开端。

减轻赋税,稳定民心

刘邦于公元前202年2月在汜水北岸的定陶举行了简单的登基仪式,三月后,在新都洛阳遣散了大部分军队,立即发布了著名的"复故爵田宅诏"。他以诏令的形式恢复战争中离家相聚者的原有地位和财产,责令地方官吏不得答辱;同时宣布民间因饥饿而自卖为他人奴婢者,免为庶人,恢复平民身份。诏令还对追随自己而被遣散的军功人士按差等赐爵免租等等。

刘邦在此后的几年间,还颁布过许多利民的政令,这些政令一是继续减轻民众负担。如前200年他下令凡民生一子,两年免役;前196年,针对各地贡献没有章法,常以多赋为献的情况,刘邦下了"省赋诏",宣布以每年十月为朝献之期,其数目按人口计算。二是对亲者施恩。如前199年下令参加过平城之战的士兵终身免役;前196年下令早年随自己入蜀、汉、关中者终身免赋;故乡丰邑人迁徙于关中者终身免赋;次年回乡后干脆永远免掉了沛、丰之民的赋税。三是以免罪的方式广施恩德。称帝次年,他宣布:自沛县起兵的人九年从军,许多人不熟悉地方法令而犯了死罪,因此大赦天下。两年后他宣布:吏有罪未发觉者赦之。他几次率兵平叛,作战前都认为跟随叛乱的吏民是没有罪的,如能归顺,都应赦之。四是让地方官吏对回乡的从军者给予优待,并在死后负责安葬等。刘邦的这些政策和行为极大地缓解了民间的疾苦和民心的紧张,缓和了长期战乱后的社会矛盾,强化了王朝的社会基础,也显示了一种仁者爱民、宽大为怀的治国思路。

刘邦的宽大治民,看来还不单纯是一种治国的策略手段、帝王之术,而是出于他宽厚待人、慈爱怜民的心性。当年楚怀王要选定一名扶义而西、进军关中的统兵之将,周围的人就一致认为沛公刘邦为宽大长者,推举他率兵入关。他入关后与秦民约法三章,宣布废除苛刻的秦法,告谕百姓知晓,并厚待已降的秦君子婴。自汉中还定三秦后,他组织民力治理河患,下令让百姓在秦朝的苑囿园池中种地。因蜀汉之民养军劳苦,下令免其两年租税。又免除关中从军者全家一年的租税。垓下之战刚一结束,他就在定陶宣布:"战事已持续八年,万民遭遇深重的苦难,现在天下战事已结束,对死罪以下的刑罚予以赦免。"当时他尚未登基,这一主张的实施面极其有限,但却明白地体现了他对民众疾苦的关注和对百姓的诚心关爱。

刘邦出身下层官吏,早年也曾在田间耕耒,他了解民间疾苦,同情普通百姓,当初就曾以救民出水火的心情组织义军,反秦诛暴,数年后他成了百姓命运的主宰者,宽厚恤民的理想自然不会彻底遗忘。当年他在做秦泗水亭长时,为县里押解囚徒到骊山,囚徒在半路上跑了许多,他竟在一天晚上放掉剩余的囚徒,让大家赶快逃命,自己也由此弃职流亡。做了皇帝后,他对天下百姓以仁爱之心待之,并非完全出于暴秦亡国的教训,也只不过是当年释放囚徒之怜爱心肠的施行和放大而已。

对百姓的赋税是王朝初期财政收入的唯一来源,与轻徭薄赋政策相联系,刘邦也同时提倡宫室的节俭。前200年,刘邦自代地回军长安,见萧何修建的未央宫规模甚大、极其壮丽,非常生气,严词责备,认为天下纷扰不安,民众连年劳苦,宫室不应如此奢华。萧何为他的行为讲了几条理由,其中之一是说如此可以让后世子孙不再添加了。而这正合于刘邦的节俭原则,才被他所认可。刘邦对治国并无多少思想的和理论的准备,但他要建就一个节俭的、惠民的王朝却是清楚的。对下层民众的悲悯情结构成他宽厚治民的心理基础,这种施政方针对汉初政治及整个王朝的施政风格都起到了强烈的导向作用。

难镇北疆,和亲息战

在楚汉战争期间进一步强大起来的匈奴构成了对汉王朝的现实威胁。刘邦即帝位次年,匈奴大举向汉进攻,在马邑(今山西省朔县)逼降了韩王信,并裹挟其军再攻太原。一时燕代残破,北方惊恐。前200年刘邦率三十二万大军迎击,先后在铜鞮(今山西沁县南)、晋阳击败了叛降之军和匈奴左右贤王的部队,乘胜追至平城(今山西大同市东北),却在白登山上被冒顿单于所领的四十万骑兵部队包围,汉军被截为两部分,被困山上的刘邦君臣七日七夜不能突围,又断了粮草,几无生还希望。危机之下用了陈平秘计,派人贿赂单于夫人阏氏,令其内中说服单于弃围,汉军则乘匈奴懈怠和大雾天气持弓冲出,侥幸逃离。

汉军在平城之危中并无多大的损失,但却清楚地看到了与匈奴作战的艰难。一是从实力上看,这次交战中匈奴全是精锐的骑兵,汉军三十万多是步兵,不仅数量较少,且兵种上处于劣势;二是从地理与天时上看,汉军深入北地作战,不仅劳师远袭,难以协调和组织,同时也有气候上的不利。平城之战是在这年十月后的秋冬之季,适逢天寒大雪,兵士冻坏手指的十有二三,战斗力大为降低。三是从战术策略上看,战前冒顿单于故意藏匿精兵,示其羸弱,以骄敌之计引诱汉朝君臣追击入彀,表明匈奴的军事指挥并不是像汉朝君臣想象的那样一味蛮勇、毫无谋略。综合诸种情况,汉君臣真切地感受到要以现有力量击败和消灭匈奴是不大现实的。平城退兵后刘邦奖励了两个人物,一个是在白登献计突围的陈平,封其为曲逆侯;另一个是战前劝刘邦不要贸然进军的刘敬,封其为关内侯,并向他道歉说:"吾不用公言,以困平城。"

鉴于匈奴之患日甚且除之不得的情况,刘邦又向刘敬请教,刘敬提出了和亲之策。他的考虑是:天下初定、士卒疲于作战,不可以大规模用武;匈奴伦理教化不深,也无法用仁义感服,只有想办法让其子孙作汉朝的臣子,这就是和亲。刘敬建议刘邦将嫡长公主送给冒顿单于为妻,赠以厚礼。他认为冒顿慕汉朝厚礼重币,必立公主为阏氏,生子必为太子。若如此,当朝冒顿是汉帝的女婿,女婿死后,外孙又为单于,而外孙是不能与外祖父相对抗的,这就可以不用作战而使匈奴臣服。

刘邦基本同意这一策略,打算将自己的女儿鲁元公主嫁给冒顿单于。但皇后吕雉日夜哭泣,拒不同意,刘邦最终选定了一位皇族之女冒称嫡长公主,嫁给了冒顿单于。汉朝每年送给匈奴布匹食物,两国约为兄弟。

刘敬当时提和亲之策时强调说:"陛下如果不能送去嫡长公主,而让宗室之女或后宫诈称公主,对方会知道,不肯尊重和亲近,是没有益处的。"由于刘邦送去的并非真正的嫡长公主,结果正如刘敬所料,并未达到极好的效果,匈奴边患并未完全消除,不时有对边关守将和诸侯反叛的策应,刘邦死后更有严重的言辞挑衅行为,但总的来说,匈奴的侵掠有所收敛,相互间的使节往来有所增多,和亲之策在减少边患、稳定政局、巩固新生王朝中的积极作用还是不能抹杀的。

对匈奴的和亲之策的确是汉初君臣们迫不得已的选择。国家需要安静、民众需要休养,初建的王朝又无力对付异族强悍的武力,以姻亲关系来求好示诚就成了达到和平彼岸的架桥独木。独木成桥其实还有较大的困难:平城之战后匈奴必定以战胜方自居,冒顿单于并无向汉索婚的请求,他在族群内也不乏阏氏的人选和数目,汉室将公主主动献给单于,单于除了能热衷于来自异族女子的新异刺激外,主要看中的还是汉室陪送的锦帛食粮,他是否能将来自汉室的女子立为正妻、树子为嗣,实在难以肯定。何况,做单于的女婿未必会逝于汉帝之前,汉帝不会百岁常在,外公和单于外孙同时执掌两个政权的机会无论从事理上还是从后来的事实上都几无可能,刘敬关于和亲的最终目标将绝难实现。然而,尽管如此,一旦选择了和亲方式并被对方所接受,那则表明了出嫁方和好的心愿及其忠诚的态度,为双方的礼数往来和信使互通提供了正常的通道,有利于化解矛盾、消除隔阂,也会带动正常的民间贸易和交往。从更长远的意义上讲,和亲促进了不同族群间的文化经济交流,加强了相互的了解和渗透,对民族融合功莫大焉。

古代的女子几乎没有自主婚姻的可能与愿望,但要让哪一位女子远嫁北漠,独自生活于所谓食畜衣皮、宿卧毡帐的环境中,却肯定出乎她们的意料。文化及语言的巨大隔膜虽不能断定这就是身陷地狱的生活,至少是她们美好幻想的破灭。吕雉不让女儿鲁元公主嫁给单于,正反映着人们对这种婚姻生活在价值取向上的强烈否定。但汉室在开初几十年间毕竟有数位女子嫁给了单于,国家无可奈何的苦楚最终交由她们来承受,若干美丽而孱弱的身躯曾经承担过一段民族的重负。她们虽则没有留下名字,但总令后来人肃然起敬。

刘邦在与匈奴和亲、大致稳定了北方后,于前196年派陆贾出使南越。地处五岭之南的南越原是秦朝的南海郡,陈胜起兵后海内大乱,代理郡尉的赵佗遂切断了与内地的通道,自立为南越武王。陆贾奉刘邦的指令前往游说斡旋,既指出了赵佗的擅立之过,又表明赦而不咎。在赵佗承认对于汉朝的臣属关系后,正式封其为南越王,使南越成了与中央政府有一定依附关系的诸侯国。

南越是地处汉朝周边上一个较大的政治集团,和匈奴有所不同,他们仅仅是想防御自保,尚没有侵掠汉地的企图,其首领赵佗是出身内地的人物。刘邦对南越采取拉拢、安抚的政策,封给正式的王号,承认其自治现状,只要求他们表面上认可汉朝的统属地位,并做出和集越民、禁止边害的承诺就行。这种灵活的处理方式维护了汉王室的至尊地位,扩大了王朝的疆界,维护了南方的安定,又免除了用兵之患。

封邦裂土,疑忌生衅

即位立国后应建立怎样的政权体系,仓促间夺得天下的刘邦并未作什么思考。刘邦本人及王朝核心人物大多曾是秦朝的故吏,他们熟知于秦朝的制度程式,在国家体制上自然是继续沿用秦朝的旧例。刘邦与关中之民约法三章时,就派人与秦朝故吏至县、乡、邑告谕百姓,当时传说他做关中王后将封秦君子婴为相。刚即位后刘邦下诏令恢复地方官僚的故爵田宅,这一切都表明汉王朝将继续任用前朝的地方官吏,要沿用秦朝行之已通的郡县制国家体制。

然而另一方面,刘邦在楚汉战争中,为了拉拢、争取各方政治势力,或为了稳定一方政局,曾先后分封了三位诸侯王,他们是韩王信、齐王韩信、梁王彭越,另外还认可和改封了项羽当年所封的四位诸侯王,包括赵王张敖(张耳之子)、淮南王英布、衡山王吴芮、燕王臧荼。按当时旧制,封王者为一方诸侯,应分得一定的土地和人口,并在自己的封地内拥有相对独立的财赋和军事权。刘邦在对楚作战中是要用封王裂土的利益来引诱各方,使其无所保留地协助汉军。事实说明,这一措施的确在战争中发挥了重大的作用,几乎成为垓下之战中刘邦能调动各方军队、形成对楚军绝对优势、最终将其围而歼之的决定因素。七位诸侯王在垓下之战后联合推戴刘邦为皇帝,是他们对刘邦政治依附关系的反映,但也不能排除他们想要从刘邦为帝中获取自我利益的愿望。刘邦在诸侯王的支持下夺取了天下、当上了皇帝,顺乎其理的兑现了他给几位诸侯的许诺,以中央政府的形式承认了诸侯国的存在,使郡县制的政权与诸侯分封的政权在统一的王朝中同时并存。

郡县制和分封制在这里是不同的政权组织形式和运作形式,他们仅仅反映着集权和分权两种治国思路,并不代表国家的统一与分裂这样严重的问题。西周王朝实行的是分封制,人们并不认为就是王朝的分裂;汉王朝后来认可了五岭之南的南越王赵佗为诸侯王,人们将其视作汉疆南拓、岭南归属的象征,汉初的建邦封土并不具有与此不同的意义。从当时历史的沿革上讲,除秦朝治国十二年间实行郡县制外,此前的数百年、甚至上千年间,包括项羽宰治天下的近期,都是采用的分封制,毋宁说分封制在当时具有更深的社会根基。汉景帝时的废太子临江王刘荣在封地江陵因过被征召入京,行前车轴折断,江陵父老流泪议论说:"我们的王回不来了!"可见民间对封王的心理认可之深,也可知刘邦当时采用这种政权组织形式并非完全拂逆民心之为。分封制体现着最高执政者对权力和利益的向下分割,郡县制则体现着最高执政者对国家权力的独揽,在非战争的和平时期,该体制往往蕴含着最高执政者对天下利益的独占和独享愿望。这种体制下能集中全国之力办大事的可能是有的,但历史上的执政者并不会以此为考虑的出发点。那些热衷于集权的人们闭口不提最高执政者及其帮闲分羹者对此所寄予的利益私情,却给分封制扣上分裂国家的歪帽子,配合最高执政者的一己愿望,使一个民族的政权运作走上了拒绝分权、逐代集中的偏路。

刘邦本人对郡县制和分封制的本质并未作任何深切的思考,他只是按照自己的行事方式顺势而为,然而,处在最高统治者的地位,他对拥有巨大权力的诸侯王却产生了本能的猜忌。对于汉王朝而言,诸侯国的存在不仅分割了自身的权利和利益,构成了自己臣属天下之民的梗阻,而且也形成对自身地位的威胁。尤其是那些地处近旁、占据富饶之地的诸侯拥兵自重,又都是出身行伍的作战能手,一旦联合起来,与中央反目相向,那新建的王朝并无多大胜算。现实的政治情势使一向豁达仁爱的刘邦不能不对自己所封的诸侯王保持高度警惕。

这里有一明显的事例可以看出王朝与诸侯王间的相互戒备:韩王信在楚汉战争之初率汉兵夺取故韩国之地,其后被刘邦封为韩王以镇抚之。汉朝建国时,刘邦觉得韩地北靠洛阳,南近宛县(今河南南阳市),东临淮阳,是扎驻大军的用武之地,而韩王信本人又具有武略,于是下诏令将韩王信迁调太原以北,让在晋阳建韩国之都,说是防御匈奴。韩王信大概是揣测到了刘邦的意图,干脆上书说:"封国边界常有匈奴侵扰,晋阳离边界太远,请以马邑为国都。"刘邦欣然同意,最后这位韩国之王在远离京都的北方边塞马邑(今山西省朔县)建就了王国的政治中心。刘邦不愿让韩王信占据迫近京都的重兵之地,其间的猜忌已十分清楚。韩王信深明其意,则找借口选定了一个路遥皇帝远的边塞建都,既回避了皇帝的疑忌,又方便了自己的行动自主。韩王信在不久受到刘邦的责备和进攻后即投降了匈奴,一时避免了王朝对异姓诸侯王的诛杀,也见他对诸侯国结局和个人命运的一定把握。

在一个缺少法治精神的社会,中央和地方的权力划分没有任何契约的、制度的保障,更没有有效的督察监督机构,君主专权的特征使中央和地方的权利划分最终归结为皇帝和诸侯王个人间的权力分争。双方在没有法制保障的社会中出于自身安全考虑,必然要高度提防着对方的不规范行为,并随时准备用非规范的方式制服敌手。由此引发了汉初几年间王朝与诸侯王之间的多次突发性火并。

前203年被封为齐王的韩信全面指挥了垓下之战,战斗刚结束,刘邦即闯入军营,收其军印,后来借口韩信熟悉楚地风俗,将其改封为楚王,使他离开经营了多年的北方之地,颇有点损折羽翼的意味。不到一年时间,刘邦听到有人关于楚王谋反的密告,立即伪游云梦,擒拿了韩信,回返至洛阳后,终觉得韩信的谋反没有事实根据,因而将其赦放,封为淮阴侯,带至长安,使他成为有爵而无职的闲居之人,等于斩断了其羽翼。

楚王韩信对于来自王朝的威胁并非没有丝毫提防。在刘邦通知要来云梦巡视、会见诸侯时,韩信对是否前去会面也曾犹豫过,但他认为自己没有做任何对不起王朝的事情,且会面地点也在楚国边境,而拒绝会面会引起更大的疑窦。楚将钟离昧过去与韩信关系较好,项羽死后他回到属于楚地的家乡伊庐,私下投靠韩信,刘邦下令逮捕而未能归拿。韩信赴云梦面见刘邦前,逼杀了钟离昧,提其首级前往,表示忠顺王朝,以便解除与刘邦间的相互疑忌,但良好的个人愿望毕竟不能改变政治斗争的严酷和无情,他最终被刘邦擒拿,数年后又被吕雉骗斩于长安。

刘邦对韩信的权力剥夺在汉初不是仅有的个案。在刘邦治国的短短数年间,除擒拿韩信外,先后还发生了前202年出兵击溃了燕王臧荼并将其俘获,前

201年大破韩王信的军队，前196年逮捕并处死了梁王彭越，前195年击败了淮南王英布，同年派兵击溃了新立数年的燕王卢绾。此外，刘邦于前198年借故改封赵王张敖为宣平侯，前197年将监督北方赵，代部队的赵相陈豨击溃和追杀。至刘邦去世时，立国时的诸侯王就剩下地处南方的长沙王吴芮了。通过这些局部的战争或其他政治手段，刘邦基本实现了海内一家的局面，王朝对于诸侯国的紧张和戒备得到了缓解。

现代心理学提出了关于"投射"的理论，认为人们总是力图把导致内心焦虑的原因归于外界，很可能把"我恨他"说成"他恨我"。这种投射作用使人有正当的理由对他人进行攻击，使自己的行为违背良心而不感到内疚，这属于一种潜意识中的自我防御机制。刘邦在几位诸侯王的支持和拥戴下称尊为帝，即位后要想取缔和消灭诸侯王的势力，总有一种道德上的焦虑，于是，一种心理上的自我防御机制便把自己的攻击意图转化和想象为对方已经具有了不轨行为，双方紧张的戒备关系稍经人胡乱拨弄，便成了他进攻诸侯的借口。几个诸侯王中燕王臧荼曾是项羽所封，他在汉朝建国后想扩充自己的地盘，确以武力在北方制造事端，此外的几位诸侯王其实并无任何不轨行为和必杀之罪。

刘邦几次出兵攻击诸侯王的理由都是对方"反"或"谋反"，即反叛，或筹划反叛，这的确属于威胁国家的大罪，在皇权统治的社会，其罪尤重，但我们看看这些诸侯王是怎样"反叛"的：韩王信是在被匈奴大军包围时派使者去向匈奴求和，这与刘邦白登之围中贿赂阏氏，其后又送婚和亲并无本质差别，但他被刘邦认为有二心，予以追究，最后逼迫降了匈奴。燕王卢绾也是类似的情况。陈豨因倾慕战国时的信陵君，在代地宾客盈门，被人报告给刘邦，刘邦派人前去审查，后又借故召其回京，激起了变故。彭越是因为刘邦出击陈豨时只派部将随征，而自己称病未去，又受身边的太仆因私诬陷，最终被刘邦突击逮捕。英布是因为追究身边的爱姬与中大夫贲赫的是非纠葛而被诬告，弄假成真，导致事态扩大。

淮阴侯韩信在楚王之位时就根本没有任何对抗朝廷的迹象，他后来被吕雉在长安骗斩和夷族，理由是几年前陈豨赴任时韩信就与之曾有反叛之约，而当刘邦出兵攻击北方陈豨时韩信称病不从，却暗中派人去告诉陈豨："你只管举兵，我在这里协助你。"随后谋划让家臣乘夜假传诏书赦放各官府的罪犯和奴隶，调发他们去袭击吕后和太子。据说韩信在做好这些部署，等待陈豨的情报时，多亏韩信家中一个因罪被囚的家臣，他的弟弟上书报告了这一情况，于是才有吕雉对韩信的诳骗与惩处。看来韩信被斩是罪有应得。但后来不少人质疑：其一，陈豨赴任时正得刘邦信任，他那时未必有反叛之心，韩信怎能与他有相约反叛的深言？其二，西汉宫廷由南军与北军禁卫，韩信与长安将相大臣概无深结，怎能依靠临时集结的罪犯奴隶去成事？其三，陈豨所在的赵、代与长安相去数千里，怎能相互声援？韩信既然部署已定，又何必要去等待陈豨的情报？总之认为韩信反叛的事实是捏造出来的。

可见，"反"或"谋反"，许多都是王朝对诸侯王捏造出来或逼出来的。刘邦要攻击和消灭诸侯王，强加给对方这一罪名正符合最高当权者消除道德焦虑的需要。刘邦在去世前数月的一次诏文中回忆了自为汉王十二年来，尤其是为帝以来的恩德，并宣称："吾于天下贤士功臣，可谓无负矣。"他始终认为自己对得起身边的贤士功臣，这足显他的某种心理防御机制的顽强性。刘邦将自己与吕雉所生的唯一女儿鲁元公主嫁给赵王张敖，他连这位亲幸无比的女婿也不放心，曾经逮捕和问罪，虽则无罪，仍然废其王号，取缔封国，既然如此，就无法指望他与几位功高震主、称尊一方的诸侯王能够长期和平相处，双方火并只是一个时间早晚和方式如何的问题。

汉王朝的分封体制与郡县制并存，实质上体现为包含联邦制的国家形式。各邦国与统一王朝的长期共存并非没有可能，但需要两个条件，一是权力与利益的划分十分清楚且被各方认可；二是法制精神及契约规范的存在。在汉王朝与诸侯国的关系中，这两个条件哪怕只具其一，也会勉强维持一段时间，遗憾的是当时两个条件都不具备。因而，巨大的权力和利益分割在汉皇帝与诸侯王间引发了尖锐的矛盾，社会又缺少规范调节的有效机制，故而一次次你死我活的对抗与吞并在短时间内连续发生。刘邦借助中央政府的强大力量，利用诸侯国的孤立分散和防备不足，取得了各次对抗战的胜利，也避免了因失败而会招致的全局性社会动荡，然而却对政治领域的守诺、诚信与道德作了彻底的毁败，契约和法制理念更成了毫无价值的东西，使政治道德、政治规范一直成为民族文化中的稀缺之物。

刘邦击灭了立国时除吴芮之外的所有诸侯王，但以为他由此要改变王朝的组织形式、全面推行中央集权的郡县制，那则是绝大的误会。刘邦在王朝最高执政的地位上只是本能地感觉到了诸侯王使王朝许多利益的落空和对汉家天下的威胁,他把这种威胁归咎于与诸侯王的异姓之隔,所谓"非我族类,其心必异",并没有意识到其间权力分割的必然性和法规约束的必要性,以及不同体制的利害等问题。根据自己的立国意念和传统做法,他在以政治冲突手段清除那几个诸侯王的同时,又连续封立了若干刘家族内子弟为王,让他们镇守一方。具体情况是:(1)前201囚禁韩信后把楚国的地盘划分为二,在此封堂兄刘贾为荆王;封自己同父异母的少弟刘交为楚王。(2)与前封同时,在原齐国的部分地盘上,封自己与曹姬早年所生的庶长子刘肥为齐王。(3)也是于前201年在北方代地,封次兄刘喜(即刘仲)为代王。(4)前198年废掉赵王张敖后,封自己与宠姬戚夫人所生之子刘如意为赵王。(5)前196年,荆王刘贾被英布打死,无后,代王刘喜此前也因匈奴进攻而逃回失国,刘邦遂在原荆王地盘上封刘喜之子刘濞为吴王。(6)击败淮南王英布后,在此封赵姬所生的少子刘长为淮南王。(7)前196年击败陈豨后,封自己与薄姬所生之子刘恒为代王。(8)诛灭梁王彭越后,在该地盘上封宫中他姬所生之子刘恢为梁王、刘友为淮阳王。上述所封十王都是在原诸侯国的地盘上所封的刘姓子弟,与刘邦有同宗之亲,其后期所封诸王更是已经成长起来的亲生骨肉。刘邦去世时,除边远的长沙王、南越王、闽越王外,一统宇内都由刘家子弟所占有,他与诸大臣相约:"非刘氏而王者,天下共击之!"意欲堵塞住异姓之人称王之路。他对来自诸侯王的威胁身有感悟,但却满以为实现了天下一家,依靠同宗之亲,王朝就可以避免来自地方的挑战和威胁。如他在封时年二十岁的刘濞为吴王时,拊其背相嘱说:"汉后五十年东南有乱,难道是你吗? 但天下同姓一家,切勿反!"刘邦始终没有从体制方面和法制方面设想王朝的建设,但他却以自己最大的想象和手段解决了王朝最初碰到的棘手问题。

内生嫌隙,皇权难弭

汉王室与诸侯王的嫌隙并非刘邦统治集团内部的唯一矛盾,王朝建立后由于政治地位变化而引起的集团内部的冲突还有许多。草莽英雄刘邦依照自己的领悟和直觉处理这些冲突,有畅顺之处,也有力不从心、无能为力之感。

首先是皇权与相权的分割。前206年刘邦出汉中还定三秦时,萧何就以丞相身份留守蜀、汉,次年留守关中,辅佐太子刘盈镇守后方,平定天下后刘邦认为他功盖诸将,封为上赏,仍任他为丞相。丞相之职,按陈平的说法,是"上佐天子理阴阳,下育万物之宜,外镇抚四夷诸侯,内亲附百姓,使卿大夫各得任其职。"可谓总领万机,主管群臣。萧何是刘邦早年起事时的坚定支持者,为人忠顺多能,与刘邦私交甚厚,按说当是刘邦最好的褡裆。然而,家天下的政治形式使任何功臣的出色才具都成为引起最高执政者猜忌的根据;权力专制也使最接近的臣属易成为执政者忌恨的对象。在为帝和为相的两个权力位置上,刘邦与萧何的关系走不出历史的车辙。

前196年刘邦率兵去北方平定陈豨之叛时,萧何在长安协助吕雉诛杀了淮阴侯韩信,刘邦在邯郸闻知此事后,使人入长安,对萧何加封五千户,派五百士卒与一名都尉作萧何的卫队。刘邦给予萧何巨大的荣耀,但其背后则隐藏着很深的玄机。长安名士召平当时就对萧何指出:设卫队保护并非宠幸,而是有怀疑之心。萧何深信其言,于是把自己的私家财产捐为军费,刘邦才很高兴。次年秋,刘邦率兵出击淮南王英布期间,几次派人回来询问相国的情况,萧何知情后仍然拿出自己的家财捐助军费,并尽力抚慰百姓。有一客人提醒萧何说:您治理关中十多年,勤勉得民,君主深怕您倾动关中。萧何于是以低价赊购的方式在附近买了很多田地和房屋,刘邦听到萧何这类自坏名声的事情后非常高兴。他回军路上民众拦路上书,告发萧何强迫贱买百姓数千万田地房屋的事情。刘邦见到前来拜谒的萧何时笑着说:"这就是相国的利民啊!"并把民众的上书交给萧何,告诉说:"你自己向百姓谢罪吧!"

前200年刘邦在长安未央宫建成后才做事后评价,可见他平常并不过问具体事情,许多繁杂政务是靠丞相来总理的。萧何以他的精明廉洁,在关中经营多年,必然深得民心,但却无意中侵夺了皇帝的民望,有威高盖主之嫌,这与家天下君主专制的政治形式是不能相容的。刘邦既希望萧何能勤勉不懈地协助自己治理好国家,使百事和顺,万民乐业,又担心精洁为相、治政有方的萧何背叛王朝。这位出身下层、变身为帝的王朝创业人深知民心归附的紧要,因而尤其不能容忍他人对自己民望的侵夺。他在出征作战的间隙派卫队保卫丞相,又不断打探丞相的动静,实在是包含着对丞相的猜忌和对王朝后方安危的担心。萧何两次出家财捐献军队,表现了不计私利和对王朝的忠贞不贰,这自然是使刘邦高兴之事,但只有当他听到萧何强买民田、使民众愤而上告的事情后才显示了由衷的欣喜。

萧何在刘邦那里拿到民众的上告书后顺便请示说："长安地狭,上林苑中有很多荒芜的空地,请下令允许民众进入种田。"刘邦当年就曾下令让关中百姓在原秦朝的苑囿园池种田,可能是这一政策在上林苑没有落实吧,萧何重新请示这一问题,并没有超出原有政策的幅度,但刘邦闻言大怒道:"相国收受了商人的财物,就为他们请求土地!"下令让廷尉拘禁了萧何。后来经别人解释,刘邦勉强同意释放萧何。当萧何前来谢罪时,他仍愤恨不平地说:"相国为民请苑,我不允许,我不过是桀纣那样的君主,而你是贤相。我拘禁相国,是想让百姓知道我的罪过。"这里所说的受商人之贿,纯粹是毫无根据之言,其实刘邦自己也不相信如此,因而用不着去实际调查。刘邦也不反对改上林苑为农田,械系萧何的真正原因,乃是丞相的请求似乎是在从皇家手中为民争利,把皇室放在了不顾民生、占田为苑的地位。尽管萧何本人仅是就事而请,没有意识到其间的利害关系,但在刘邦看来,事情的结果将是皇家付出利益,而萧何收取了人心,这才是他绝难容忍的。他最后对萧何的愤恨之言,正话反说,表示自己愿以桀纣之恶来成就萧何的贤相之名,这既是对萧何的警告,又是对自己一腔怒气的恶意发泄,同时也在不经意间显示了专制体制下相权与皇权的某种分割和对立。

刘邦与萧何一直是配合默契、私交深厚的伙伴,共同事业的巨大成功使他们同时登上了王朝政权体系的顶端,但地位的变化却使一方成了另一方不断猜忌戒备的对象。秦皇嬴政当年暗中看见丞相出行时车马众多,颇有声势,就很不高兴。刘邦为帝后对萧何态度的转变和疑忌同于此理,它也反映了专制体制下最高权力分割中的某些共性。萧何依靠自己忠顺无私和甘受委屈回避了双方的直接冲突,保全了自己的地位,而刘邦也借此形成了自己驾驭丞相的独特方式。皇权在相权的萎缩中随意伸张、恣意妄为。

除与丞相萧何的纠葛外,做了皇帝的刘邦还遭遇到了集团内部各层人物在利益分配上的矛盾。刘邦依靠自己的经验、权威和左右臣僚的辅佐,比较畅顺地处理了功臣授位、亲友予爵等繁多问题,但对妻妾相争的传嗣一事却感到了无可奈何的苦楚。

刘邦与吕雉早年在民间时生有一子,名刘盈。前205年,六岁的刘盈被立为太子,楚汉战争中一直在关中由萧何等辅佐守国。但刘邦在此期间得到了一位定陶女子戚姬,非常宠爱。戚姬不久生下了儿子,刘邦认为很像自己,为其取名如意,疼爱无比。刘邦为帝后,准备改立刘如意为太子。这一决定因牵扯到王朝未来政治态势和利益格局的变化,于是引发了朝臣、外戚与妻妾之间交错复杂的明争暗斗。

对于刘邦的决定,群臣并无支持之人,大臣叔孙通、周昌等人先后公开反对,甚至明确表示了甘愿"以颈血溅地"、"不奉诏"的强硬态度,迫使刘邦将改立太子的计划一再推迟。后来,那位"运筹帷幄之中,决胜千里之外"的张良私下为吕雉策划,让请来"商山四皓"暗助刘盈。刘邦在他去世的前几月,发现了"商山四皓"对刘盈的追随与支持,他深感刘盈在朝廷内外政治基础的稳固,才迫不得已放弃了更立太子的念头。

然而,戚姬对更立太子曾起到过重要的推动作用,她因而与皇后吕雉形成水火不容之势。刘盈若在身后接班为帝,身为太后的吕雉将置戚姬和如意于死地。刘邦既然将改立太子的行动最终中止,那必然要对爱姬爱子的安全做出考虑。经过反复盘衡,他为赵王刘如意选定了一位刚毅强贵的相国周昌,希望周昌能在危急关头以赵相国的名义抗衡吕雉、保护赵王及其母亲。周昌为朝中御史大夫,主管检察、执法,与丞相、太尉并称三公,曾经为保护刘盈的太子之位与刘邦公开抗争,刘邦希望在他身后周昌能以同样的刚强质直精神来抗争吕雉的迫害之命。另外,吕雉一直对周昌有感恩之意,刘邦也以为周昌对吕雉的抗命将是有效的。做出了这一决定后,刘邦招来周昌告诉说:"我深知这是降职,但我心忧赵王,考虑到非你不可,希望你为我屈就。"普天之下,莫非王土。拥有整个天下的刘邦深感根本没有安置戚姬母子的安全之地,他想出了这个百无聊赖的主意,并给周昌明告了自己的衷曲。

刘邦临终前听人说樊哙将在他去世后诛杀戚夫人和如意,他闻言大怒,当即派护军中尉陈平到燕地军中立斩樊哙之首。樊哙是刘邦的心腹大将,战功显赫,他的妻子吕媭是吕雉的亲妹,皇亲国戚。刘邦对关于樊哙的流言并未做任何查实,就迅速反应,可见戚姬母子的安全一直牵动着他最敏感的神经,周昌的保护并未减少他的担心。后来,赶赴燕地的陈平考虑到当时的情势和各方面关系,为自身处境考虑,他在军中槛囚了樊哙,准备带回去交给刘邦自己处置。但槛车未到长安,刘邦即已去世,吕雉随即释放了樊哙、恢复其爵位。刘邦为戚姬母子的安全费尽心思,没有看到任何效果,他是带着巨大的不安和内心的伤痛而离世的。后来事实也证明了刘邦的担心并非多余,而他生前的一切安排和防范都徒劳无益。

改立太子一事把刘邦妻妾放置在了冰炭同炉的地位,也引发了最高统治集团内部的利害纷争,既有各外戚集团间的对立,又有朝臣与皇权的冲突,也有朝臣与外戚集团的暗中结合。刘邦违心地中止了改立计划后,先后采取保护戚氏和斩杀樊哙等抑制吕氏的手段,希望求得双方的共存,但吕氏集团的旺盛似已不可遏止,甚至出现了身边的亲信大臣都违背圣意、取媚吕氏的暗流。当年齐心协力的政治集团,由于利害关系的分化,在一种事关全局的重大问题上,竟然涌出多种暗流,把刘邦置于孤家寡人的地位,使他无力抑制吕氏集团的膨胀。如果在一个能真正分权而治的、具有法制精神的国度,刘邦会有足够的办法实现自己平衡各方的意图,但他不自觉地追求和选择了一种权力专制的体制,这种体制使他实现上述意愿的种种努力都无济于事。权力专制导致赢家通吃,这正如他曾有资格与大臣们白马盟誓,共同限制非刘氏称王、异姓势力膨胀,但当吕氏替代他占据了专制权力的核心位置后,吕氏将通吃天下,先前的任何盟誓都丧失了真正的约束力,局部的保护自然也于事无补。可以说,刘邦临死没有抚平内心的伤痛,这并不代表他个人的能力不足,实在是一种恶劣的体制贻害于建立者和受惠人自身。

关注诗书,始行数化

刘邦早年在咸阳服役,远远望见秦始皇嬴政的车驾阵势时感叹道:"大丈夫当如此也!"不失倾慕之情,但他当时丝毫没有自己称尊为帝的思想意识。十多年后他登上了当年嬴政的位置,开创了一个新的王朝,然而对如何治理这个国家,还不是胸中有数的。他顺势而为地建立了一种国家体制,并以本能的仁爱之心实行了惠民政策,同时以强烈的戒备连续消除了各地诸侯王的威胁和异动,对这些方面总有提前的预设。然而对如何引导民众、进而确立一种社会的规范思想,施行文教之功,却经历了一个逐步省悟的过程。

促使刘邦关注社会的文教之功,起源于他对政治实践的高度领悟,同时也得益于陆贾与叔孙通两人的不同启示。

夺取天下后群臣争功请赏,有一位名叫丁固的人前来请功。这位丁公原是项羽手下大将,前205年汉军在彭城溃败时多亏此人放了刘邦一马,使刘邦死中脱身。按说助人逃生,其功绝大,但刘邦却将丁固在军营中斩杀示众,布告说:后代做人臣的不要仿效丁公。刘邦逃命时对丁公肯定是感激的,但做了皇帝后,却绝不愿奖励这种背主不忠的二心之臣,这正是他要斩掉丁公的心意所在。对丁公的评价和态度的转变,表现着悟性高超的刘邦在地位变化后对臣属忠诚要求的自发加强,也反映着他在称帝后的政治行为中开始看重对人们的事实教育和心理引导。

刘邦读书极少、天性粗俗,他靠行伍统兵成其功,更养成了谩侮儒生、鄙薄诗书的习性。促使刘邦对此有所改变的首先是陆贾。陆贾以门客身份跟随刘邦,后来被封为朝中执掌议论的太中大夫。他常常进言时称用《诗》《书》,刘邦对此非常讨厌,大约是在称帝后公然骂道:"你老子是在马上取得天下的,那里用得上《诗》《书》!"陆贾回答说:"在马上取得天下,难道在马上能治理天下吗?"他用历史上的正反事例说明创天下者武取文治的必要性,并应刘邦之约,写成了总结历代成败经验的《新语》一书,对刘邦的治国思想发生了不小的影响。陆贾是刘邦身边第一个明确地把治天下与夺天下区分开来,并公开称颂诗书的人,他的观点和思想使刘邦治国理民的理念开始形成,并渐次摆脱本能的非自觉状态。

辗转奔投刘邦的博士叔孙通见初登帝位的刘邦不满于群臣醉呼拔剑的集会场面,提出愿与儒生制订朝会礼仪。前200年十月在刚刚建成的长乐宫举行了严肃庄重的朝拜仪式,卑尊有序、百管震恐,事后刘邦感叹说:"我今天才感到了做皇帝的尊贵。"并对叔孙通赐金封官,其后任用了叔孙通推荐的一大批儒士门生。以学致仕的通道被打开,儒生不再成为受鄙薄的对象,表明刘邦及其王朝已经看到了文化人在治国中的积极作用。

刘邦谩侮儒生,乃习性使然,其实在他的骨子里,尚存有不少对文化人的敬仰之情和神秘之感。他对苦读多年的张良能以师事之。称帝后他听说秦末四位隐士逃匿商山,很有学问,于是征招入京,"商山四皓"拒不应征,成了他不小的遗憾。正因为如此,当他后来得知四人在东宫侍奉太子刘盈时,心中才大为震撼。他感到自己一向认定"仁弱"而看不上眼的儿子刘盈,竟能做到自己做不到的事情,一时对刘盈的过低评判发生了翻转;刘邦也把商山四皓的东宫之居看成民心归附的象征,以至由此打消了更易太子的念头,可见文化人在他心中深处的分量之重。陆贾和叔孙通的行为则是促使刘邦更加自觉地思考诗书和儒生在王朝治理中的定位,并促使他将其应有的定位明确化、公开化,以形成一条积极的治国方针。

　　当时的儒生泛指社会上的读书人,并非专指某一思想流派之士,但陆贾所称用的《诗》《书》,是先秦儒家学派的经典;叔孙通及其门生均出身齐鲁,属儒家学派的信奉者。由于他们的启发和影响,粗涉文墨的刘邦更多接受的是儒家思想。尽管他能抓住和能利用的多属这一思想理论的皮毛,但也和他的仁爱惠民等本心相契合,使他的治国理念获得了某种思想精神上的支持与支撑。前195年初,刘邦击败英布军队,自淮南回返时路过鲁地,孔子的故居和坟墓都在这里,当时的故居还收藏有孔子本人生前用过的衣冠琴车和书籍。刘邦在此举行了高规格的祭祀活动,开了历代帝王祭孔的先河。刘邦的祭孔表明了一种信仰,这位一贯轻薄诗书、谩侮儒生的粗俗帝王,最终认定了儒学的教化之功,为王朝的治理也选定了一条有益的思想指引。

　　总而言之,在汉王朝刚刚建立、万民凋散、百废待兴的时刻,王朝创立人刘邦依靠自己的政治智慧和群臣之佐,比较成功地实现了民众的休养生息;在挫折和教训中勉强解决了来自境外的威胁;在集团内部的纷争中,他建立和操纵着一种特殊的政权体制,这使他成为利益争夺的成功者,又成为权力专制的受害者。他为国家的治理奠其基、探其路,汉王朝的政治航船在他的手中破浪起锚。

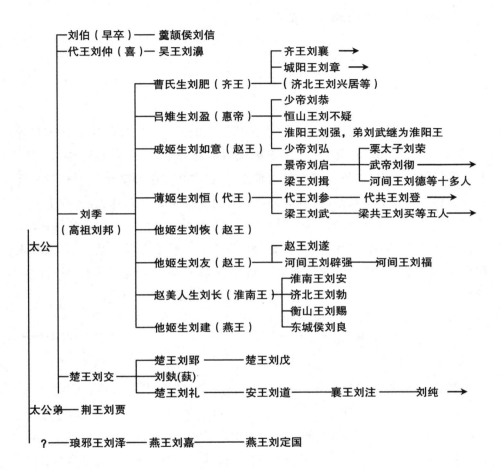

汉初皇族家谱

仁弱失政的刘盈（汉惠帝）

刘盈是刘邦早年为泗水亭长时与吕雉所生的儿子。前206年刘邦被封为汉王，次年暗度陈仓、还定三秦，出击彭城后败退关中，立六岁的刘盈为太子。此后的对楚战争中，刘盈一直由萧何辅佐，守护关中。前202年刘邦称帝并迁都长安后连续多次出兵靖乱，刘盈均居京镇守。前195年刘邦去世，约十六岁的刘盈即皇帝之位，母亲吕雉居间用事。刘盈因不满于吕雉的用政私残，又无能为力，遂郁闷成疾，弃政逐乐，于前188年去世。刘盈为帝不足八年，未能表现出自己应有的治政风格，却充分印证了父亲刘邦关于他为人仁弱的性格评判。

恩礼待人，心性良善

刘盈为帝时，各地诸侯王与王朝有同姓之亲，且受封不久，意在图治，因而天下政治处在相对安定状态。刚刚上台的刘盈也不乏励精之意和进取之心，他按照刘邦所确立的治国方向，继续推行和深化了宽厚待民的政策。

刘盈借自己新帝即位之机颁布诏书，内含赐爵、晋级、减租、削税、省刑等许多规定，主旨在于赏爵赐民，受惠面极其宽广，新的租税制更使全体民众得到了好处。刘盈公开宣布："官吏的职责是治理民众，能治理好才能得到民众的信赖，给了他们俸禄，就要为民办事。"明确地表达了一种为民、爱民的意旨。刘盈在为帝的几年间，还颁布了一些奖励农耕和孝悌、废除某些灭族苛刑的法令。对当时的言论罪，即所谓"妖言"，刘盈执政时意欲免除，可惜"议未决"，他死后次年被朝廷颁布执行。这些措施对进一步减轻民众压力、推动社会稳定都有积极意义。

刘盈执政时最大的工程是修筑长安城，当时两次征发徭役。限定于长安六百里之内的十四万多人,选定在农闲的春天,且以三十日为时限,工程紧张的第三年征调了诸侯和列侯所属的两万罪犯,完全本着不误农时、不为重徭的原则。从公元前194年正月起,到前190年底完成,用了近六年的时间,这其间就包含着刘盈之朝对民众的考虑和对民生的看重。

刘盈为帝时的朝中将相多是先朝重臣,他与诸位大臣的交往史书上记载不多,但有限的几次记载中总能看到他的坦诚、谦逊和胸无所藏的直率可爱之处。

第一件事,相国萧何患病,刘盈亲自去探望,顺便问道:"你百岁之后,谁可接替相位?"萧何回答:"知臣莫如主。"刘盈问:"曹参如何?"萧何顿首回答:"陛下得到人选了,我死而无憾。"刘盈探视老相国,但毫不掩饰急于确定相位继任之人的心情;他征询老相国的意见,也属情理之中,但当萧何以模棱两可、毫无所指的回答来回避所问、反作试探时,刘盈也就直露地表白了自己的心迹。整个过程中老相萧何表现了一种掩饰、防范和圆滑,而刘盈则没有一点儿委婉和隐藏,始终抱以坦白忠诚之心。

第二件事,曹参接任相位后,日夜痛饮美酒,不理政事。刘盈心里纳闷,对时任中大夫的曹参之子曹窋说:"你回到家中,试着私下随便问问你父亲,就说:'先帝刚刚离世,你身为相国,日夜饮酒,不向新帝请示报告,怎能算以天下为任呢?'但你不要说是我让你说的。"曹窋回家按刘盈所说的去办,却被曹参怒答二百鞭。等到后来上朝时,刘盈责备曹参说:"你为什么鞭笞曹窋,那是我让他劝谏你的。"曹参谢罪后问道:"陛下以为您和高祖皇帝谁更英明圣武?"刘盈回答:"我怎么敢与先帝相比呢?"曹参又问:"陛下看我与萧何谁更贤能?"刘盈回答:"您似乎不及他。"曹参说:"陛下说得很对。"接着讲了一番先朝创制、法令已明,现只需要静守勿失、无为而治的道理。刘盈立即表态赞成。在这里,刘盈以为相国曹参不理政事是轻视新帝的表现,心中颇有怨意,但因对先帝旧臣的敬畏之心,不好直接责备,婉转地拜托其儿子曹窋回家劝谏,并让隐去自己的主使真情,于是把朝廷上君对臣的指责转化成家中子对父的规劝。当曹窋在家劝谏受挫并受到父亲的鞭笞后,刘盈怀着一种不解之心和对曹窋的歉疚之情责问曹参,坦直地道出了自己的主使真情,希望能由此解脱曹窋,并促使曹参认真对待理政问题。但后来曹参向他说明了垂衣拱手、无为而治的道理后,他则毫无为君之矜,公开表示了一种彻悟和赞同的态度。他在此前回答曹参关于君相才能对比的两个问题时,谦逊、坦直的待人风格也表露无遗。

第三件事,住在未央宫的刘盈经常朝拜和谒见居住长乐宫的母后吕雉,需要从当时长安城的西南角行至该城东南角。因帝王出行时要在城中开路清道、禁止通行,刘盈感到这样过于烦扰民众,于是在高楼间修建了架空的阁道,也称复道,正好修建在未央宫储藏武器的武库南边。大臣叔孙通私下求见说:"高帝陵寝中的衣冠每月初要送至祠庙中受祭,您修建的复道要经过衣冠往来道路的上空。让后代子孙在高帝衣冠通道的上方行走,这怎么行呢?"刘盈听了此言,大为惶惧道:"赶快把复道拆毁吧!"后来叔孙通设想了一个另在他处修建别庙、改变衣冠往来路线的变通办法,才解决了这一问题。在这里,身为帝王的刘盈想要恪守孝道、更多地拜谒母后,却不免要烦扰民众;为了避免扰民之弊修建了复道,无意间又冲撞了宗庙仪法。叔孙通原因制定朝仪而出名,被刘盈从原来的太子太傅改任为掌管宗庙礼仪的太常之职,当时正负责各类仪法的制定。人们不能料到从先辈衣冠往来道路的上空通过究竟包含了怎样的不敬,也无法理解问题的严重程度,只有叔孙氏对此才拥有解释权。叔孙通当时的弄玄之辞竟使刘盈非常惶恐,其毫不自矜、立马认错的稚气和无所隐藏、知错就改的诚实都跃然人前。刘邦当年自汉中重返关中时问身边的人秦朝祭祀什么天帝,有大臣回答说:"秦朝建祠祭祀白帝、青帝、黄帝、赤帝四位天帝。"刘邦问:"我听说天帝有五位,为什么现在只有四帝?"没有人回答得上来,刘邦于是说:"我知道了,那是等待我来建足五帝之祠。"因而建了黑帝祠,命名为北畤,这是一种论由我定、自己创制的帝王气概。刘盈缺乏父亲的那种魅力和气度,将一种行为所体现的礼仪内涵任由他人解释,自己则龟缩为什么都不懂的小学生,在孝亲、恤民、遵礼和听谏等多重要求中艰难地躲闪为帝,所富足的只是为人的坦诚和恭谦。

刘盈也许在自我意识中就没有为帝的自矜和尊贵感。在他即位的第二年,族内几位诸侯王来京朝见期间,刘盈和时任齐王的庶兄刘肥在太后吕雉面前设宴饮酒,刘肥是刘邦早年与曹姬所生之子,年长为兄,刘盈按家人礼节,即让其上座,吕雉见状,心中动怒,致要鸩杀刘肥,她让刘肥起来敬酒,刘盈也陪着站起,准备一并相敬,他对母后的发怒竟无所感知。在刘盈看来,私宴用家人之礼,兄长在上,敬酒时为弟相陪,都属正常的礼节,全然没有为帝者的自尊和高人一等的意识。

刘盈是刘邦唯一的嫡子,少年时被立为太子,但后来刘邦宠爱戚姬及其生子刘如意,一直想更换太子,传位于刘如意,戚姬也利用她经常随征侍君的条件,日夜哭泣催促刘邦实施这一计划。按说,如意和刘盈由此就成了势不两立的对头,他们个人间也会有难以弥合的隔阂,吕雉也正是因此而痛恨戚姬母子,掌权后必欲除自而后快。然而,几被凌替太子之位的当事人刘盈对这位异母弟弟却没有丝毫怨恨。他登基称帝后,见吕雉以太后身份征召时为赵王的刘如意来京都,料到母亲的报复之心,生怕如意受难,遂亲自到长安东南去迎接,与其一同入宫,并与如意一起起居与吃喝,加以保护,一时使吕雉没有下手杀害的机会。为了如意的安全,他不曾迟疑地甘愿以自己的帝身作保护的屏障。吕雉最终将戚夫人以非人方式迫害,刘盈看到被称为"人彘"的戚夫人残躯,悲伤而哭,因而致病,一年多不能起床,派人告诉母后说:"这不是人所干的事,我作为太子,看来是不能治理天下了。"刘盈是戚夫人当年嫉恨的对象,但他称帝后并不愿为此而报复,他为母后的残忍手段而震恐,并明确表达了自己对此事的抗议。史称自此以后刘盈沉溺酒色,不理朝政,患了重病。看来他是选择以消极的人生态度来与母后相对抗。人们由此看到了刘盈做人的忠厚和心底的善良。以这样的心性去处政和待人,无论他的治国才具如何,都将赢得人们的敬意。

弱主雌性,母后为雄

刘盈大约十六岁称帝,登基的第五年,即前191年举行过冠礼,这是当时男子成年时加冠的礼仪。观其早年的成长过程,他一直是一个缺乏父爱的儿童。

前209年刘邦沛县起事前做过泗水亭长,去咸阳服过役,后来又逃往芒、砀深山大泽,经常居无定所,幼年的刘盈与姐姐跟着母亲吕雉在家乡种田为生。前206年,刘邦夺取关中后派兵于岁末出武关,自南阳入沛地迎接父亲太公与吕雉,可见三年抗秦之战中妻子儿女并未随军。前205年汉军攻入楚都彭城,被项羽打败后全军溃退,刘邦路遇自己的儿女,以车载之,后因担心楚军追及,几次用脚将刘盈二人蹬下车去,多亏部属夏侯婴下车收载。返回关中后,因汉军情势所需,六岁的刘盈被立为太子,但父亲刘邦大多在荥阳前线鏖战,尤其是此后刘邦一直宠爱着戚夫人及其生子刘如意,更换太子的念头至去世前数月方才打消。

对刘盈而言,父亲仅仅是一个陌生的概念,他打败了强大对手,建立了一统王朝,的确令人敬佩,但早年他远离自己,危机逃命时抛弃自己,需要立太子时他利用自己,为帝多年来又一直想贬黜自己。这位令人无限敬佩的父亲对自己竟无多少爱意与感情。正因为这样,刘盈的生存和成长不能不完全依赖着母亲吕雉。母亲领着他在沛县度过艰难的童年,又指导和代替他在汉军留守地周旋于驻守大臣之间,后来用了种种手段对付父亲的更嗣计划,最终保住了自己的太子之位。在刘盈看来,母亲对自己的爱意是忠诚无私的,母亲的命运就是自己的命运,他耳闻目睹了母亲在朝中制服大臣和暗抗君父的成功,甚至对母亲的刚毅产生了更为由衷的敬佩。

现代心理学揭示了人类普遍存在的一种"恋母情结",它是指人类个体在成长过程中所具有的一种无意识欲望,认为男孩子在幼年时会产生对母亲不自觉的爱意和占有欲,同时产生对父亲的嫉妒、恐惧与敌视。随着幼年期的渡过,这一正常的心理现象将得到抑制,对父亲的敌视也将转变为对父亲的认同,个体心理也将逐步走向成熟。刘盈由于少年时特殊的生活历程和生命感悟,自然有着更为强烈的恋母情结,这种情结的严重性和他特殊经历的持续性,使他在自己幼年期渡过的很长一段时期内,仍然走不出对母亲的依恋和依赖,以及对父亲刘邦的回避与敬畏。作为国之储贰的刘盈身为太子近十年,未见与父亲有任何正常的相处与交流。前197年刘邦出击陈豨时蒯成侯周緤哭而相送,曾使刘邦非常感动;次年出击英布,群臣相送,张良向刘邦称病相辞,均未见刘盈出现于这些显露浓厚情感的场合,即使在父亲病重时也未见他有任何特殊的表现。同时,在事关自身利益和朝廷厉害的重大事情上,都是由母亲吕雉出面解决。出击英布时刘邦本是要派太子刘盈统军,是吕雉去向刘邦哭求,才免去了刘盈之任。刘邦去世前交代国事,说到相国的继任人选,病榻受命的仍是吕雉。刘盈在许多重要场合的缺位,表现了对父亲的回避和对母亲的过分依赖,这种恋母情结在生命历程中的过长延伸使他迟迟没有走向心理上乃至政治上的成熟。

过分的恋母情结可能会使一个男孩走向与母亲性格相反的方向。如果吕雉是一位温文贤淑的母亲,刘盈的恋母情结就会促使他雄壮精神和男子汉气质的形成,然而吕雉恰似一位刚毅果敢、性格强硬的人物,颇有男子汉的处事风度,因而,恋母情结就渐使刘盈养成了柔顺、退缩、乖淑的性格特点,甚至出现了女性化的性格特征。刘盈有一个名叫闳孺的男宠,两人常一同起居,颇有同性恋的倾向,他让闳孺以锦鸡羽毛装饰帽子,用贝壳束成腰带,脸上搽胭脂水粉,当闳孺因他的宠幸而显贵后,宫廷中的郎官侍从都仿效这种打扮,以至长安城中贩卖脂粉的商人雍伯（《汉书》做"翁伯"）发了千金之财。这幅男身女妆实际反映的是刘盈本人的心理偏好，是他心理上女性化特征的一种表露。

刘盈与吕媭、闳孺几人间发生的一件事情是很耐人寻味的。是在刘盈为帝时，有人告知他身为丞相的辟阳侯审食其与吕太后有奸情，一向温文和顺的刘盈听到此事勃然大怒，下令将审食其交付狱吏，准备诛杀，主事的吕媭无颜出面，难以阻止；有心相救的大臣也因官司紧急，知君意不可挽回，不好出面相求，只好去找刘盈的宠幸闳孺。闳孺觉得，如能救出太后的情人，他会再得太后的恩宠，于是前去劝谏刘盈，刘盈果然听信闳孺，立即释放了审食其。在这里，刘盈不允许任何官员染指于母后的情感生活中，因为这是对他恋母情结的侵犯，对犯禁的人员要予严惩，表现出的是与他常态相反的暴怒；而在大臣无力救免的时候，闳孺却能奇迹般地扭转君意。孺，是孺子、幼小的意思。人们不知道这位叫闳的小青年用了什么办法说服了刘盈，但他们两人的交情之深可见一斑。当时朝中许多公卿大臣都通过闳孺来打通刘盈的人情关节，可见他们两位青年的私交笃厚已是人所共知。

刘盈对母后的依赖与依恋使他丧失了应有的自主自立意识，也进一步助长了吕媭对刘盈分内之事插手干预的习气和对朝中政事的独断与专横，从而使刘盈的权力空间和生活空间被严重挤占。吕媭处于"亲上加亲"考虑，自作主张将女儿鲁元公主与赵王张敖的婚生之女嫁给刘盈为妻，使刘盈以舅娶甥，立为皇后，这位张皇后后来多年不育，想尽许多办法也毫无结果，又是吕媭出面，将刘盈与其他后宫女子所生的儿子暗中抱过来，诈称皇后之子。刘盈的后宫之子一共有五位，可见他并非不能生育，张皇后求子不得，不知是近亲结婚所致，还是刘盈出于心理禁忌而在暗中不予配合，总之是吕媭无知而插手的恶果，但刘盈对此仅只能接受下来。吕媭要迫害赵王如意，身为至尊的刘盈只能以自己软弱的身躯作为保护刘如意的屏障，已拿不出从根本上制止这一行为的有效措施，善良的愿望几天内就彻底落空。吕媭残害戚夫人为"人彘"，大概是要炫耀自己在宫内争夺中的最后胜利，抑或是想给儿子一点宫廷争斗的血腥教育，希望能培养当朝皇帝的凶残之情，哪知这样的教育远远超出了刘盈稚弱的承受力，他的心理防线崩溃了，他彻底感到了自己与母后心性间的巨大差距，因为无法追随母后，又无力制止和改变母后，刘盈最终选择了一种逃避的方式，他向吕媭明确表示自己不能再治理天下了，借口有病，不理朝政，长年沉溺酒色，他实际上是以消极自残的方式与母后相对抗。

　　汉王朝的第二代君主刘盈在位不到八年就病逝了，这是一位坦诚、善良而又未得其终的年轻人。他的母亲养育和扶植了他，又戕害了他，他曾身处王朝统治的顶巅之位，但却承受着某种心理痛苦的煎熬。刘盈二十三年的生命历程证明，一个善良的人处在不需要善良的位置上，必然被所处的职位戕害。

阴狠凶残的吕雉

吕雉（？——前180年），字娥姁，秦时单父县（今山东单县）人，其父吕公因避仇家，移居沛县，并作主将她嫁给身为泗水亭长的刘邦，成为刘邦的正妻，先后生下女儿鲁元公主和儿子刘盈，带子女在家从事稼耕。楚汉战争前期她和刘邦的父亲一同被项羽俘虏，前203年刘项讲和后获释。次年刘邦称帝，吕雉被立为皇后，协助刘邦，参与朝政。前195年刘邦去世后，吕雉以太后身份辅助惠帝刘盈，朝事多由其做主。前188年刘盈早逝，吕雉临朝称制，她先后扶立过两位名义上的小皇帝，实则独揽朝政，扶植吕氏势力。前180年吕雉死后，太尉周勃、丞相陈平等人发动政变，迅速剪除吕党羽，拥立汉文帝刘恒继位。

吕雉是西汉早期一个极重要的政治人物，也是中国历史上第一个直接出面主政的女性，她的许多施政行为对汉朝的政治走向产生过重大影响，她阴狠、凶残的心性在专制制度的顶端得到了充分的显现，西汉政治在吕雉的统治下经历了一个曲折的发展之路。

佐助夫君，影响政局

作为开国君主的夫人，即使在刘邦在世时吕雉对刘汉政权的创建和运作也无疑发生过重要影响，这体现在许多方面。

刘邦起义之前常隐藏在芒砀山中，他人难以寻迹，而吕雉常与人一起寻找，且总能找到。前209年沛县起事，萧何、曹参就是派吕雉的妹夫樊哙去寻招刘邦的，相信吕雉在其前后一定从事过某些联络和情报工作。他们夫妻相互理解和配合的默契也可见一斑。前205年刘邦在彭城被项羽打败后损失惨重，独自抄小路至下邑（今安徽砀山县）投奔吕雉兄长吕泽之军，得到了稍许喘息，可见吕雉家族也是刘邦争战年代的重要支持力量。

刘邦称帝后的七、八年间席不暇暖,常年奔波于讨伐异姓王的征战中,吕雉与丞相等人辅助太子刘盈一同留守长安,保护着汉朝的后方安全。丞相萧何是刘邦所不放心之人,刘盈年纪尚小,吕雉实是刘邦最为倚重的人物。事实上,刘邦离都期间的许多事情正是由吕雉做主处置的。尤其是骗斩韩信、诱杀彭越、激反英布,几乎都出于吕雉的主张。刘邦对诸事本无强烈的主观期待,具有无可无不可的行事风格,这正好给吕雉无所忌讳的参与朝政形成了机会,而她对事情的处置也往往能被刘邦事后认可,医而西汉初期的朝政变化在很大程度上受到吕雉的导引。

刘邦晚年最为坚持的事情是更易太子,他想让戚姬所生的刘如意接替自己的皇帝之位,许多大臣的劝阻并未改变刘邦的主意,最后是吕雉请兄长吕泽向张良讨教,邀来"商山四皓"相助,给刘邦造成民心归顺太子的虚假印象,才使刘邦勉强打消了更换太子的念头。可以说,汉朝的第二代皇帝实际上是按照吕雉的心意,而不是刘邦的心意来安排的。吕雉据此稳占了刘邦身后的太后之位,以更为正当的身份参与直至主持朝政。

吕雉的父亲吕公自年轻时起就善于相人之术,他非常看好自己的女儿。移居沛县后,县令曾来求婚,吕公也未答应,而主动送与刘邦为妻,他认为女儿非等闲之辈。事实上,吕雉为人刚毅,做事果敢,胸有主见,不乏男子汉风格,她和豁达大度、豪放不羁的刘邦在性格上似有互补之处。刘邦为帝时的汉朝内外政策,吕雉是亲身参与的制定者和力行者,刘邦去世后,吕雉实际主持国政,其先前的许多政策,包括轻徭薄赋、与民休息的方针,对匈奴实行和亲的安抚策略,基本上都未作任何大的调整,刘邦时期确立的积极的治国大政得以有效地延续。

主朝贪私,诛杀功臣

在夺取江山和保卫胜利成果方面,吕雉对刘邦可谓心无二致,她积极地实施和推行各项内外方针,对异姓诸侯王保持着高度的警惕,并成功地配合了刘邦的多次军事行动。然而,吕雉心里始终明白,刘邦的汉朝有自己的一份,但刘邦之后的汉朝就未必有自己的地位,甚至可能无自己的容身之地。这一方面是由于刘邦另有新爱,他并不打算把身后的国政交给自己母子;另一方面也是由于跟随刘邦创国的文武之臣未必日后能对自己母子俯首听命。刘邦之后的汉室江山要么是属于自己的，要么自己没有一切。为了争取前一种可能，吕雉在辅助夫君治国的七、八年间，就已经开始实施自己的两项计划。

其一是千方百计地保住刘盈的太子之位。刘邦一直认为刘盈"仁弱"，不堪嗣位，坚持让性格上相像自己的刘如意接班为帝，这自然有个人感情上的因素，但还不能完全排除为了汉室的考虑，国家的长治久安毕竟需要一位坚强的执政者。后来的事实也证明，刘盈称帝为君，这于国于己都非上善之事。知子莫如父，也许刘邦对如意的期待和安排并非没有道理。吕雉反对更易太子，同样有个人感情的因素，这并不为错，但这里仅仅只有个人的私欲，而汉室的利益、夫君的心中所思、甚至儿子的选择，全不在她的考虑之内。至此已经可以看到，吕雉在辅佐夫君治国的过程中，她的心思与刘邦已有很大的不同，她更多考虑的是自己如何从汉室江山中占取最彻底的利益，更看重的是自己的个人私利。

当然，汉朝的所有执政人，包括刘邦在内，他们意识中的各种追求，都无真正的公利可言，他们也讲国家利益、汉室利益、朝廷利益，但充其量只是某种名义掩盖下的集团利益、刘家利益而已。然而，由于汉初的统治集团处在上升时期，其发展的愿望因而在一定程度上顺应着社会的要求，也就能多少体现出社会的利益。吕雉像当朝其他执政者一样，追求自己最大化的私利，本也无可厚非。但这里必须指出，她的私利是罔顾集团利益的一己之私，她个人与刘邦的目标追求不尽一致，是生存于统治集团内部的一个"异数"。

吕雉用了极大的力量保护刘盈的太子之位，长时间没有奏效，直到刘邦临终前数月，看见"商山四皓"侍奉刘盈入朝的情景。刘邦并不知道这是吕雉按照张良的策划刻意作给他看的表演，却据此做出了民心归顺太子的不真实判断，认为太子人心向往、已难动摇，至此放弃了更易太子的计划。刘邦意决后无可奈何地对身边的戚姬说："吕后真是你的主子啊！"一语道出了吕雉保护刘盈太子之位的根本目的所在。值得提及的是，朝中许多大臣，如叔孙通、周昌等人，出于维护嫡长子继承制和本集团现实稳定的目的，也以不同方式抵制刘邦更易太子的计划，他们与吕雉的出发点是根本不同的，但在此事上却似乎目标一致、互相配合，这反而在一定意义上加强了他们与吕雉的政治合作，直到吕雉真正掌控政权、在私欲伸展的路上走得太远，大臣们才看清了其间的荒唐，逐渐放弃了这一合作。

吕雉在辅佐夫君治国数年间第二项实施的计划是剪除追随刘邦四方征战的豪杰之士。这些人的特点一是已在战争实践中证明极有军事才能，又因军功被封为王侯，掌控一方，是汉朝的地方实力派，对中央政府具有某种潜在的威胁；二是比刘邦更为年轻，他们曾经听命于刘邦，为汉朝的创建立下绝大功劳，但在刘邦身后刘盈母子执掌中央权力时，他们未必会绝对顺从，那时候，这些正值壮年的将军，将成为影响汉朝政治局势的巨大变数。而且，吕雉也更多地相信，当自己到时候要按照个人某种意愿施政封职时，这些人必然站在对立方面，成为自己行事的最大障碍。鉴于这些原因，吕雉在前196年为出征讨伐陈豨的刘邦守国时，先后诱杀了蜗居长安的淮阴侯韩信、梁王彭越，并将彭越的肉酱分赐诸侯，激反了淮南王英布，致其次年被诛灭。

刘邦回军途中听到韩信被杀的消息时，是一种"且悲且喜"的复杂心情。五年前他伪游云梦，以子虚无有的"谋反"罪名囚禁了韩信，将其由楚王贬为淮阴侯，拘至长安，剥夺了其地方行政权和军事指挥权，但一直没有消灭其人身的打算，他看到了诸侯王对中央政府的潜在威胁，并未考虑身后的事情，因而感到剥夺其军事统帅权就足够了。吕雉更多考虑的是刘邦死后的问题，因而要一直剥夺韩信等人的生命。也正是这样的原因，刘邦在回军中突袭和擒拿了彭越，追究他不随军助战之罪，将其撤职贬蜀了之；而吕雉则在途中偶遇后将其诱骗至洛阳，捏造"谋反"的罪名将其诛杀。她告诉刘邦："彭越是位壮士，流放到蜀地，会留下祸患"。其对未来事态的更多顾虑是十分清楚的。诸侯王国和军事能手的存在确使最高执政者心存疑忌，吕雉正是利用了刘邦的这一心理以售己奸，向功臣们大开杀戒，把事情推向极端，使刘邦在"且悲"中有"且喜"之处，避免了对她滥杀功臣的责任追究。司马迁记史时讲到，西汉初"所诛大臣多吕后力。"不在一线执政的皇后亲自出面连续诛杀开国功臣，而不是枕边吹风劝皇帝下手，就是因为其间有难以向夫君道说的个人缘由。

值得注意的是，刘邦是公元前195年四月去世的，韩信彭越两人是前196年被诱杀，且均为吕雉直接插手。此期间樊哙曾在病榻前悲叹过刘邦的衰弱之状，可见刘邦晚年身体欠佳。在刘邦的生命快到尽头时吕雉已有预感，她毫不手软，连诛功臣，这明显有为刘邦身后政司作考虑的意图。吕雉诛杀韩信和彭越后都灭其三族，意在防止死灰复燃、反攻倒算，且都给两人诬以"谋反"的罪名，给两次滥杀披上合理的外衣以掩盖她为自己执掌朝政清除羁绊的用心。

英布被激反后,刘邦因病欲使刘盈率兵征讨,吕雉前去向刘邦哭诉说:"朝中诸将都是上一辈的人,让太子统率之无异于以羊率狼,未必指挥得了。英布是天下猛将,善于用兵,必须要皇上自己亲自出征,监护诸将方可。"在吕雉的坚持和泣请之下,刘邦最终带病出征,交战间于阵前为流矢射中,病情加重,回长安后数月去世。由此不难看出,吕雉对刘盈统率朝中将相的能力的确没有把握,她有意激反英布,使其与朝廷的冲突提前爆发,又让刘邦去出面平定,实在是想赶在刘邦离世前消灭淮南王英布,让夫君为她母子的平稳接权和恣意施政再除一碍,她把自己的私欲满足始终是放在政局稳定和夫君的生命健康之前作考虑的。

刘邦于公元前195年去世后,吕雉的生子刘盈继位为帝,吕雉作了太后,由于刘盈生性软弱,权欲淡漠,数年后又因病离世,因而吕雉此后就成了汉朝中央政府实际上的第一掌权人,直至前180年去世,执政达十六年之久。吕雉掌权后,首先向当年的后宫之敌戚夫人开刀报复,对其进行了亘古未有、惨无人性的迫害,对不顺己意的周勃等朝臣贬黜打压,然后封自己的亲族吕台为吕王、吕产为梁王、吕禄为赵王、吕建为燕王,吕台死后吕嘉继为吕王,吕建死后再封吕通为燕王,外孙张偃为鲁王,追封吕释之为赵昭王。又先后封吕种、吕平、吕他、吕忿、吕更始、吕庄、吕荣等为侯,她的胞妹吕嬃亦被封为临光侯,开了历史上女人封侯的先例。其中梁王吕产不赴国到任,在朝为帝太傅,后任为相国;吕禄在朝为上将军。整个朝廷内外由此形成了以吕氏为主干的裙带网。刘邦晚年以皇帝之尊不断四处征战,意在取消天下的异姓王国,改由刘氏亲族来拱围中央政府,他甚至与众大臣"白马立誓",提出"非刘氏而称王,天下共击之",企图保持天下一家的一统局面。吕雉掌权后大封吕姓之王,后来甚至让吕产、吕禄分别执掌了长安警卫部队南军和北军,这和刘邦的治国设想大相径庭。尽管吕氏、刘氏说到底都不过是一族之私,但这样人为地制造了治国集团内部的矛盾,为权力争斗埋下了隐患,构成了社会政治的不稳定因素,当属消极有害的政治行为。当时萧、曹等许多大臣已不在世,陈平惧吕雉之威已表顺从,樊哙本来就是吕氏姻党,可以对抗的韩信、彭越、英布之流已被诛杀,汉朝的天下已无制约吕氏的政治力量,吕雉于是才能把自己及其亲族的私利做出为所欲为地伸张。吕雉在刘邦晚年滥杀功臣,这一行为至此已对她显示出了其长远功效。

迫害敌人和大树亲族似乎还不能算吕雉贪私争权的最终目的。从本质上讲,在集权的专制社会,权力大小代表着个人生命中自由度的大小,获得最高权力就获得了最大程度的自由,而无限权力标示着个人具有毫无约束的无限自由。吕雉在王朝最高执政者的位置上,不仅有物质欲望的最大满足,而且得以随心所欲地支配社会的各种公共资源,包括各层权力位置和各种荣誉地位,顺之者昌,逆之者亡。亲族获益自然只是个人无限自由的一种实现形式,一个标志,也是专制社会最高执政者个人无限自由的一种可靠保障而已。

好恶任情,少有理性

吕雉在朝中的权力和私利争夺上具有长远的算计,她善于利用各种有利的机会和因素,最终也取得了预期的结果,似乎算不上一个平庸之人。然而权力到手后,在对朝中诸类事情的处理上,就显出了理性和眼光的极度缺乏,成了凭个人情感和一时好恶随意处事的庸妇。

刘盈称帝的次年,庶兄刘肥自齐国前来朝会。刘肥是刘邦早年与姘妇曹氏的生子,前201年被封为齐王,因年龄稍长,是刘邦第一批所封的同姓王。刘肥在来京朝会期间,有一次与刘盈一同在太后宫中宴饮,刘盈在宴间执家人之礼,将兄长刘肥让于上座,吕雉见后大怒,命人倒了两杯毒酒摆在面前,让刘肥起来为她祝福敬酒。但当刘肥站起来时,刘盈也站起来准备一同祝福,吕雉惊慌地打翻了刘盈手中的酒杯。刘肥心感蹊跷,没敢喝这杯酒,装作酒醉离席而去。事后刘肥明白了事情的原委,他怕难以从长安脱身,遂将自己封国内的城阳郡献给鲁元公主作汤沐邑,并尊其为王太后。吕雉高兴地答应了这一切,因为女儿的地位更高了,城阳一郡的赋税也永久成为女儿的私用。她在齐王官邸摆宴,痛饮后让刘肥回国。在这里,吕雉以为兄弟间的家人之礼伤害了刘盈的为君之尊,却看不到私下交往中的家人之礼更有私密之意和亲切之感;她凭着一时私忿,竟然要毒杀一个并无罪错、亦无主观故意的诸侯王,而不顾及家族的和睦,以及齐国对中央政府的屏障拱卫等政治功能;刘肥讨好吕雉,向其女儿鲁元公主献出一郡,中央与地方当年的辖域划分在此完全变成了一种私人交易,尤其是,刘肥与鲁元公主为同父异母的兄妹,尊其为王太后,实是以母礼事之,是违背常礼的,刘肥为求脱身有投人所好、慌不择路之迫,但吕雉竟然高兴地答应了,由怒变喜,连个弯子也不转,足见其处政的短视、狭隘和卑屑。

　　吕雉无疑很爱她唯一的女儿,当年刘邦接受了娄敬的和亲之策,答应将女儿远嫁匈奴冒顿单于,正是吕雉爱女心切,坚决不允,才哭求得免,刘邦后来以其他族女假冒公主了事。这位鲁元公主后来嫁给了赵王张耳的儿子张敖,张敖时为宣平侯,鲁元公主当不会缺少锦衣玉食的生活,大概吕雉尤嫌其不足,因而一见到刘肥奉送来一个郡作"汤沐邑",就非常高兴,由此也见她的情爱所系和贪得无厌之心。

　　为当朝皇帝选择正妻是任何朝廷都很看重的事情,吕雉也是如此。但她给刘盈择定皇后,不是从品德、才能、容貌,甚或政治交情、家族背景的方面去考虑,而是盘算着皇后这一尊贵位子不能送给外人,她决意让自己最心爱的姑娘占有其位,最终让鲁元公主和张敖的生女,也就是自己的外孙女作了皇后。刘盈以舅娶甥,实现了吕雉所谓的"亲上加亲",但不知是近亲结婚的缘故还是刘盈暗中对这桩乱伦婚姻的抗拒,总之,与后宫嫔妃有多个生子的刘盈,多年和张皇后生不出子女。另外一个可能的缘故是,这位张皇后年龄太小。鲁元公主是刘盈的姐姐,公元前205年汉军彭城惨败时姐弟俩半道上上了刘邦的车辆逃跑,曾被刘邦几次蹬下,想必当时年纪不大;前199年娄敬向刘邦献"和亲"之策时主张将鲁元公主送予匈奴冒顿单于为妻,吕雉苦求作罢,可见当时未婚。即使当年不久就嫁给张敖,次年生女,那到刘盈登上皇帝之位的前195年,这位姑娘最多五岁。《汉书》载前192年冬立张皇后,可见她入宫时只有九岁。刘盈在前188年去世时,甥女张皇后也不过十三岁。想让一个女人在九至十三岁的年龄上生出孩子,即便其他一切正常,那也是极困难的。看来吕雉并不考虑这些情况,她对幼小的外孙女与皇舅未能生子一事非常着急,为此想了许多办法都不能奏效,后来在刘盈的一个宫女怀孕时,她让外孙女假装怀孕,最后把宫女的生子抱过来,称皇后所生,立为太子,暗中杀掉了那位真正生子的宫女。

　　吕雉大树自己亲族时为了缓和与刘氏一族的矛盾,总喜欢自作主张,将吕氏的族女嫁给刘氏,其中至少有五例:她把吕禄的女儿嫁给刘肥的儿子朱虚侯刘章;把一位族女嫁给刘邦的第六子赵王刘友为王后;将吕产的女儿嫁给刘邦第五子梁王刘恢为王后;将吕媭的女儿嫁给刘邦的堂兄弟营陵侯刘泽;她还把吕禄的另一女儿选为刘盈之后一位名叫刘弘的少帝皇后。其中刘泽是刘邦和吕雉的同辈,把吕媭的女儿嫁给他是以叔娶侄;吕产之女属于孙辈,刘恢则属子辈,这一婚姻也是侄女嫁叔,辈分上是不合适的,但正像使刘盈以舅娶甥的事情一样,吕雉根本不考虑这些。作为当时汉朝最高执政者的吕雉就是这样喜欢在朝中拉拉扯扯,幻想通过她指定配对的结亲巩固吕氏亲族的地位,并借以安慰刘氏亲族,弥合已经造成的裂痕。

然而,吕雉让吕、刘两家族结亲的目的又被她自己的许多非理性行为彻底打碎。吕雉将族女嫁给刘友,不想刘友钟情于其他嫔妃,与王后的关系一直不好。这位王后妒而离去,在吕雉面前诬告刘友私下说过吕氏不得为王,太后百年后他将诛灭吕氏的话。吕雉闻之大怒,她借故招刘友来长安,等其住于官邸后,下令让卫兵守围看护,不送给食物。随刘友来京的臣属有偷偷送给食物的,被逮捕处死,最终将刘友活活饿死。刘友临死前写下一歌道:"诸吕用事兮刘氏危,迫胁王侯兮强授我妃。我妃既妒兮诬我以恶,谗女乱国兮上曾不寤……为王而饿死兮谁者怜?吕氏绝理兮托天报仇。"刘友可能不满于吕氏专权,也不喜欢强配给自己的王后,改变这一状况,只能以情化之。年轻的王后因感情原因负气出走,诉于母家,都属正常行为。但吕雉竟听信这位姑娘对闺房之言的单方面陈述,把婚姻问题与政治问题完全混淆在一起,她不愿考察所涉政治问题的真相,对自己一手安排的这桩婚姻也不做任何回旋、挽救的工作,就以极残酷的方式剥夺了一位诸侯王的性命。

梁王刘恢在刘友死后被徙为赵王,他为此心中不乐,吕雉送吕产之女为妻,大概是想以此平缓刘恢的怨情。但这位王后的随从侍官都是吕家之人,他们擅权妄为,刘恢暗中被监视,不能自由行动,心中更为不满。刘恢另有一宠爱的姬妾,被王后所毒杀,刘恢作了四首诗歌,让乐工们歌唱,他自己不胜其悲,愤而自杀。吕雉听说后认为刘恢作为诸侯王,为了一位女人而背弃了宗庙大礼,无异于有罪,下令废掉了其后代的王位继承权。刘恢的这场婚姻悲剧更是吕雉一手造成的。吕氏的骄横跋,以及超出妇道人家的作为是逼死刘恢的根本原因。吕雉打出一种空洞的道德信条,给婚姻的受害方罗列罪名,剥夺利益,却对婚姻失败的责任不予追究,其对吕氏的偏袒无所忌讳、毫不掩饰。从刘友临死之前的言志之诗看,吕雉的极端行为会激发刘氏一族更大的愤恨和不满。**她那种亲上加亲、以姻亲求和解的方式虽不高明,但也并非必然无效,然而却被她自己后来的许多无理性行为彻底打碎。**

朱虚侯刘章是一位颇有作为之人,吕雉将吕禄之女嫁予为妻,是想拉络刘章,但吕雉死时,刘章却从妻子那里获得了吕产、吕禄等人准备向刘氏动手的情报,他报告给了自己的哥哥齐王刘襄,并与朝中周勃等老臣一道配合行动,剿灭了吕氏集团的叛乱,这恐怕是吕雉先前安排这场婚姻时万万料想不到的。

周昌是刘邦朝中有名的耿直之人,他曾恪守传统的嫡长子继承制,公开反对刘邦更易太子刘盈的计划,吕雉当时在偏房亲耳闻听到这一情景,她非常感激,在周昌出门后当面跪拜表谢。后来刘邦临终前特意选定周昌为赵相,专门保护赵王刘如意母子的安全,意在让周昌对付来自吕雉的迫害。周昌在刘邦刚死后拒绝了吕雉对刘如意的来京之召,一开始的确成了保护如意的屏障。后来吕雉自赵国招来周昌,态度大变,破口相骂,全不记先前的感恩许诺。及她用其他方法致死刘如意母子后,终使周昌三年后在忧郁中死去。事情还不止于此,她打听到选周昌任赵相国是御史大夫赵尧的建议,于是撤掉了赵尧。御史大夫在朝中主管监察之职,被视为仅次于相的官员,让谁担任这一显赫职位呢?吕雉想到了任敖。早年刘邦逃亡芒、砀山中,吕雉在家受牵连被捕入狱,受到一位狱吏的械击,作狱吏的任敖曾保护过她。吕雉是要用朝中的官职来报答往日的私恩。王陵、周勃等人因反对封吕氏为王被罢免后,吕雉给丞相陈平配备的助手是辟阳侯审食其,官职为左丞相,专门监管宫中之事,不理其他事务,实司郎中令之职。为什么审食其有如此任职不任事的美差,就因为吕雉与他长年相通,有多年的隐秘私情。吕雉的用人就是这样完全凭个人的好恶感情来决定。

如果说自私、贪婪、愚昧、狭隘是吕雉在主朝中的一些主要特点,那她在与外部政权交往的特点就是无能。

匈奴冒顿单于在吕雉掌权期间非常骄横,前 192 年他曾写信给汉太后吕雉,自称“孤偾之君”,寓独处亢奋之意,信中说:“陛下单身,孤偾独居,两主不乐,无以自娱。愿以所有,易其所无。”即是说,陛下您单身一人,亢奋的我也独居,我们两位国主都无所娱乐,我愿意以我的所长,交换您的所短。这位单于正是刘邦当年接受娄敬建议,送去族女与之和亲的那位头领。尽管匈奴的观念中,缺少礼义的约束,但他们绝不会对中原文化毫无所知。这种过分的言辞明显带有挑衅、侮辱之意。吕雉见信大怒,召集大臣商议对策,最后考虑到朝廷并无制服匈奴的雄兵良将,征讨一议只好不了了之。吕雉和众大臣商议,卑辞回信说自己“年老气衰,发齿堕落,行步失度”,不足以应命。又相求说:“弊邑无罪,宜在见赦。”最后送给御车乘马,以宗室女为公主,嫁给单于,与之和亲。吕雉卑媚讨好,似乎换得了一时相安,但在约前 182 年,匈奴又进军狄道(今甘肃临洮县),攻克阿阳(今甘肃静宁县西南),次年冬又在狄道掳略二千多人,其侵扰之患尤在。

刘邦生前曾派陆贾立南越国的赵佗为南越王,与之立约通使,让其和集百越,安定边境。吕雉执政时禁止南越在关市上购买铁器。赵佗认为这种隔绝器物的做法是歧视蛮夷的态度,于是自称南越武帝,发兵攻打长沙,抢掠数县财物后离去。前181年,吕雉派将军周灶率兵攻打,碰上了酷暑阴雨天气,军中发生疫情,没有翻过阳山岭(今广东阳山县西北)就无法前进,一年后罢兵。至吕雉离世时,赵佗一直扬威南境,自称皇帝,与汉天子相对等。吕雉对凶悍的匈奴卑媚有加,却以为南越可以随意处置,因而违约禁卖,欺而待之,破坏了双方原本脆弱的和睦关系,挑起了对方的兵戎。但当南越兵犯长沙,私自称尊,与汉朝相抗衡时,这位汉朝的主政人又无任何可以出手的力量相弹压,只好让自己挑起的祸患任意而为。吕雉在对外关系的处置上怕硬欺软,也完全是没有理性的表现。

为人凶残,心性奸猾

中国历来有所谓"妇人之仁"的说法,如韩信就曾说项羽有妇人之仁。人们以为生活中的怜悯心、同情心、宽容心更多地属于妇人的心性。作为中华文化典籍之首的《周易》明确提出"坤厚载物,德合无疆",认为"坤至柔"。中华文化中总是将"阴柔"作为女人的德性加以肯定。然而,汉朝第一位皇帝的夫人恰恰不具备这一德性,她执政后表现出来的反而是一种骄悍、凶残之性。

刘邦刚一去世,吕雉就将戚夫人囚禁于永巷,这是一个幽禁有罪嫔妃的地方。吕雉让人剃掉戚夫人的头发,给其脖子套上铁圈,身穿赤褐色囚服,所谓"髡钳衣褐衣",强迫她做春米的劳役。戚夫人在苦难与羞辱的生活中思念着其时在赵国为王的儿子刘如意,她边春米边唱道:"子为王,母为虏;终日春薄暮,常与死为伍!相离三千里,当谁使告汝?"吟唱中自然流露出了对奴役生活的怨望和对儿子的期盼。吕雉闻之大怒道:"你还想倚仗你的儿子吗?"于是费尽心思,招赵王刘如意进京,并让人设法躲过皇帝刘盈的保护,瞅时机毒死了刘如意。然后她将戚夫人砍断手足,挖掉双眼,熏聋耳朵,灌下失音的哑药,扔进厕所里,称其为"人彘",招人观看。吕雉大概是想通过对戚夫人的迫害来显示自己的胜利和人生的成功,但却由此显示了自己毫无人性的凶残。

赵王刘如意自赵国来长安后,当朝皇帝刘盈对这位异母弟公开保护。他生怕母亲暗害如意,遂亲自在长安之东的霸上之地迎接,后又让其与自己一同起居,致使吕雉一直没有下手的机会。数月后的一天早晨,刘盈外出打猎,年少的如意贪睡未起,也许是数月的相安无事使刘盈放松了警惕,也许他没有料到母后的阴毒之深,总之在他外出后,吕雉闻听刘如意在室独居,立即使人持鸩药入室强灌给如意。等到天亮时刘盈回来,如意已经被毒死了。如意之后,淮阳王刘友被徙封为赵王,前181年他因自己吕氏夫人的妒诬之言,被吕雉幽禁饿死于长安官邸,梁王刘恢再被徙为赵王。在同一年,刘恢因不满于自己吕氏王后的擅权和宫中妒害,愤而自杀。刘邦一共八个儿子,有三个就在赵王之位上先后被吕雉害死。

前188年刘盈去世后,吕雉将刘盈的太子扶立为皇帝,这位太子稍大时听说了自己的身世,知道自己并非张皇后所生,他身为皇帝,但童言无忌,出口对人讲:“皇后怎么能杀死我的母亲而把我当成她的儿子呢?我现在还小,等长大了就要报仇。”吕雉听到了这话,担心他将来为祸,就把他囚禁在永巷中,向外扬言说皇帝得了重病,使左右大臣无法相见。吕雉不久又说他“久病不愈,神志昏乱,不能事奉宗庙祭祀,托付天下”,通过一定形式废掉其帝位并幽杀之,另立刘盈后宫之子常山王刘义为帝,改其名为刘弘。

在这里,那位名出张皇后的少帝其实也是刘盈的亲儿子、吕雉的亲孙子,由张皇后一直抚育多年,就因为他一时的天真幼稚之语,吕雉竟将其迫害残杀。当时刘邦的儿子尚有刘肥、刘恒、刘长、刘建四位,吕雉宁愿选年龄更为幼小的孙辈刘义,就是为了便于自己继续掌握政权,维护吕氏集团的既得利益。

在吕雉执政的十六年间,刘、吕两大集团的内部矛盾已是明人所知。如果说刘盈在世的前八年还有一个刘姓皇帝作幌子,有所掩饰的话,那么刘盈去世后,这个掩饰的幌子已事实上不存在了,名义上的两位少帝已无纪元,吕雉以太后身份直接称制,发号施令。

前188年,当朝皇帝刘盈逝后发丧,吕雉丧间哭泣,却没有眼泪。刘盈是她唯一的儿子,也是她的依托和至爱,为什么却哭而无泪,没有出自内心的悲伤呢?这引起了一些人的深思和猜测。张良的儿子张辟强时任侍中,是侍从于皇帝左右的参谋顾问官,他大概对宫中的内情知之稍多,当时对左丞相陈平讲:

"皇帝没有成年儿子,太后惧怕你们这些大臣。"爱子遽丧,吕雉首先想到的是皇位空缺,政局不稳,她怕朝中的故旧大臣发动变乱,掌握局势,使自己和吕氏集团到手的一点利益毁于一旦。她心中深处在盘算着怎样防止变乱、维护政局,甚或怎样向那些不放心的故旧大臣下手出击,因沉痛的悲伤无所由生,故泣而无泪。张辟强的分析是有道理的,为了避免吕雉临急下手,向朝臣首先开刀,陈平接受了张辟强的建议,他出面主动请吕雉拜吕台、吕产、吕禄为将,统南北军,率领京城长安和皇宫的卫戍部队;并提请吕氏的人入宫,主管宫中事务。吕雉高兴地接受了丞相的建议,哭起来也非常哀痛,因为这时她已无其他忧虑,巨大的悲痛才真正进入她的心中。

陈平在丞相之位上一贯采取恭敬谦让、不与吕氏争锋的方式,他曾在议政中同意吕雉封吕氏为王,后来又与吕产一同提议吕禄在侯爵等弟中名列第一,与刘邦朝中的萧何相同。因为这些原因,吕雉一直对陈平比较放心。吕媭曾因陈平当年为刘邦之命囚禁过夫君樊哙一事的私怨,多次谗告陈平为相不理事,整天痛饮美酒、玩弄妇女,吕雉听后暗暗高兴,因为她需要的正是这样不贪权、不碍事的官员,以便吕氏任意为政。她曾当着吕媭的面对陈平讲:"俗话说'小孩儿和妇女的话不可信',只看您对我如何就行,不要怕吕媭说坏话。"吕雉当着吕媭的面赞扬陈平,指责吕媭,就是想让陈平感到,太后对他的信任是超过亲妹,无须疑虑的,这也表现了吕雉为人奸猾的一面。

吕雉执政期间不断扩充吕氏集团的权力,她也努力弥合与刘氏集团的裂缝。除姻亲联络的方式外,每次在大封吕氏之前总要象征性地封几位刘氏子弟。如刘盈的几位后宫之子刘强被封为淮阳王、刘不疑被封为常山王,刘山为襄城侯,刘朝为织侯,刘武为壶关侯,封刘肥的儿子刘章为朱虚侯,又升刘邦的堂兄弟刘泽为琅邪王等,也有其他族姓被封侯的事。但吕雉所封的刘氏大多年纪幼小,没有实职,且很多是儿子刘盈的后代,这与吕氏的所封很不相同;而她后来所封的外姓张氏两侯,都是张敖前姬的儿子,实在是想为鲁元公主的生子鲁元王张偃作辅翼。她内心的利害盘算是极其分明的,只不过是用一种貌似公允的方式来体现。

到吕雉执政的晚期,刘、吕两大集团的内部矛盾并未如愿弥合,反有增大的趋势。前181年,朱虚侯刘章侍奉吕雉宴饮,受命当酒令官,约定按军法行酒令。酒席间,刘章奏请为吕雉唱《耕田歌》,征得同意后,刘章唱到:"深耕欲种,立苗欲疏;非其种者,锄而去之。"刘章在歌中表述了耕田中必须除去杂苗的事实,吕雉听后默然不语,大概她联想到了更为复杂的时政问题。自汉朝建立后,刘氏宗族就占有执政的合法性,自己在这片"刘氏天下"中不断树植的吕氏王位,定然会被人们视为"杂苗",尤其会引起刘氏宗族的不满,产生"锄而去之"的想法。应该说,刘章的《耕田歌》表达的正是这曾意思,但吕雉一时难于断定,因为刘章是吕雉所宠爱的刘氏子弟,吕雉让其宿卫宫禁,封为侯爵,又曾把吕禄的女儿嫁给他,一直把他当小孩看待,她不相信刘章有那么深刻的诛除吕氏之心,一时把它当成了无意的玩笑,因而默无言语,未曾追究。这次宴饮席间,吕氏有一人因醉逃席,刘章追而斩之,向吕雉还报说:"有逃酒的一人,臣谨按军法斩杀了他。"因事前约定按军法行事,吕雉也说不出什么,难以怪罪,但事后吕雉一定隐隐约约地感觉到了刘、吕两家矛盾的深刻和尖锐。

前 180 年,吕雉病重,临终前她特别告诫统率卫军的吕产、吕禄说:"吕氏违例封王,大臣不平,我死后,皇帝年幼,大臣们会产生变乱。你们一定得握紧兵权、保卫皇宫,千万不要出去送丧,为人所制。"吕雉死前是给吕家之人作最后交代的,可见其一生执政间维护吕氏、政治一体的利益关系。她感到了身后吕氏集团的危机,并作了一些关键性的应付措施,也足显其处事奸猾的特性,只可惜两位掌权人最终未按她的吩咐办事,使吕氏集团大厦立倾。

贻害所爱,苦果自酿

刘邦之后,吕雉成了汉朝实际上的最高执政者,她按照自己的意志处政和行事,对付敌手,封王立侯,享受生活,似乎获得了巨大的成功,她自己也许就是这样认为的。然而,吕雉的施政恣意妄为,缺乏理性,加之她本人愚昧、狭隘和刻薄阴狠的心性,她的执政最终并未给社会和个人带来多少好的结果,毋宁说还贻害于自己的所爱所亲。

首先是对汉室而言,她擅杀功臣,挑起和激化了集团内部的杀伐,削弱了汉朝的整体力量,使初创的国家设有了抵御北患、弹压南越的基本干将,面对北敌挑衅,只能屈辱地隐忍,也为北敌坐大提供了时机,留下了后世的隐患。她大树吕氏,破坏了集团内部的和衷一致,造成了集团内部无法消除的裂痕,在这一过程中也刺激和养成了高层执政者不负责任、自保求安的官场心态。尤其是,利益追逐之风更为盛行,被压抑的刘氏集团也已产生心理反弹,一场巨大的政治风暴已在酝酿。

其次对儿子刘盈而言,吕雉的凶悍培育了一个缺乏刚毅果决之风的弱性男子,这本也无关大碍。但当吕雉不顾刘盈的庇护而毒杀赵王如意,并把她凶残迫害戚夫人为"人彘"的成果让刘盈观看时,刘盈的心理承受极线终于被冲垮了,他当即对吕雉表示说"这不是人干的事情,我作为你的儿子,再也不能治理天下了。"从此走上了不理朝政、酒色度日的消极的人生之路,数年后病故,终年23岁,吕雉当年作太后的合法性依凭和她后半生的人生寄托在此毁灭了。同时,那位作为吕雉心肝而以甥嫁舅的张皇后,开始了13岁守寡的寂苦生涯。前180年大臣们清除吕氏时,张皇后被废处北宫,至文帝执政后期的前163年春,约37岁时死去,她在孤寂的二十多年中,大概也未能感受到一个普通人生的快乐。吕雉封为王、侯的几位刘盈之子,包括少帝刘弘,大臣认为实非刘盈之子,在清除吕氏时一并诛之。

再次对吕氏族人而言,汉朝统治的利益格局中原本有属于他们稀薄的羹汤,吕雉则操勺分给他们几乎成半的丰盛大餐,他们的确在吕雉执政的十余年间获得了未曾预料到的政治利益和物质享受,但他们的利益之果没有根底,悬于空中,系于吕雉一人之手,一开始就存在巨大的持有风险。他们对汉朝政权结构的插入和占有引起了朝臣的不满,激化了与刘氏集团的矛盾,把自己置于了一种必须用武力来保卫利益与生命的危险境地。汉太后吕雉的存在像一道堤防阻挡并镇定着所有冲击他们的风浪,这也使他们长久看不到属于自己的风险,所以吕雉临终告诫的行动方法并未引起他们足够的重视。吕雉一死,堤防消失,暗涛涌动,惶惶无主的吕禄等人举棋而无法落子,在朝臣蓄谋已久的变乱中粉身碎骨,吕氏遭灭族之灾。当时有一位得意于吕雉之朝的酷吏侯封亦被夷族,作为利益最大分有者的吕氏家族当然不能幸免,他们为十余年富贵生活付出了沉重的代价。通前观后地看来,吕氏在西汉政权中为利益和享受的一度获得抵押了全族人的性命,到期结账时竟毫无回收,赔得净光。由吕雉一手操办的这场起先看似无本的大利之得,对吕氏之族实在是害莫大焉。

吕雉本人的后半生享尽富贵荣华,尤其是后来国权在握,无所制约,废置由己,个人意志得到极大伸张,应该是很幸福的了吧?但其实并不尽然。当她看到唯一的儿子因为自己的某些作为而失尽心志、沉溺酒色,并导致年轻早逝时,她的心情能够照常快乐吗？儿子死后，为了寻求执政的重要支持，她大树吕氏之党，但却由此引发了朝廷内部的种种矛盾，她虽对此尽力弥合，但刘、吕两族的隔阂终未消除，且有不断加深之势。从她对吕产吕禄的临终盼咐看，她对身后政局的估计是不乐观的。而且，她执政时残酷迫害了三位赵王等刘氏子弟和戚夫人等夫君嫔妃，毁败了为妇之道，能够得到人们的谅解吗？她对此无法抱任何希望。前180年春，吕雉去宗庙祭祀，回来时路过一座古亭轵道（今西安市东北），看见一个像黑狗一样的东西撞到自己腋下，忽然又不见了。她让人占卜，卜人说是赵王刘如意的阴魂在作祟。自此吕雉患了腋下疼痛之病，四个月后病死。还在此事发生的两月之前，出现了一次日食，大白天天色昏暗，吕雉心中恼怒，闷闷不乐，她对身边的人说："这是冲着我来的。"吕雉十六年前害死了刘如意母子，当时认为是自己的成功而作炫耀，但这却成了终结她生命的一个咒符。从个人心理上讲，吕雉知道她当年的行径是戕害人性、违背天理的，后来发生在身边的灾异、幻觉，她都会想象为天理的惩罚，从而加深她的负罪感和受罚感。卜者把她的某种幻觉与刘如意联系起来，大概是要向她表明天理的存在，却正好暗合了她的隐秘心理。身体上的病痛和心理上的重击互相结合，后者加深前者，使她数月后就一命呜呼了。如果认为最有权力的执政者可以凭借倒行逆施、滥施淫威而获得个人真正的幸福与快乐，我们从吕雉身上一点儿也看不出这样的情况。

有一种唯物的"报应论"认为，一个人用什么样的方法对付周围的世界，那这些事物受其影响，也就学着用同样的方法对待他物，该方法被不断地传递下去，扩展开来，最终会反馈到创造人、第一使用者的身上。由于上层权力人物的行为常被人们模仿和效法，其影响力相对较大，因而他们的方法传递会更迅速地反馈到自身，他们最后的结局和身后的运数是由他们自己来决定的。这一观念提醒人们，尤其是处在一定权力位置上的人们，任何时候都要善待他人、善待同类。善待他人就是善待自己。

家天下的政治统治形式使吕雉在刘邦之后成了西汉朝廷实际上的最高执政者，吕雉曾是刘邦执政时的参政人，掌权后不自觉地沿袭了原来的治国思路，但因她为巩固自己的权势而在统治集团内部不断树植吕氏势力，因而引发了西汉统治集团内部的矛盾，她贪婪、狭隘和为人凶残的心性使她对弥合某些重大的矛盾有心而无力，最终扩大了这些矛盾。适逢人心思定、天下相安的时期，吕雉朝廷的颓败和无为并未引起社会的动荡,但却为上层集团的权力争夺积蓄了能量,她贪私无厌、随意废置、滥杀无辜、威逼大臣,也为社会和平时期的政权建设首开了许多恶劣的先例。吕雉是西汉朝廷走向上升的杀手,是中华女性人物中一个异数。

顺时变化的叔孙通

西汉朝廷中有一个从秦朝宫廷走进来的人物，叫叔孙通，齐国薛地(今山东滕县南)人，秦时以文章博学被征召，为等待任用的待诏博士，曾在秦二世胡亥朝中被备用，后来辗转投汉，刘邦拜他为掌管宗庙礼仪的太常，又提升为太子太傅。对汉朝新兴政权的制度建设和礼仪建设作了不少开创性的工作。作为一个学问高深的儒生，叔孙通那种知古不泥、与时变化的心性和行为也历来为人们所看重。

精识时务，善于变通

叔孙通在秦廷为待诏博士时，使者向二世胡亥上报陈胜起义已攻蕲入陈的消息，胡亥召集各位博士儒生询问他们对此事的看法，有三十多人急奋上前说："人臣率兵反叛，罪死无赦，愿陛下赶快发兵击之。"胡亥听后恼怒地变了脸色。叔孙通见状上前说："众儒生的话都不对。现今天下一统，已毁城销兵，何可用武？且明主在上，法令在下，人人奉职、四方汇聚，哪有什么反叛！那不过是一伙盗贼的偷摸扒窃勾当，不足挂齿，让郡守郡尉捉拿定罪，何足忧虑。"胡亥听了此言，高兴地称赞，并让御史把那些断言反叛的儒生下狱惩办，而对赞成叔孙通之言的不予追究，事后赏赐叔孙通二十匹丝绸和一套衣裳，任命为博士。受赐的叔孙通出宫后立即离开咸阳，逃回家乡薛地。

陈胜起兵，天下十余年太平景象破碎，秦朝的一统天下被撕开一道缺口，无论其将来成败如何，都是对秦朝统治的一大威胁，作为统治集团的处置方式只能是宁可将其估计得严重些，以重待轻，也不能将其估计得稍轻些，以免疏忽大意。叔孙通受赐升职后仓皇逃离京城，回家乡躲避，足见他对陈胜起义的严重性和对秦朝统治的危机性有足够的认识，但他为什么要对胡亥轻描淡写地掩饰这一重大事件呢？根本原因就在于他看到前面三十多位博士儒生的忠诚之言已引起了胡亥的恼怒，他由此看到了秦朝最高执政者表面上的粉饰和本质上的无能，于是一反众人之态，有意迎合胡亥的心意，脸不变色地撒了一个大谎，目的无非是要避免胡亥的迫害。但当胡亥对他赏赐升职后，他彻底地失望了，他也可能联想起了自己入秦宫数年来已经看到的那些尔虞我诈、谗杀无辜、指鹿为马等荒唐的事实，感到自己赖以生存的秦朝已经腐败透顶、无可救药了，因而为自身安全计，彻底地抛弃了这个王朝。他出宫离开咸阳前对身边的人说："我几乎不能逃脱虎口。"叔孙通既要避免胡亥的恶意迫害，又要在秦朝的破轮沉没之前离船逃生，他对自己厕身其间的朝廷并无忠诚，但不失生活的眼光与智慧。

如果以为叔孙通逃至家乡薛地是为躲避战事，谋求自身的生命安全，那也就错了。薛地属楚国地盘，离陈胜起义之地不远，不久又成为项梁项羽叔侄渡江西进后的聚兵之地。叔孙通一到家乡就投奔了项梁之军，参加了声势颇大的反秦活动。看来叔孙通并没有安居家乡、终老一生的打算，他是要在秦朝崩溃、天下逐鹿的乱世中寻找明主而事之，干出一番属于自己的事业来。

天不遂愿。项梁因屡胜后麻痹轻敌，在与秦军章邯的交战中败死于定陶，叔孙通又随从了楚怀王熊心，在身边任事。后来项羽率兵入关，分封诸侯，尊熊心为义帝，让其自彭城徙居长沙，实有贬谪之意，叔孙通没有跟随，继续在彭城留事霸王项羽。不久，刘邦兵出陈仓，还定三秦后，乘项羽北上与齐国田荣作战时，与张耳、魏豹等五路诸侯突袭彭城，叔孙通遂投降了刘邦，并在刘邦打败后一同西逃，自此一直随汉。

叔孙通离开胡亥后，至前 205 年的四年间先后跟随项梁、熊心、项羽、刘邦，由于不同的原因，他总是跟从不定，数易其主，最终才有所确定。但从他的每一次选择看，他都是愿意跟随那些势力较大、声势显赫、有发展前景的集团和人物，如项梁曾是楚军中势力最大的部队，熊心当时是各路反秦义军共同拥戴的共主，后来的项羽号称西楚霸王，是秦灭之后宰割天下的实力人物。叔孙通像是一只只栖高枝的飞鸟，在人生的发展中不断易主、多次选择。叔孙通虽然多次投主，但看来他并未准备向哪个追随者献出忠心。除项梁战死不得不离开外，叔孙通先后抛弃了胡亥、熊心和项羽，他是在跟随一段，看清其间的利害，当所投之主失去势力，或他对之失去信心后，就会稍无反顾地离去，投奔新的处所。他不愿与沉沦的秦王朝一同走向死亡，同样，当楚怀王熊心被逼迁徙长沙时,他也不愿跟随到僻远的地方,与失势的人物孤独沉寂;当他在彭城看到项羽的诸多弱点和在诸侯中的孤立之势时,大概多少预察到了西楚的未来,他不愿把自己的命运抵押给没有前途的政治集团,因而下定了追随刘邦的决心。叔孙通博古通今,明于兴亡,对天下人物和事态有透彻的洞察,他据此不断调整自己的人生之路,以期保证自己走上辉煌之途。

叔孙通是齐国儒生,他降汉后穿着儒生的服装,但刘邦讨厌这种服饰,叔孙通于是改变自己的衣着,他按照楚地的式样换上短衣,使刘邦看了很高兴。在叔孙通看来,跟随刘邦干事,就首先要争取刘邦的好感。古人常把服饰、装扮看成有关祖制传统、个人尊严的紧要事情,对其变易持极为慎重的态度,但在叔孙通眼中,这一切都是无所谓的,争取到主上的高兴和好感,为自己的进身打开通道才是最重要的。他是一位不拘礼仪形式、极善变通行事的人物。

面对现实,创制礼仪

跟随刘邦后,叔孙通在整个楚汉战争中并没有大的作为,但战争刚一结束,他的政治作用就马上体现了出来。前202年,刘邦在定陶被诸侯大臣拥戴为皇帝,叔孙通就着手制定西汉朝廷的礼仪和官制。他按照刘邦的意见,去掉秦朝繁琐的礼仪规则,力求简便易行。有一次群臣们饮酒争功,醉后狂呼乱叫,拔剑击柱。叔孙通见刘邦厌烦这种现象,于是建议说他愿征召鲁地的儒生与子弟制定朝会仪式。他与刘邦商定了制定朝仪的一些原则后,先去鲁地招到三十多人,到长安后又将刘邦身边有教养的近臣,加上自己的弟子,共一百多人组织到野外,牵绳画线、标示卑尊,演习了一月有余,然后请刘邦观看。刘邦看后表示同意,叔孙通便再令群臣们照法演练,确定了朝会的日期。

前200年,长乐宫落成,诸侯、群臣在十月举行朝会,整个朝会按照叔孙通教习的方式进行:天亮前,有谒者主持典礼,引导群臣按次序进入大殿门,廷中排列着战车、骑兵、步兵和侍卫官,持戈树旗。群臣数百人在台阶之下,文武众官分向排列。一切就绪后,传令官传令,皇帝乘车出房,值勤官执戟警戒,诸侯王以下的官员按次序朝拜,之后举行正式宴会,大家俯伏垂首,按官位次序起立给皇帝敬酒祝福,执法的御史把不遵仪式的人牵领出去。整个朝会和宴会中群臣们震恐肃敬,没有敢于喧哗失礼的人。事后刘邦感叹地说:"我今日才知道做皇帝的尊贵。"他任叔孙通为太常,并赏赐五百斤黄金。通过这次成功的朝仪制定,漂泊多年的叔孙通一下子跻身到西汉最高统治集团的行列。

刘邦集团起身于社会中下层,具有一定礼仪修养的人极少,懂得礼仪程式的人几乎没有。叔孙通作为秦朝博士,加身于刘邦集团中,具有他自身的优势。然而在多年的疆场交锋之际,总没有儒生的显身立功之机,叔孙通在耐心地等待着。当天下初定、刘邦集团一转入守成阶段后,叔孙通立即捕捉到了自己建功成名的机会。他看到群臣们在朝堂上醉酒狂呼的场面,窥视到刘邦对此的厌恶之情,于是发现了自己得以进身的契机,主动请缨。经过数月细致耐心的努力,叔孙通果然解决这一问题,当长乐宫十月朝会结束,刘邦从朝会礼仪中感受到了作皇帝的尊贵时,实际已宣告叔孙通的努力大功告成。

叔孙通制定朝仪所以成功,关键在于他面对现实、灵活处事。刘邦之前天下只有秦朝嬴政和胡亥两位皇帝,以秦朝的礼仪繁琐,朝会程式当不会简略,刘邦深知这一点,因而当叔孙通请求制定朝仪时他就疑惑地问道:"仪式该不会繁难吧?"他担心自己做不到繁难的程式,在叔孙通的坚持和解释下,仍心有顾虑地表示:"先试着办吧!",并告诉说:"程式要让人容易了解,按我能做到的去制定。"

看来叔孙通制定朝仪是抓住了两个原则;一是根据刘邦本人及大臣们的现状,制定简便易行的程式,这是刘邦的交代,是保证他制定的朝仪不被抛弃,能够采用的前提;二是千方百计突出朝会中的卑尊地位,这是他得以讨好刘邦、赢得进身阶梯的保证。正是把握了第一条,刘邦在观看了表演后才决定使用他的礼仪;也正是把握了第二条,他才最终赢得了刘邦的赏识。

叔孙通的礼仪看来绝不是秦礼仪的照搬。他在为刘邦解除关于繁难的疑虑时说道:"礼,是根据世事人情为之作规范的,五帝的乐制相异,三王的礼制不同,夏商周三代的礼制各有损益,不相重复。我们只能将古代礼制与秦朝仪法结合采用。"事实上,叔孙通的礼仪只能是变通秦朝礼仪的自我创造,他不言自创,大概是想消除刘邦等人对他创制中随意性的疑虑;古代各阶段礼仪的具体程式当时就已无法考据,叔孙通强调其间的变化与不同,表示采择使用,无非是要给自己的创制披上有据可依的神圣外衣,也借以显示自己的渊博与谨慎。

叔孙通为汉朝创立的不限于朝会礼仪,作为掌管宗庙礼仪的太常,汉朝的许多典章制度都出于他的创制。他的创制面对现实,不曾泥古,多同于制定朝会的思路。

刘盈为帝时,建造了一条自未央宫自长乐宫的空中阁道,是为避免拜会母后时烦扰长安百姓。叔孙通私下见刘盈说,阁道架在了刘邦衣冠每月出游的通道之上,是大不敬的行为。刘盈闻言大惧,即欲命人拆掉阁道,叔孙通说:"人主无过错。建阁道人所共知,现在拆了它,就显出皇帝您做了错事。"他从容地告诉刘盈,可以在渭河北岸另建刘邦的别庙,衣冠在各庙中出游,路线随之改变,也避免了阁道在衣冠通道之上的现象,且多建别庙也体现了皇帝的大孝。叔孙通一度曾作过太子刘盈的太傅,刘盈为帝后,他仍然能够敏锐地发现当朝皇帝的礼仪"过失",并以私下面谈的特殊方式告诉他。当刘盈要迅速改正这一无意间所犯的大不敬过失时,叔孙通又巧作变通,他另出一策,把刘盈的过失之误转化成了尊祖的大孝之行,再一次体现了他惯常就有的面对现实、灵活变通的思维特性。然而,在先父衣冠行走的通道上方不能建道行走,这是古制中的规定还是叔孙通自己的想象,只有他本人才清楚。把皇帝的"过错"摆出来,故弄玄虚,借以唬人,然后又以皇帝威信的维护人自居,变换方式、化害为利,为主分忧,大概叔孙通正是要这样把自己的精明和忠诚显示给皇帝,而其间礼仪上的种种讲究也许仅仅是他的手段而已。

在西汉王朝中,叔孙通以自己的特殊身份占据着古制礼仪的解释权,礼仪规范似乎是他得心应手的工具,他以此奉献于朝廷,也以此求宠建业,获得功名。

独立特行,目的为重

叔孙通以灵活多变的态度处事待物,尤其是在人生道路的选择上多次变换门庭,这与传统儒生所遵循的忠诚、守义等道德信条大相径庭,因此他当时不断遭受到其他儒生的嘲讽和奚落,但他总是以笑置之,毫不介意,继续按自己的既定的方式和设想去行事。他是一位把个人功名目的看得重于一切、罔顾他人议论、敢于独立特行的人物。

他早先在胡亥面前把陈胜反叛称为鼠窃狗盗之事,身边的儒生出宫后就当面指责他说了奉承谄媚之言。大概在他们看来,以叔孙通机灵聪明的头脑,绝不会对反叛之事做出如此荒唐的误断,其在秦廷中的荒谬说法只能是他的有意谄媚。儒生们以忠诚的态度向胡亥指出陈胜起事的性质,又以忠诚的态度指出叔孙通的谄媚,但在叔孙通看来,忠诚是其次的、微不足道的,最要紧的是自己的生命安全和个人前程。

叔孙通答应为刘邦制定朝会礼仪后去鲁地征召相知的儒生,有两人坚决拒绝参加,他们认为一个朝代的礼乐要积德上百年才能产生兴起,汉朝刚刚平定天下,死者没有安葬,伤者不能行动,要制作礼乐是不合适的,并当面挖苦他说:"你服侍了近十个君主,都靠面谀得到亲贵,我们无法作你说的事情,那是不合古制的,你赶快去吧,不要玷污了我们。"叔孙通笑着说:"你们真是庸俗的鄙儒,不知时变。"两位儒生的想法也许更合于古制,他们据理公开指责叔孙通,甚至对其人格作侮辱,但叔孙通不为所动,在他看来,凡事都要以古为据是俗儒的通病;干一件事情,是否有古制的依据是无所谓的,最为要紧在于是否为当世所需要。于是他毫不动摇地做自己认定的事情,终也获得了成功。

叔孙通的某些行为一度也曾受到自己弟子的非议,他在刚投奔汉军后,曾经不断向刘邦荐举出身强盗的人物,跟随他的儒生弟子百余人因为未被引荐,于是私下窃骂,他听到后对弟子们讲:"汉王正冒矢石争夺天下,你们能上战场搏斗吗?所以要先引荐斩将砍旗的勇士。你们先等待着,我不会忘记的。"后来制礼成功,官拜太常后,他对刘邦进言说:"我的许多弟子儒生相随很久了,跟我一同制定朝仪,希望您授予他们职位。"刘邦一并将他们任为郎官,属宫中护卫陪从、随时建议、以备顾问和差遣的职事。叔孙通又把自己所得的五百斤黄金分赐给他们,这些弟子们高兴地说:"叔孙先生真是圣人,懂得不同时期的关键之处。"叔孙通刚投汉军时地位不高,从他变换服装以迎合刘邦的喜好之事看,他本人当时在汉军中并不得宠,这是一个崇尚武力的时期,儒生并不会有多么突出的作用,于是他向刘邦不断荐举能冲锋陷阵的武士,即使其出身强盗也无所避忌。叔孙通可能有广泛的社会交往,他有所选择地向刘邦荐举当时所需之人,也试图通过荐人而自重;自己的儒生弟子虽多,也只能舍而不举。刘邦定陶即位后,叔孙通敏锐地看到了世事的转折和刘邦治理天下的客观需要,他对刘邦讲:"儒者难与进取,可与守成,臣愿征鲁诸生,与臣弟子共起朝仪。"即刻把儒生推到了治世、守成的具体活动中,并在制仪成功后为其请得官职,使一大批弟子儒生参与到中央政府的治政事务中,他也兑现了当初不忘弟子的诺言。

叔孙通一生有着强烈的功名目标,但他深深地懂得,一个人建功立业的目标只有与社会的需要统一起来、结合起来,才会有真正的高度,有基本的立足点,也才会有现实的结果。所以世事在变化,他的自我目标也在不断地调整。另一方面,叔孙通在具体的行事中总是把自我目的放在最高位置,目的是理想目标在思想心理中的内在化,需要设计一定的手段去实现。叔孙通总是按照现实社会的需要去灵活选择或变换应有的手段,使目的的实现具有现实的支持和可靠的保障。由于他的某些选择和变换有与道德规范不相吻合的一面,因而理所当然地遭到人们的讽刺和非议。叔孙通对此是毫不忌讳的,在他的心中,目的就是一切,对于达成的手段是无须较真的。对待外界的非议,他采取的方式是不辩论、不剖白,他不想改变别人,也绝不改变自己,他的处理方式是:把认定的事情一直做到底,让事实去证明自己的正确。

叔孙通最大的政绩在于他以通晓古制的前朝博士身份为汉朝廷创制了比较成套的礼仪制度,使起之草莽的刘邦集团一进入守成时代就在政治行为和交往上获得了某些礼制规范,推动了整个社会礼仪文明的提升。但即使他在礼仪创制方面的政绩,也并不被后来的人们完全认同。宋代司马光认为,礼的实质在于振纲纪,肃道德,齐人心,治天下,而不在于庭席之间的程式上。他曾议论说:"惜夫叔孙生之器小也,徒窃礼之糠秕,以依世谐俗取宠而已,遂使先王之礼沦没而不振,以迄于今。岂不痛甚矣哉!"他认为叔孙通是"毁其规矩准绳,以趋一时之功"。这曾代表了相当一些人的认识。

司马迁则从其一生行为和人格特点的角度评价说:"叔孙通根据时势的需要考虑事务,进退与时变化,终为汉家儒宗。"并用"大直若屈,道固委蛇"来说明世间的事情本来就是曲折发展的道理,看来是对叔孙通的人生取舍和处事方式持肯定态度。事实上,社会生活的复杂性使我们不能用传统观念的单一模式来度量一切人物。叔孙通在社会需要的前提下追求个人功名最大化的人生追求无可厚非,他在一个变乱动荡后的社会中推广礼仪制度,倡导规范和约束,也不为过。他面对现实的礼制创新打破了后世人们对古制的神秘感,彰显了创新的意义;他在轻视个体传统的社会中以自己的不懈追求和最终成功,使个人价值得到提升;他与时变化的灵活处事方式和独立特行的无畏风格也会促使人们深刻思考人生的设定。叔孙通把自己的一批儒生弟子带入西汉政府的高层队伍中,作了"汉家儒宗",客观上也一定程度地改善了西汉执政集团的素质结构。在儒家的历史承传中,叔孙通不是一个思想家,却无疑是一个极为务实的实干家。

以文助汉的陆贾

陆贾,约公元前 240 年——前 170 年在世,楚国人。他以文人学士和思想家的身份参与汉朝政治,擅长于论辩和论说,被刘邦任为使者,出使南越,建立了其与中央政府的臣属关系,稳定了南越政权;尤其是他以儒道兼综的思想独创,阐述了无为而治的治国理念,并把这一思想理念作了公开的论证和推广,极大地影响和引导了汉初帝相们的政治思路。他是汉初政治舞台上一位耀眼夺目的人物。

出使南越,笑谈抚藩

陆贾早年作为门客跟随刘邦,因口才而受称道。前 206 年汉军入关前,陆贾曾与"高阳酒徒"郦食其一起游说秦武关(今陕西丹凤县东南丹江上)守将投降献关;楚汉战争中又在两军相距的荥阳(今河南荥阳东北)去游说项羽释放数年前俘获的刘邦之父,当时未有结果。陆贾在刘邦平定天下的年代,居于主上左右,常做些出使诸侯、游说联络的事情,这是文人学士在战争年代所能发挥作用的优长之处,也显示了他们在当时政治活动中的基本定位。

楚汉逐鹿中原时,五岭之南的南越也经历了一场巨大的动荡,秦时所派的龙川令赵佗在南海尉任嚣的支持和遗训下断绝北道,聚兵自守,置换官长,兼并邻郡,自立为南越武王,占有岭南一片辽阔的地盘,约当今两广及越南北部地区。刘邦初定天下后,考虑到中原连年战乱、民众劳苦,故难于以武力征讨臣服,公元前 196 年,他派遣陆贾为使,前往南越斡旋。

赵佗是嬴政时受遣抚镇南越的真定(今河北石家庄市东北)人,他自立为王,似有擅立之罪,但当时秦朝已灭、中原无主,南越之土需要人镇抚,似乎又无过有功。然而当汉朝已立、中原共主已经形成时,就必须明确双方的政治关系。

如果是互不隶属的两个政权,那非但会有日后政治与军事的对立,而且还标明了对原秦朝一统版图的分割,属国土分裂行为,西汉政府大概是不会答应的,迟早会有大规模的远途征讨;如果南越政权能认可对西汉政府的臣属关系并且有一定的现实表示,西汉政府就宁可封给一个王号,使其担负起镇抚岭南、和集百越的责任,也能避免双方的军事对立,保证社会和民众生活的安定。陆贾怀揣着刘邦对赵佗的任命状翻越五岭,他是要让赵佗明白表白与汉政府的政治关系,并且要争取到第二种可能的结局。

陆贾到了南越宫署,赵佗梳着锥形发髻,又开双腿坐着相见,所谓"魋结箕踞",这是一种南蛮野性打扮和倨傲轻慢的态度。天子使臣到来,以如此打扮和态度相见,实际表明了对所派之人天子身份的拒绝认可,表现了一种藐视中原的自高自大。

处在南越宫署,面临赵佗的极不礼貌行为,陆贾后发制人,他对这位南越王说:"您是中国人,亲戚、兄弟及祖先的坟墓都在真定,现在却忘根本、变习俗,想凭小小南越与中华天子抗衡为敌,那灾祸就要临身了。"陆贾从赵佗的出身及社会关系谈起,衬托了他们两人间同种同文的背景,拉近了双方的思想距离,为后面的说服找到了基本的立足点,同时暗含了对赵佗非礼貌行为的责备。紧接着陆贾挑明了赵佗想以抛本变俗表示与中原对抗的心迹,并指出了这一行为的危险性,使赵佗的隐阴心思昭然在案,无可回避,又为后面的论说引出了话题。

按照上面的话题,陆贾首先列举了汉王在中原抗秦入关、之后灭掉强楚的盛大伟业,认为五年之间平定海内,这并非仅靠人力,也是上天的建树。陆贾以事实说明了汉朝的宏大基业及其成功的原因,也不忘利用当时人们的崇天观念,使赵佗形成对汉朝"天之所建"的神圣感。接着,陆贾话锋一转,说:"您在南越称王,不帮助天下的人诛灭中原暴逆,将相们要求发兵征讨你,天子体谅老百姓征战的劳苦,所以没有答应,派遣我来授给您印信,剖符通使。"在赵佗明白了汉朝横扫天下的力量和它赖天成事的原因,正沉浸在对大汉的崇敬、慌恐之中时,陆贾立即指出了他的擅立之罪和不助战之过,并明确表示朝廷已涌动着诛讨南越的一股力量,这等于向赵佗表明了朝廷对南越一种可能的态度,表达了汉朝对南越征战的有备和无畏,对赵佗的狂傲和茫然心理形成一种巨大压力;然后陆贾出示了朝廷最高决策者的态度,他把天子描绘成一位爱恤百姓、体察人心的仁君,既为偃武修文的最终决策找到了依据、做了铺垫,又是在引导赵佗的决策思路,启发他做出有利于百姓生息的考虑。陆贾最后和盘托出了汉朝的决策,表明了自己出使的目的:并不准备改变赵佗的王号,只是要他接受汉朝所封的王印,明确一种象征意义,然后按照当时通行的做法,立信符为证,剖分为二,各执一半,以示信用,并和平地互通往来。所有的论辩又回到了事情的出发点,简单的要求没有超出赵佗可以接受的范围。

也许赵佗至此并没有表态,他至少还要保持一种自矜,或者他对臣属汉朝还没有真正下定决心,陆贾不得不做出最后一步催逼。他告诉赵佗说:"天子派使修好,您应该出郊迎接、表示北面称臣,难道还想凭刚刚建立、并未安定的南越在此僵持?汉朝如果知道那样,就会挖烧你的祖坟,诛灭你的宗族,派一员战将率十万大军临境,那时越人杀掉你投降汉朝,易如反掌。"赵佗原本是南越的外来势力,他是靠所率军队力量为本,逐渐置换掉各层地方官员而掌握政权的,内部难免有各种政治势力的交织和冲突,被剥夺和受压抑的势力必然会伺机反扑;另外,不久前刚刚兼并的桂林郡和象郡,也未必有真正的人心归顺。总之,赵佗治下的南越并非铁板一块。为了逼使赵佗做出臣属汉朝的决断,陆贾先为赵佗设定了一种相反的选择,同时亮出了汉朝做出对付的最狠的两招:其一是挖祖坟、灭其族。如果赵佗真的与汉为敌,汉朝将视其为叛臣,如此的处置行为在当时应当属于常例,并不算过举,赵佗不会疑而不信,因而不能不怕;其二是派大军压境。等到汉军临境、外部形势紧张时,南越内部的反对势力就会迅速出手、颠覆政权,尚用不着汉军自己动手。赵佗对自己政权的危机所在应该是心里有数的,他可以抵抗远道而来的汉军,但绝不敢忽视内部反对势力的兴起。陆贾所亮出的这两招正是瞄中了他的死穴。

赵佗对陆贾所亮出的两招有深深的顾虑,他感到与汉朝对抗的路子的确是走不通的,于是不得不最终打定接受和好、俯首为臣的主意。他迅速地惊起坐正,向陆贾道谢说:"我在蛮荒之地住得久了,很失礼仪。"他至此纠正了对朝廷之使的不礼貌态度,公开表示了自己的歉意,并表达了一种久处蛮荒的心理自卑,对陆贾出使的简单要求已是在无言中应诺。

赵佗是行伍出身的首领,在陆贾说服修好的滔滔雄辩过程中,他几乎没有插言打断。做出了修好臣汉的决定后,他的话题也多了起来。他问陆贾说:"我与萧何、曹参、韩信谁更贤能?"陆贾说:"您更贤能。"赵佗臣属汉朝后,不忘与汉朝的人物相对比,既有他南越称王的自矜,大概也是希望汉朝人们不要小看自己。陆贾把他放在汉朝贤臣之上作评价，肯定了他的出色和贤能，大概也觉得无须在一个无法说清的问题上过于较真，他宁愿给臣汉后的赵佗一些额外的心理满足。赵佗闻言后又问："我与皇帝谁更贤能？"陆贾郑重地回答说："皇帝起丰沛，讨暴秦，诛强楚，为天下兴利除害，继五帝三王之业，统理中国。中国之人以亿计，地方万里，居天下肥沃之地，人众车多，万物丰富，政出一家，这是开天辟地以来未曾有过的。大王您现在统众不过几十万，属蛮夷之类，处于崎岖山海之间，相当于汉的一个郡，您怎么能跟汉皇相比！"陆贾实际上回避了人的内在素质的比较，因为那仍是一个难于说清的问题，他转而用双方的功业大小、统领人口的多寡和居处地盘的优劣广狭等状况作比较，得出了越王难与汉皇相比的结论。这些外在的东西是显而易见地悬殊，陆贾的结论似乎也无可置疑，但却是对原初论题的转换。陆贾实际上是要通过这一结论来保有汉皇的贤能之名，进而维护其至尊地位。按照当时人们的观念，天下的秩序应该是贤者为尊，如果在论贤上刘邦低于赵佗，那他对赵佗的称尊地位就会受到动摇，因而陆贾才在这里大论刘邦的贤能，尽管他可能知道其间论题的转换，但他更知道得出这一结论与维护汉皇的至尊地位有关，与自己出使的目的有关，因而才郑重其事地论证、毫不客气地贬越。

听罢陆贾的论证，不知赵佗是否已经信服，他大笑对陆贾说："我起事时不在中原，所以在此称王。假使我处在中原，难道还比不上汉皇？"汉越人物比较的话题至此已转化成两人之间的谈笑，尽管赵佗仍持有不少的自负之气，但他毕竟已承认了自己所处环境上的劣势，认可了客观现实所决定着的某些社会事态的不可改易性，陆贾也就见好收场，不再延续这一私下谈笑的话题。

经过一番辩论较量，赵佗变得非常喜欢陆贾，他挽留陆贾滞留数月，与他一起饮酒为乐，告诉陆贾说："越地没有能与我谈话的，您来后，让我听到许多过去听不到的事情。"这位南越国的尊长久处蛮荒之地，因为陆贾的到来而获得了论辩谈话的对手，同时也获悉了不少中原故土上发生过的事情，自然喜不自胜。数月后陆贾离去时他赏给其千金之物，又送给许多其他礼物，以表示对陆贾的敬重和个人情谊。17年之后，陆贾又再次奉诏来到南越，人是物非，沧桑多变，他仍然受到赵佗的热情接待，使命顺利完成。两人间的私人友谊后来也使国家的外事交往大有获益。

这次出使南越，陆贾以自己的论辩之才出色地完成了使命，赵佗自此对汉称臣,遵守朝廷约束。陆贾回报后,刘邦非常高兴,拜他为太中大夫,专门在皇帝身边执掌议论。

著述《新语》,导引汉政

还在刘邦刚刚平定天下后,陆贾就常常在他面前称道《诗经》、《尚书》等儒家经典,刘邦斥责说:"你老子是在马上取得天下的,哪里用得着《诗》、《书》!"陆贾回敬说:"在马上取得天下,难道可以在马上治理天下吗?"他列举了夫差、智伯因崇尚武力而败亡和秦朝使用苛法而毁灭的例子,说明逆取而顺守、文武并用,才是长久之术。陆贾甚至直白地询问刘邦:"假使秦朝兼并天下后效法先圣,施行仁义,陛下您又怎么能取得天下呢?"陆贾承认刘邦是靠武力取得天下的,但他特别强调治天下与得天下的不同,他以人所共知的历史事实引作教训,尤其以秦朝倾亡作前鉴,希望刘邦平定天下后实行政治策略的根本性转变。

刘邦对陆贾引前朝之例发问的话跟不高兴,面有惭色,就对陆贾说:"你试着为我论述一下秦朝失去天下,我所以取得天下的原因,也说说以往各国成败的史实。"陆贾于是受命著述,共成十二篇,取名《新语》其中概括地论述了国家兴衰存亡的一些根本问题。

陆贾的《新语》粗略地综合了先秦儒家和道家的一些思想,构建了自己的政治思想体系,其中的许多思想观点对西汉初的政治设定具有极大的现实指导。

陆贾总结秦亡的教训在于:"蒙恬讨乱于外,李斯法治于内,事逾烦,天下逾乱,法逾滋而奸逾炽,兵马益设而敌人愈多。秦非不欲治,然而失之者举措太众,刑罚太极故也。"他认为秦朝也有善理国家的愿望,但措施太多、刑罚太重,反而使事情走到了愿望的反面。

陆贾在著述中理性地提出了"无为而治"的方针,他说:"夫道莫大于无为,行莫大于谨敬。何以言之?昔虞舜治天下,弹五弦之琴,歌南风之诗,寂若无治国之意,漠若无忧民之心,然天下治。"他假托虞舜的治国方式作例证,给人们描绘了理想化治世的浪漫情景。之后又进一步描绘无为的境界:"君子之为治也,块然若无事,寂然若无声,官府若无吏,亭落若无民。"总之是主张朝廷和官吏对民众生活不要有过多的干涉和过重的盘剥,让民众自己去生产和经营。他认为这就是一种仁义之政。

陆贾不仅使刘邦认识到了治天下与得天下的根本不同,促使刘邦在得到天下后就调整政治方针,实行治国思路的根本转变,而且具体提出了富有现实针对性的无为而治的政治理念,使刘邦集团一进入治国实践就逐步获得了某种理性的指导,避免了盲目性。据说陆贾的十二篇撰述是分次上奏的,每上奏一篇,刘邦都无不称赞,而刘邦身边的人都呼喊"万岁",可见他的论述深受集团最高当权者及其周围之人的欣赏和看重,其中的思想和理念无疑会对当朝政府的治国方针发生导向作用,从而极大地影响到汉初君臣们的政治思路。作为一位政治思想家,这是陆贾人生中最为成功的地方。

逆境蛰伏,交游为乐

自刘盈即位后,吕雉实际执政,吕雉欲封诸吕为王,对善辩说理的大臣惧而疏远,陆贾自料无法辩争,于是称病辞职回家。他看准好畤(今陕西乾县东)田地肥沃,就在那里安了家。他把南越王赵佗所赏的千金之资平分给自己的五个儿子,让他们购置产业,自己则常常坐着小巧舒适的安车驷马,佩上价值百金的宝剑,带着歌舞奏乐的侍者十多人,整年在儿子们和公卿大臣之家作客,过起了一种逍遥自在的生活。

吕雉称制期间,吕氏集团在朝中已形成一股不小的势力,他们挟制少帝,危及刘氏,大臣们非常不安。陆贾恰在这时去右丞相陈平家作客,他见陈平忧思极深,就坦直相问,陈平让他猜猜自己的心思,陆贾告诉他:"您位居上相,食邑三万户,富贵至极,不会有什么欲望了。有所忧虑的,不外乎诸吕、少主的事情。"陈平肯定他猜得对,询问解决的办法。陆贾提醒他:"天下安,注意相;天下危,注意将。"他让陈平结交周勃,将相团结,联合用事。周勃时任太尉,名义上为全国最高军事长官,他早年曾与灌婴等将领在刘邦面前告发过所谓陈平"受金盗嫂"的事情,使初投汉军的陈平蒙羞不小,大概因为此事,两人的关系在二十多年后的吕雉晚期仍未和好。陆贾向陈平说明了将相和调的重要,认为国家的安危就在他们两人的掌握之中,他还为陈平策划了对付诸吕的其他一些办法。陈平按陆贾的指点,用五百金给周勃祝寿,周勃也用同样的厚礼答谢,两人自此深相结交,最终果然成事。陆贾离职休闲,看来并没有放弃对当朝政局的关注。他能猜中陈平的忧思所在,并能为其做出有用的行动策划,表明他对现实政治仍有超常的了解与把握。尤其是,他让陈平同周勃深相结交的谋划,对后来平定诸吕发挥了至关重要的作用。由此看来,作为政治思想家的陆贾还不失为一位高明的政治谋略家。陈平因陆贾的这次献策,事后将奴婢百人、车马五十乘和五百万铜钱送给他作饮食费用,以资交游。

当时长安有一个叫朱建的人物,号平原君,刚直守义,很有人望。吕雉的宠幸之臣审食其想要结交朱建,朱建不肯相见。朱建的母亲去世后,因为家贫,无力发丧,准备去借贷丧服、仪仗和各类用具。陆贾与朱建的关系也很好,他路过朱家,知道了此事,就前去审食其家祝贺,并对茫然不解的审食其说:"您以前想结交平原君,平原君守义辞绝,那是因为他母亲在世,现在他母亲去世了,您如能送给丰厚的丧礼,那他必会与你结为知心。"审食其于是带着百斤黄金作丧礼,其他的列侯贵人也跟着送去重礼,共有五百斤黄金,一时解决了朱建的办丧之资。后来不久,刘盈要追究道听途说的关于审食其私通吕太后之罪,准备将其诛杀,审食其情急之下派人找朱建想办法,还是朱建去以利害说服刘盈的男宠闳孺,让他出面劝谏,用曲折的方法救了审氏一命。休闲在家的陆贾就是这样在公卿大臣间交游联络,穿针引线,一种自得其乐的生活状态。

在交游之外,陆贾在他的五个儿子家也是轮番过活。他对儿子们约定,到谁家,谁家供给人马酒食,十天后换另一家,采取一种轮番供养的形式。还约定他如果死在谁家,谁就得到他的宝剑、车马和侍从者。让最后的奉侍者得其所利,也不失为一种较为公平的方式。他对儿子们讲:"我一年中除去到别人家交游作客,到你们各家不过两三次,经常相见就会厌烦,我也不想时常打扰你们。"他对自己的晚年生活作了特殊而细致的安排。

陆贾本想在家中终老一生,他也为此作了周详的安排,但后来汉文帝刘恒执政期间,为了修复被吕雉损害了的与南越之关系,又受陈平推荐,被刘恒重封太中大夫,派往南越。他以老年之躯于前179年再翻五岭,重会赵佗,最终和好南越,奏凯而归,为他的晚年生活增添了无限风光,数年后寿终家中。

班固在《汉书》中评价陆贾晚年生活,说他"从容平、勃之间,附会将相以强社稷,身名俱荣",认为他是同僚中最为出色的一位。

陆贾以自己的智识之深和论辩之长活跃于汉朝初政治舞台上,他从儒家立场上公开论证了"无为而治"的政治理念,并将其推广到高层执政人物中,极大地影响了汉初君相们的治国思路,对国家政治实践产生了直接的引导作用;他成功地说服了南越王赵佗对中央政府的归属,稳定了南方政局,维护了民族的统一。他既有政治思想家的精神,又具政治活动家的风格,而他适时进退,不忘大体和从容自乐的人生态度,更丰富了一位智者的完整人格。

命运多舛的诸丞相

刘邦临终前吕雉询问他："萧相国即死,令谁代之?"刘邦回答："曹参可代。"又问其次,刘邦答："王陵可。"旋即补充说："王陵稍直,陈平可以助之。"他认为智有余的陈平难于独任,于是提到重厚少文的周勃。刘邦之后的相国人事基本上就是这样安排的。相国作为帝王治国的辅佐,在国家政治活动中具有重要地位,西汉初期的相国们因为各自行事风格而具有不同的个人命运,他们的处事风格和个人命运均在一定程度上反映着时代与体制的特点。

萧何:皇权压迫,自污损名

自刘邦为汉王时,萧何就担任相国。萧何精明廉洁,又忠心不二,他在关中经营多年,功绩卓著,深得民心。灭楚后刘邦推他为首功,并赐以带履上殿、入朝不趋的特殊对待,可谓尊贵非常、恩宠无比。

萧何在职位上勤勉不倦,办事谨慎,赢得了民众的拥戴,但在专制集权的政权体系中,只能有一个不变的权力中心,也只能有一个民心归附之处。萧何多年的勤勉努力赢得了民心,但却导致了对皇室民望的侵夺。民无二主,天无二日,身处高层权力的政治人物即使不明白这个道理,也能自发地感悟这一点。正因为这样,萧何的守职勤勉非但没有得到刘邦的应有赞扬,反而因此受到刘邦的嫉恨与报复。

有一次萧何前来请示说："长安地狭,上林苑中有很多荒芜的空地,请下令准许民众进入种田。"上林苑是咸阳以南秦代所建专供皇帝行猎的场所,已经荒废空置,萧何的建议本来不错,但刘邦听后大怒说："相国收受了商人的财物,就为他们请求土地!"下令把萧何交给廷尉,用镣铐拘禁。几天之后,刘邦给前来说情的王卫尉解释道："听说李斯为秦相时,有好事归功主上,有过错自己承担。

现在萧相国受贿而为民请地,自己向民众献媚,所以治他的罪。"王卫尉以萧何的治国经历说明他不可能受人之贿,又以秦亡之因说明李斯为相不足效仿。刘邦听了仍不高兴,当天他派使者持符节去释放了萧何,萧何前来谢罪,刘邦对他说:"算了吧!相国为民请苑,我不允许,我不过是桀、纣那样的君主,而你是贤相。我拘禁相国,是想让百姓知道我的罪过。"仍是一副愤恨不平、怨气满胸的架势。

刘邦在这里惩治萧何的根本原因在于萧何为民请利,分走了皇帝应该拥有的民心,他恨无所出,遂对竞争对手突施严厉的报复。但内心真实的想法不好说出,又不能惩无辜之人,于是给其加上受人之贿的罪名。其实这一罪名是他自己也不相信的,他对王卫尉提说李斯"有善归主,有恶自与",倒是真实反映了他对萧何的期盼,他希望萧何一方面享受自己为之争取到的首功封赏,一方面又为自己扬善隐恶、承担过失,至少也不要分割和抢走应该属于自己的民心——他希望做一个民心归附、流芳百世的皇帝。正是本着这一心理,他对被释后前来谢罪的萧何仍心存怨恨。他直面发泄、正话反说,实在也是对萧何的警告与提示。

刘邦平定英布反叛时,从外地几次派人来询问萧何的行动,有客人告诉他:"你身为相国,功居第一,难以复加。但你自入关中十多年,深得民心,百姓亲附,皇上是害怕你倾动关中。"于是给他出了一个解脱的办法。按照客人的建议,萧何发放了一些低利贷款,并且以低价强买百姓的田地和房屋,用自污的办法败坏自我名声。刘邦听到这些事情,就非常高兴。在接到长安之民的拦路上书,告发萧何以低价强买民田数千万,他看后高兴地说:"这就是相国的利民!"并未真正追究。萧何不是一个贪财的相国,他曾数次以自己的家产私财佐助军费,常说:"后代贤,学我俭。"但过分谨慎的萧何必须用自污的办法自毁形象,衬托皇家,保证最高当权人的民心归附,以维持权力体系的平衡。

萧何是西汉王朝的第一任丞相,他在这一职位上真正感受到了相权与皇权的冲突。为了维护皇权的至尊地位,他不断地缩小自我,自毁形象,终也保证了自己的生命安全和丞相之位,并在这一职位下尽己所能地为民做事。既要勤勉为民,又不能侵夺皇室的民望,西汉的贤相实际是在钢丝绳上走平衡。

曹参:无为而治,大获成功

前193年萧何去世,曹参自齐国国相的职位上来京城接任汉朝丞相。他在这一职位上采取了一种不作为的治政方式,竟然大获成功。

刘邦平定天下后不久,封庶长子刘肥为齐王,即让自己的故旧心腹曹参为齐相国,辅佐齐国的治理。当时齐拥有七十座城,属较大的诸侯国。曹参到任后招来地方长老儒生,请教安抚百姓的办法,齐国儒生数百人,众说纷纭,曹参无法决断。他听说胶西(今山东胶河以西地区)有位盖公,精研黄老学说,便让人厚礼请来。盖公对曹参说,治国之道,贵在清静无为,让民众自己安定,由此类推出许多方法。曹参闻之深受启发。他让出丞相办公的正堂,请盖公住到里面,以师待之,并示以崇敬。曹参用黄老之术治齐,九年间使百姓安居乐业,受到齐国民众的一致称赞。

与萧何做汉朝丞相有所不同,曹参为相时既有自己在齐国九年为相的成功经验,又有前任相国的许多正反教训,他在赴任后即有一套自我认定的行事方式。

曹参选择郡国中木讷质朴、不善辞令的老实敦厚之人为丞相府办事人员,对那些长于文辞、追求名誉的人罢斥不用。他日夜痛饮美酒,不理政事,官员宾客前来拜访劝告,等他们一到,曹参就让大家饮酒,过了一会儿,有些人想说点什么,曹参又让他们饮酒,直到喝醉离去,终究未能开口劝谏。

相国住宅的后院靠近官吏宿舍,官吏在宿舍里整天饮酒,唱歌呼喊,曹参的随从听不下去,又无可奈何,就请曹参到后院游玩,希望他处置这些官吏,但曹参在院中听到官吏们醉后呼唱之声,反而叫人取来美酒,陈设座席,也痛饮起来,唱歌欢呼,与官吏们相应和。曹参看到别人有细小的过失,一味隐瞒遮盖,因此相府中平安无事。

新皇帝刘盈对曹参的醉酒驰政曾有责备之意,曹参对刘盈解释说:先帝的圣明英武胜过陛下,萧何的贤能胜过我曹参。先帝与萧何平定天下,制定法令,陛下只要垂衣拱手,我们朝臣谨守职分,勿使有失,不也就可以了吗?

曹参为汉相只有三年,但百姓后来对他为政的评价却很好,赞颂说:"萧何制法,明白画一;曹参代之,守而勿失;清净不乱,民以宁息。"在吕雉执政期间,曹参在相位上长醉不醒,取不作为的施政方式,既有某种顺时屈伸的自保意识,更重要的在于他把无为而治的思想理念化作了施政的自觉方针,中央政府清静无为的施政行为也在客观效果上适应了秦末战乱后与民休息的社会需要。司马迁评价说:"参为汉相国,清静极言合道。然百姓离秦之酷后,参与休息无为,故天下俱称其美矣。"曹参正是以适应汉初社会需要的施政方式得到了当时和后世的高度评价。曹参与萧何早年同为沛县吏,两人一同助刘邦起兵,关系良好,后来萧何为相,曹参为将,两人有了隔阂。曹参继萧何为汉相后,办事规章无所变更,一切遵从前任制定的法令,这完全是清静无为治国思路的必然要求。所谓"萧规曹随",其实"萧规"是开创与有为的产物,而"曹随"才真正是无为的表现。在汉初几任相国中,曹参把无为而治的思想贯彻得最自觉、最彻底、最认真,因而成效也最大。

曹参当年在齐相任上时,听说萧何去世,即让门客赶快整理行装,他认为汉朝的继任相国必是自己无疑,没有多久,果然朝廷使者来召曹参入京赴任。临行时他嘱咐齐国继任之相说:"请不要对狱市进行干扰。"继任相国问:"治国难道没有比这更重要的事吗?"曹参告诉他:"狱市是善恶并容的处所,如果干扰它们,那坏人到哪里去容身呢?我所以把这事放在头等位置。"在曹参看来,无论在任何时候,一个地方人们的道德水平和行为表现都是良莠不齐的,一个社会应该允许各类人物的存在,应该给那些作奸犯科的人留下生存的余地。曹参所说的"狱",是指教唆犯罪、资助盗贼、产生诉讼的场所,他所说的"市",是指投机谋利、因私斗气、盛行欺诈的场所。在他看来,政府对这类场所不施行严刑峻法,稍作放任,才能使坏人有处容身而不作乱,才能有大范围的安定,进而使那些不法之徒随着社会的发展而改善生存、改变心术,达到化心弭奸的效果。事实上,治国上消除一切奸邪行为的愿望是良好的,但却是不现实的。曹参的办法固然有其过分消极的一面,但也并非全无道理。不知这种办法是盖公的指导还是曹参的自悟,总之属无为而治思想的彻底体现。曹参对自己接替萧何作汉相早有预料、毫不怀疑,也体现了他对自己在齐国为相的一套办法是非常满意、极其自信的。

曹参以师待之的盖公是齐地学有师承的黄老学者。战国晚期有河上丈人承研黄老之学,河上丈人教安期生,安期生教毛翕公,毛翕公教乐瑕公,乐瑕公教乐臣公,乐臣公与战国名将乐毅同族,秦并天下时避至高密(今山东高密西南),以学问显闻于齐,称为贤师。盖公受教于乐臣公,他根据战国以来已形成了学派的黄老学,向曹参提出了清静无为的为政方针和思想原则,与陆贾在中央政府对刘邦的建议不谋而合。正因为这种治国方针具有深厚的学术渊源和广泛的社会基础,因而曹参才敢于大胆施行,并能在其与现实需要的吻合中获得巨大成功。

王陵:耿直抗吕,触鳞失位

公元前 190 年曹参病逝于相位,依照刘邦当年关于王陵为相而陈平助之的吩咐,朝廷设左右丞相,右丞相的地位更为尊贵些,王陵担任这一职务。其时刘盈为皇帝,吕雉实际掌权用事。

如果没有重大的变故,王陵可能会继续执行已被曹参先前证明为切实可行的清静无为之策,他可能会"弹五弦之琴,歌南风之诗",达到"垂衣裳而天下治"的效果。然而,非常不巧,在他任右相两年之后,皇帝刘盈病逝,太后吕雉因失去了儿子为帝的依托,准备立侄儿吕产、吕禄等为王,汉朝的政权格局面临重大调整与变化。吕雉就此征求大臣们的意见,右相王陵明确反对,他说:"当年高皇帝杀白马订立盟约:非刘氏而王,天下共击之。现在封吕氏为王,这是违背盟约的。"吕雉很不高兴,就问左相陈平和太尉周勃,两人回答说:"当年高皇帝治理天下,封自己的子弟为王;现在太后行施皇帝职权,封自己吕姓子弟为王,也是可以的。"数月后吕雉拜王陵为帝太傅,剥夺了他的相权,以陈平为右相。王陵一怒之下称病辞职,以后闭门不出,也不入朝拜请。七年后逝于家中。

要在朝廷的权力格局中增加吕氏势力,必然与原有的政治势力发生冲突,引发朝廷内部的裂痕。吕雉就她的决定征求大臣意见,意在得到人们的支持,这样却把王陵放在了矛盾冲突的焦点上。王陵为百官之首,代表着原有各政治势力的利益,自然不愿看到另外的政治集团进入权力核心,他以刘邦当年与大臣们的盟誓为据,无非是拒绝吕雉、保护自己的一种方式而已。吕雉虽然当时无言以对,但在其他大臣的应允下,经过数月运作,方案的实施已时机成熟,她感到王陵已成了方案实施的绊脚石,于是给了王陵一个帝太傅的闲职。帝太傅执掌皇帝辅导之职,本是周初三公之一,位极尊贵,但当时的皇帝实际是张皇后养育而为刘盈后宫所生的幼子,尚无政治上认知和执事的能力,吕雉用明升暗夺的方式废掉王陵的右相之位,是要搬掉吕氏为王之路上的大石头。

王陵当时对陈平周勃两人未公开支持自己反而纵容吕氏的表态大为不满,他在那次罢朝后就当面责备两人说:"当初与高皇帝歃血盟誓时你们不是都在场吗?现在高帝去世了,太后女主要封吕氏子弟为王,你们却阿谀逢迎,违背盟约,将来有何面目在地下去见高帝?"当后来被罢掉相位后,他最终以激愤的方式表示了与吕氏朝廷的不相妥协。

韩非子在他的《说难篇》中说:"龙在和顺时可以随便戏弄骑玩,但它喉下面有约一尺长倒长的鳞片,如果有人触犯了这鳞片,那龙就会伤人。"他认为人主也有这种"逆鳞",人们尽量不要去触撞。王陵失去相位,根本原因就在于触撞了吕雉的"逆鳞",尽管他的意见实质上代表了朝中大多数官员的看法,他的主张能避免统治集团的裂痕,能维护政局的稳定,形式上也有刘邦当年白马之盟的支持,但却与当时最高执政者的意志相违背。在他所赖以生存的专制政权中,最高当权者掌握着一切生杀予夺的权力,其他官员本质上只是执行意志、为其服务的仆役而已。王陵自然也可以像陈平周勃一样,在不得已的情况下违心地认可吕雉的提议,暂时听任吕氏集团的发展,保持自我势力,等待合适的机会将其抑制之,但王陵既不具有这样的韬略,又不具备柔顺的性格,在帝之首辅的位置上愿意迎风不避,自然就要被逆鳞杀伤,要中刀落马。

在汉初诸臣中,王陵以耿直刚硬而知名。他与刘邦同县,早年为地方豪强,刘邦贫贱时以兄待之。刘邦反秦入关时,王陵也独立聚众数千人屯居南阳,不肯随从。楚汉战争中王陵暂属汉军,但长时间没有忠心归属之心,也许他仍然以早年的心态看待与刘邦的关系,也许他一直鄙薄刘邦作泗水亭长时的处事与为人,总之对汉王刘邦的认识长久没有转过弯来。另外,他暂属汉军后一直与雍齿的个人关系很好。雍齿是随刘邦一同起兵的沛人,在为刘邦驻守丰邑时反叛降魏,之后又被擒拿归顺,但据说数次窘辱刘邦,被刘邦视为军中伤害自己感情最深的仇人。王陵与雍齿交好,可能是相互间情投意合,或者出于某种同情,但他不对君上讨好,不避刘邦的忌讳,也因此而被推迟封侯,正体现了一种耿直之气。

王陵之部暂属汉军期间,项羽捉来王的母亲置于楚军,王陵派使者去看望,项羽恭敬地对待其母,让她招降儿子。王母私下送走使者,哭着说道:"替我告诉王陵,用心侍奉汉王。不要因为我的原因而三心二意。我以死来送使者。"竟引剑自杀。项羽为之大怒,烹煮了王陵的母亲,王陵至此跟随刘邦,直到平定天下。由此看来,母亲的态度稳定了王陵的政治选择,她的刚烈之气也一定对王陵产生过重要影响。

王陵早年为沛县豪强时为刘邦所敬重,而后来一直与刘邦有种无名的隔膜,这都出于王陵的刚直无阿之气和对权势的不屑迎合,但正因为这样,他反而得到了为帝后的刘邦的内心看重,宁愿把他作为曹参之后的相国人选。"江山易改,本性难易。"在吕雉之朝政权结构的大调整中,王陵因为耿直"触鳞"终被免相,郁闷而死,在他所生存的制度中也属难免,其不幸的结局早就隐伏在自身的性格中。

陈平:善识时务,以曲求伸

公元前188年,右丞相王陵被汉太后吕雉拜为帝太傅,左丞相陈平被徙为右丞相,左丞相另任他人。陈平自此成了朝中百官之首。

在数月前的朝会中,前任右相王陵公开反对吕雉封吕氏为王的提议,故被吕雉免相;而陈平表示了应允的态度,所以被升迁。当时退朝后王陵责备陈平不顾白马盟誓而逢迎吕氏的行为,陈平回答王陵说:"于今面折廷争,我不如您;将来保全社稷、安定刘氏天下,恐怕您不如我。"可见他认可吕氏封王,并非出于本意,只是一种自我保护的不得已手段。他是要保存自我势力,等待时机,反手制吕。这完全是道家那种以曲求伸、后发制人的政治策略。

陈平是一位智识高超的人物,刘邦称为"智有余"。他一定是反复地揣摩了前任几位相国的成功经验与失败的教训,使自己的为政行为更为成熟精到。

吕媭曾在姐姐吕雉面前多次谗毁说:"陈平身为丞相,不理政事,每天只痛饮美酒、玩弄妇女。"陈平听说后,更加饮酒作乐。吕雉得知此事,私下暗喜。她有次甚至当着吕媭的面对陈平讲:"俗话说'小孩儿和妇女说的话不可信',只看您对我如何就行,不要怕吕媭说坏话。"在这里,陈平看得非常清楚,吕雉一心想伸张吕氏之势,她唯望刘邦时的老臣虚职放手,不理政事,好让吕氏执事揽权。因而听到吕媭的谗言,陈平反而加倍饮乐。他放弃朝政,溺于酒色,做出胸无大志、满于现状、无所作为的样子,既是如曹参那种无为而治、清静自守的治政方式,也实在是一种韬光养晦的自保之策。陈平是精于黄老之术的高手,他识透了吕雉,瞒过了吕雉,使自己免于吕氏之祸,为后来除掉吕氏保存了力量。

先前退职的同僚陆贾有一次交游来家看望陈平,一直坐到了身边,陈平尚在忧虑而未发觉。陈平想问题如此入神,原来正是忧虑吕氏侵夺朝政的事情。可见,在朝堂认可封吕,在相府饮酒为乐的陈平其实并没有忘记自己扶持刘氏、整顿社稷的政治道义和应负责任。当"旁观者清"的陆贾给当事的陈平提出了结交周勃、以图长远的建议后,他立刻放弃了对周勃的个人宿怨,以五百斤黄金为周勃祝寿,实现了将相合力,为铲除吕氏做好了积极的准备,他还不惜给提出此建议的陆贾送去财物金钱,作为一种奖赏。数年之后,吕雉病死,陈平即与周勃合谋,以计夺得兵权,诛灭吕氏,迎立代王刘恒为帝,使西汉进入了一个稳定发展的时期。

在汉初女主当权的多事之秋,陈平以他的智识和策略避过了吕雉的逆鳞伤害,他在相位上把无为而治的政治方针和韬光养晦的政治策略结合起来,维护了社会的稳定,保存了朝廷恢复的力量,他是一位风格独特、功绩显著的丞相。

审食其:受宠女主,因幸为相

汉太后吕雉在前188年提名陈平为右丞相的同时,任审食其为左丞相。左丞相不设办事处所,明确让他处理宫中事务,相当于管理内廷事务的郎中令的职事。这种任职不任事的左丞相是吕雉送给审食其的一个十分异常的职位。

审食其也是沛县人。前205年刘邦彭城大败,项羽向西追击时顺路掠取刘邦在家的父亲和妻子吕雉为人质,审食其以舍人家臣的身份侍奉吕雉,数年后一同获释。不久汉朝建立,审食其被封为辟阳侯。辟阳故城在今河北省枣强县西南,审食其在宫中一直侍奉吕雉,受到吕雉宠幸亲爱。前195年,审食其受刘邦派遣去北地考察燕王卢绾的政治动向,此外再未见他有其他政治活动的记录。审食其一直从事宫中事务,不是一个政治活动人物,刘邦在相位安排上也根本没有提及。吕雉执政后,则把一个丞相副贰的职位送给他,又不任其事务,不能不使人们感到怪异。

几年前刘盈为帝时,听说了审食其与母后通奸的风言风语,非常气愤,他把审食其抓来下狱,准备杀掉他,吕雉羞愧难言,不好出面阻拦,后来刘盈的幸臣闳孺怕吕雉事后向自己报复下手,因而在平原君朱建的诱导下,劝谏刘盈放掉

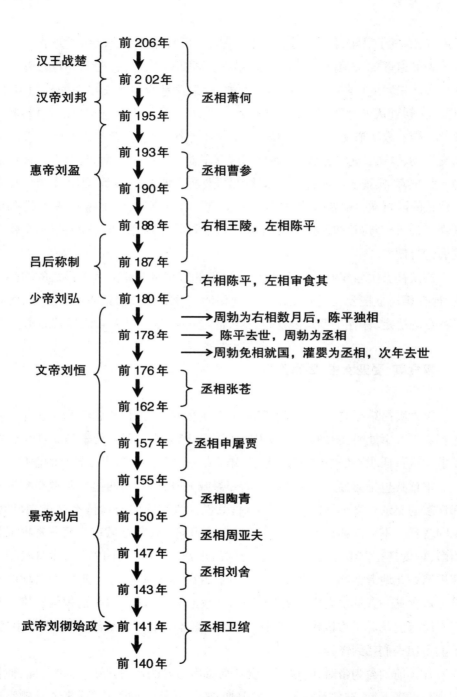

汉初帝相转换及其对应关系

了审食其。审食其虽然侥幸逃过一劫，但此后声名狼藉，他与吕雉的丑事也闹得满城风雨，几乎无人不晓。但不知吕雉为什么要如此厚颜无忌，把自己的那位男宠要公然推到左丞相的位置。吕雉曾在朝中大树亲族，让吕产吕禄一伙掌管南北禁军，这也符合她权力稳妥的心理要求，然而审食其并无左相之才，她也并不准备让其掌左相之权，但却宁愿让他任其空职，只能是一种情令智昏的表现。

古代的男性君长可以拥有三妻九妾，而属于他们的女人大多从一而终，人们可以为当时男女性权力的不平等而鸣不平。刘邦的女人不止吕雉一个，他在后期征战中常有戚姬相陪，吕雉色衰爱弛，相会机会几无，她寂寥无奈，在长期的接触中与舍人审食其日久生情，人们也不可过分厚非。然而，吕雉对审食其的任用实际已大大超越了应有的界限，只是她做过的不齿之事较多，人们对这一丑恶事情反而麻木无感而已。也许吕雉要以官职作为对情夫的回报，也许她想感受到自己情人威风八面的乐趣与快感，但她忘记了，和男性君长不同的是，自己对审氏的宠幸是与当时社会规范严重违背，只能与偷鸡摸狗一类勾当并列。把上不了台面的事情公开化，给宠幸的男人以国相之职，吕雉的行为反映出她滥用权势已经到了多么荒唐和无所约束的地步。

吕雉死后，大臣们在清除吕氏之党时免掉了审食其左相职务，因为先前他与平原君朱建的一段交往，保住了性命。前 177 年，刘邦的儿子淮南王刘长以铁锤椎杀了审食其，他认为在吕雉迫害戚夫人赵美人等父皇众嫔妃时，审食其作为其百依百顺的宠幸而未出面阻止，致使自己有少年丧母之痛。审食其这位可怜的人儿因宠得荣，因宠丧命。

汉朝开初二十二年的丞相先后由萧何、曹参、王陵、陈平及审食其担任，其间，除审食其为相不治事外，刘邦在萧何为相时曾任战将郦商为右丞相，但郦商南征北讨，未离疆场，右相仅是一个荣誉职务；吕雉死后吕产曾为丞相，但陈平右相之职并未被免，吕产之任似为吕雉临死前的应急措施，且在任月余即被诛。其他萧何、曹参、王陵与陈平四人都曾是辅佐主上的第一重臣，处一人之下、万人之上的尊贵之位，掌管着政府行政机构的最高权力。

萧何因他的谨慎精细和刘邦的长期信任而成为首任丞相，他在九年的丞相之位上体恤下情，精洁为民，为汉朝制度律令的制定做了不少开创性工作，但却无意间触撞和侵犯了皇帝的权威,在与皇权的冲突中,他以自污形象、压缩自我的方法避免了个人命运的灾难,维护了君上的权威,最终也把相权缩小到了执行部的地位;曹参吸取了他齐国为相时的成功经验和前任萧何的许多教训,在汉相之位上自觉推行了一套清静无为、与民休息的政治方针,萧规曹随,放弃作为,在位三年即得到民众的称赞;王陵接相三年之时,想在政治上抗拒吕雉对朝廷权力结构的大调整,终被免职,从反面证明了相权在君权面前的脆弱和无力;继任的陈平则以精深老到的政治策略七年间应酬于暗涛汹涌的吕雉之朝,使无为既成为执事行政的手段,也成为自保的策略。

战国数百年的争夺、秦朝十多年的重压和后来的战乱,使中原和全国百姓已陷入了疲惫不堪、几难生存的地步,汉朝建立时已是民不聊生、天下思静。汉朝统治者起自下层、熟知民情,执政中不自觉地走上了与民休息之路。由于齐地儒生盖公等人的积极倡导和陆贾在中央政府的大力鼓吹,加之上层相权被严重挤压、难以作为,因而无为而治的方针逐渐成了汉初行政中的一种时尚。萧何后期的行为选择和后来三相的正反实践明白地注释了这一点,使之成为汉朝前期七十余年基本的治政大略。

事件篇

冒顿：创制"鸣镝"，突袭夺政

　　北方匈奴的首领称为单于，秦朝时，大将蒙恬率十万之众北击守边，筑起了西起临洮（今甘肃岷县）东至辽东（今辽宁大凌河以东）的万里长城。匈奴惧于秦军之威，加之邻国东胡（分布于今内蒙古草原东南西拉木伦河和老哈河流域）和月氏（分布在今甘肃西部与青海省交界地区）的强盛，当时的头曼单于率部族向北迁徙。秦末后中原战乱，蒙恬等戍边将士或死或离，匈奴于是重新南下，活动区域南至黄河流域。

　　头曼单于所立太子叫冒顿。因为后来宠爱的阏氏（匈奴君主正妻之称）生了少子，头曼遂想废掉冒顿，传位给少子，他让冒顿到月氏作人质，然后急攻月氏。月氏想杀掉冒顿，冒顿盗得良马，驰骑逃回。头曼觉得这位儿子很英勇，就让他统领一万骑兵。

　　冒顿制造了一种射出带响声的箭，称为"鸣镝"，用它来训练部属，下令说："凡鸣镝射向什么，大家都要跟着去射，否则杀头！"冒顿领着大家出猎鸟兽，有不跟着鸣镝发射的，全被斩杀；不久冒顿发鸣镝射向自己的战马，手下亲信不敢跟着发射的，立即被杀；过了一段时间，冒顿又发鸣镝射想自己的爱妻，手下有恐惧不敢跟着发射的，又被斩杀。后来，冒顿出猎时发鸣镝射向父亲单于的战马，部属一齐跟着发射。冒顿于是知道部下已经听指挥了，不久他跟着父亲头曼单于去打猎，突然间以鸣镝射向父亲，左右亲信都跟着鸣镝发射，顷刻射杀了头曼，冒顿遂后诛杀了后母、弟弟及不服从的大臣，自立为匈奴单于。

　　在中原战乱不止、边守松弛的时候，已经北徙十余年的头曼单于率众南下，恢复了匈奴原有的活动区域，也见头曼的壮志雄心和对战略时机的把握。头曼爱母及子，想废长立幼，欲假邻邦月氏之手杀掉冒顿，这与发生于中原之地的许多宫廷之事也多有相似。然而,头曼对儿子冒顿先欲致死,继而佩服,交给精兵,毫无戒备,却犯了防身自卫的大忌。

冒顿为质于月氏,大概属于部族国家间一种正常的交往取信关系,他本人并无过多的疑虑,但当头曼急攻所质之国时,他一定感到了父亲借刀杀人、假手除己的险恶之意,这位英勇的壮士盗马驰归,死里逃生,也属果敢不易之举。回匈奴后他有强烈的怨愤与仇恨,但势小力薄,不好发作,面对掌控政权、重兵在握的父亲,他只好隐忍求存。然而他明白,父亲是他生存的唯一敌人和走向君主权力的最后路障,不除掉他,自己将始终面临生存的难题;但若操之不慎,反手被制,自己也将死无葬身之地。当父亲交给他一万骑兵后,他获得了施展抱负的一定资本,接下来的问题是如何调教这支部队,让其服务于自己的政治目标。

按照冒顿的目标要求,这支部队一是要有战斗力,二是要一切行动听指挥。匈奴军队善用弓箭,这是一种远距离的杀伤武器,提高部队的弓箭命中率和射程距离,这种属于战斗力培训的事情是靠勤奋练习、严格要求就能做到的。难题在于,冒顿的射杀目标是自己的父亲——掌握十余万大军的现任匈奴单于,部队中的任何人都必有对他的敬畏、恐惧,和对他们父子关系的顾忌,执行命令时有难以下手的问题;同时,这一行动目标也绝不能提前告诉任何一个人,要有最严格的保密措施。解决这一难题,冒顿创制了一种名叫"鸣镝"的带响弓箭,由自己掌握,对部队的命令只有一条:按照鸣镝的目标发射!他把行动目的保持在自己一个人的心中,做到了最高程度的保密,同时要把部队训练成条件反射般地听从鸣镝指令的武装力量。

按照行动目标,冒顿以逐级逼近的方式对部队进行听从鸣镝的训练。其一是先射鸟兽,培养部属对规则的熟悉;其二射杀自己战马,培养部属对听从鸣镝的无所顾忌之心;其三射杀自己爱妻,强化部属对鸣镝指令的信服,表明鸣镝的指令高于亲情;其四射杀君父战马,进一步确认部属对鸣镝的信服力,消除部队对单于的任何恐惧和顾忌。冒顿在这些训练中对心存顾忌而未随发射者按令处斩,使大家对鸣镝的指令深信无疑,不敢怠误。在他的逐级训练中,每一前次训练都是后一训练的基础,每一后次训练都是向行动目标的更加逼近。当他射杀君父战马时,部属中已没有心存顾忌而未听从者,表明他的训练已获成功。不久,他在随君父狩猎时,以鸣镝射向君父,头曼未及反应过来就死于万箭之下,这一结果实在只是冒顿长期训练部队的水到渠成。

　　除掉了走向匈奴最高权力的路障,冒顿已不再有自身生存之虞,他再以武力杀掉仇敌与政敌,自立为单于。这位年轻的匈奴首领在父亲的基业之上东征西讨,一时把匈奴推向了最为兴盛的时期。

匈奴:东并西攻,以武强国

匈奴本从远古部落演化而来,其先祖淳维是夏后氏(以大禹为领袖的部落)的后代,后居于北方蛮荒之地,逐水草而迁徙,随畜牧而转移,形成了与中原先民不同的生产方式和生活方式。他们与商、周之朝没有建立起明确的政治关系,常有一些小规模的冲突;特殊的生存方式使他们社会文明的积累极为不易,发展缓慢,因而被中原先民视为不同族种的戎、狄,其间又因不同的部落而有山戎、犬戎、獫戎、赤翟等多种歧视性称呼。整个周朝之时,可能由于他们部落的发展及其联盟的分散活动,在关中丰镐、北方燕地,乃至洛阳周边,都有他们活动的踪迹。周文王的祖父古公亶父就因戎狄之扰率族自豳(今陕西彬县东北)迁至岐山之下的周原(今陕西岐山县东北扶风县境内);西周末的申侯联合犬戎攻杀周幽王于骊山之下;东周时齐桓公伐戎救燕;不久周襄王受戎狄之攻逃出洛阳,赖晋文公兴师相救;杂于戎狄之间的秦国在穆公时代伐国十余,称霸西戎;后来的晋悼公接受大臣魏绛的和戎之策以消除外患等等。不仅如此,周襄王还早先娶戎狄之女为王后,战国时的秦国昭王之母宣太后甚至与义渠戎之王通奸,生有二子。长期的争战和交往逐渐打破了相互间的血族隔阂,双方已经有可能发生更深层的关系。

淳维的后裔延绵千余年,部落间不断融合壮大而成为战国时期的胡与匈奴。赵将李牧守边和后来秦将蒙恬缮筑长城,遏制了他们对中原的战争骚扰,头曼单于被迫北徙。秦末战乱的三年间匈奴再次南下,及冒顿单于以谋划和突袭方式夺政后,在中原楚汉战争的间隙东并西扩,纵兵逞武,使匈奴走上了以军事力量来引领强盛的道路。

冒顿杀父自立为单于,邻国东胡听说后,派使者对冒顿说,想要得到头曼时的千里马。冒顿征询群臣意见,大家都说:“千里马是我们匈奴的宝物,不能给!”冒顿说:“跟人作邻国怎能吝惜一匹马呢?”遂把千里马送给了东胡。东胡以为冒顿惧怕他们,过了不久,又派使者对冒顿说,想得到单于的一个阏氏,冒顿征询身边侍臣的意见,侍臣们发怒说:"东胡太无理,竟然索要阏氏,请出兵打击。"冒顿说:"跟人家做邻国,怎能吝惜一个女子呢?"遂把所爱的阏氏送给了东胡。东胡王越发骄横,向西侵略。他们原本与匈奴中间有一片无人居住的荒弃之地,宽一千里,各居其边建立守望哨所,东胡派使者对冒顿说:"匈奴与我们边界哨所以外的荒弃地区,匈奴到不了那里,我们想占有它。"冒顿征询群臣意见,有些人说:"这是片荒弃之地,给也行,不给也行。"冒顿大怒道:"土地是国家的根本,怎能送给别人!"把主张给予的人全部杀掉。他跨上战马,下令全军跟进,有后退的杀头,即刻向东袭击东胡。乘东胡没有防备,匈奴大获全胜,消灭了东胡王,掳掠了东胡的民众和牲畜。

冒顿率众凯旋归来后,马不停蹄,又向西打跑了月氏,向南兼并了楼烦(今山西省宁武县)及河套之南的枝属,不仅全部恢复了蒙恬夺去的地盘,而且足迹到达了朝那、肤施,即今宁夏固原、陕西榆林一带,当时冒顿手下能弯弓射箭的将士达三十多万,后来还向北征服了居今蒙古国至西伯利亚一带的浑庾、屈射、丁零、鬲昆、薪犁等部族,一时非常强盛,匈奴贵族大臣也都认为冒顿单于贤能无比,对他十分佩服。

冒顿单于的对外用兵是从东胡开始的。势力强大的东胡对突袭夺政的冒顿并不为意,他们无故索要匈奴人珍爱的千里马,多半是要试探这位年轻单于的反应,也不无挑衅的意味。但冒顿是一位善隐心迹的高手,他说服群臣,毫不迟疑地将千里马送给了东胡。也许他心里明白,以匈奴的现有实力,暂时还不是东胡的对手,东胡正是利用这一点来无故相欺,而匈奴不等到合适的时机就与之硬拼,就会失掉自身发展的现有资本。因而冒顿选择了妥协隐忍的方式,并且以毫不为意的口气,不露心迹地表达出来,似乎这是两个邻国的正常交往。

东胡王从冒顿的隐忍中感到的是冒顿的软弱,他进一步要求得到冒顿的阏氏。也许他是通过这种欺侮的方式挑逗冒顿前来决战,以便有交战获利的机会,但冒顿再一次满足了他的要求,将自己所爱的阏氏送交出去。匈奴人对夫妻关系可能不是如中原人那般过分看重,但冒顿的行为即便在匈奴也超乎寻常,他在东胡王面前忍辱蒙羞,实在是要避免在有准备的强大对手面前冒险决斗,只不过他仍然用一种轻描淡写的口辞表达出来,似乎这同样是无足轻重的事情,继续把报复之心做出了深沉地掩盖。

东胡王彻底地感到了冒顿的软弱无能,他得寸进尺,索要两国之间原本作为缓冲地带的一片空地,他认为软弱的冒顿是无力拒绝的。匈奴国的群臣们从先前的送马予妻两事也料到现任单于会予答应,表态的人均持两可态度,但已无拒绝的意见发表。冒顿则一反常态,他斩杀主张弃地之人,发出作战之令,带头冲锋,率举国之众向毫无准备的东胡发起攻击,最终大获全胜,缴获人口财物无数,捞到了向外扩张的第一桶黄金。冒顿在战前强调土地的珍贵,这自然不错,但他在这里主要看重的是东胡的无所准备。《孙子兵法》云:"以虞待不虞者胜"(《谋攻篇》),主张"攻其无备,出其不意。"(《计篇》)冒顿是一位不懂兵法理论但却善于揣摩制胜之道的军事头领,他的行为暗合于兵法。他先前对东胡王送马予妻,包羞隐忍,实际上只是一种"强而避之","卑而骄之"的策略,他要引诱并造成对方的麻痹轻敌,在自己稳操胜券时再行反击。

东方获胜后,冒顿乘势向周边用兵争夺,开拓了一片广大的国土,也消除了各处的威胁和后患,然后手握三十万军队,虎视南方。恰逢汉朝初建,冒顿的铁骑注定要成为搅动汉朝政局的外部力量。

冒顿：招降边将，平城困汉

　　公元前 201 年秋，刘邦登基称帝的次年，匈奴冒顿单于率大军南下，将韩王信包围于马邑(今山西省朔县)。韩王信一面派使者到匈奴谋求和解，一面请朝廷救援。刘邦在调兵救援的同时派人责备韩王信私通匈奴，怀有异心，韩王信怕受诛杀，乃与匈奴约和，共攻汉军，他在马邑投降匈奴，进攻太原，彻底走上了反叛之路。

　　前 200 年冬，刘邦亲自率领以步兵为主力的三十二万大军北征。汉军在铜鞮(今山西省沁县南)打败韩王信的部队，又在广武(今山西代县西南)、离石(今山西离石)一带击破匈奴万余先头部队，乘胜追逐。后来听说冒顿率匈奴主力在代谷(今山西代县西北)，遂驻军晋阳，派人分头去侦察敌情。

　　冒顿为引诱汉兵，一直假装败走，他把精兵隐藏起来，故意暴露老弱残兵。刘邦派去侦察敌情的人回来都说匈奴兵弱马瘦，可以进攻。刘敬回来报告说：“两国相攻，本应炫耀示长，但我却只看到羸马老兵，这是故意显示虚弱，必然埋伏奇兵以待我军，我认为不能出击。”当时汉军已越过勾注山(今山西省代县西北)，二十多万军队已经出动，刘邦听了刘敬之言，发怒大骂，让人囚禁他押送广武。刘邦进军到了平城(今山西大同市东北)，当时汉军步兵尚未到达，冒顿即率精兵四十万将刘邦围困于城东的白登山上。时值冬寒大雪，军士十之二三被冻掉手指，被困的汉军与外信息隔绝，七天得不到接济的军粮，情况十分危急。刘邦无奈之下采取了陈平的密计，他让画工画下美女，派使者送给匈奴单于的阏氏，对她说：“汉有美女如此，今皇帝困急，欲献之。”并送给阏氏丰厚的赠礼。阏氏怕汉宫送来美女夺己之宠，急劝单于解围，她对冒顿说：“两国君主不能互相逼迫。现在夺得汉地，我们也终究不能住在那里，况且汉王也有他们的神灵相助。”冒顿当时与韩王信的将领王黄、赵利约定时间会师，到期二人未至，他疑心二人与汉军合谋，未敢单独行动，同时也听取了阏氏之言，于是撤掉了包围的一角,时值漫天大雾,难辨往来,刘邦命令士兵拉弓上箭,面朝外,从解围的一角直出,终于跟外面的大军会合。事情过后两军都撤兵离去。刘邦奖赏了陈平和刘敬,后来采纳了刘敬的和亲匈奴之策。

韩王信曾被刘邦认为有雄才武略,他久住朔边,也许有与匈奴和解或诈胜的策略,但刘邦一听到其与匈奴通使,就数罪责之,实在有些过分的敏感,这一失误终把守边之将逼向了反叛之路。刘邦在征战中低估了匈奴的力量,他追逐匈奴主力前派人侦探敌方情报,也属谨慎的行为,但在对情况分析结论不一致的情况下,他主观地相信了敌方的羸弱,率轻骑追敌,脱离汉军的主力步兵,被围困于平城白登山上,几乎性命不保。后来虽以奇计逃生,实在是侥幸而成。

不能清楚冒顿是以什么方法招降了韩王信并使其为匈奴驱驰,但由此已见他对中原汉人在武力对付之外的另一种策略方式。在此前后,曾有燕王臧荼、赵相陈豨和后来的燕王卢绾,以及他们的臣属等一批汉朝边将反投匈奴,为冒顿所用,可以想象,这其间冒顿必有一些超乎寻常的手段。对付刘邦的大军,冒顿不想凭单纯的战场拼杀来争胜,尽管这是匈奴骑兵的特长。他采取小败诱敌、佯示羸弱的方法诱敌深入,果然把汉军主帅围困于死地,战争的全胜只在自己掌中。然而,阴差阳错,事有偶然,也许他对突然到来的巨大胜利心存疑惑,也许他对中原天子及其所佑神灵心有敬畏,他相信了自己阏氏的枕边之言,在犹豫中松动了包围,被汉君臣借机出逃。匈奴大军没有歼灭前来征讨的汉朝军队,但使几十万冒寒远来的汉军无功而返、惊魂落失,这本身已是不小的成功。

刘敬从匈奴兵马羸弱疲惫的反常现象中推测到了其隐藏伏兵的极大险机,事实也证明了他这次理性判断的正确性,可惜他的意见未被采纳;平城困境中陈平空中指花,挑起阏氏的忌妒心,把匈奴单于的后宫矛盾用来服务于自己的战争目的,绝处求生,充满着奇妙的想象。战争显露了陈平、刘敬两位中原汉人的智识,但同时也表现了冒顿单于的政治策略与军事才能,显示了匈奴观念文化对中原文明的快速跟进。平城交战是西汉王朝与匈奴的第一次大规模交锋,双方几乎未分胜负,但它表明了双方由各自发展而走向相互冲突的必然性,清除了中原先民对匈奴族属长期持有的鄙夷蔑视心理,提高了各自在对方心目中的政治地位,迫使汉朝执政者以慎重、认真的态度来对待与匈奴的关系。

贯高:逞义刺帝,名闻天下

刘邦于公元前 202 年初在定陶登基称帝时,封张敖为赵王,六十多岁的贯高为赵相。

张敖的父亲张耳早年是魏国知名的人物,刘邦贫贱时曾跟随交游。陈胜起事时张耳携友陈馀入陈地相随,后来几经沉浮,辗转跟随刘邦反楚,前 203 年被封为赵王后不久去世,其子张敖嗣其王位,刘邦旋将吕雉生女鲁元公主嫁给张敖为王后。

公元前 200 年冬,刘邦在平城(今山西大同市东北)被匈奴围困,侥幸突围后路过赵国,张敖脱下外衣,戴上袖套,用当时最谦恭尊敬的方式给刘邦敬献食物,刘邦张开两脚,"箕踞"责骂,非常傲慢无礼,老相贯高见状发怒道:"我们的王太软弱了!"他事后劝谏张敖说:"天下豪杰并起,能者先立。今天您侍奉皇帝非常恭敬,却遭遇无礼,我们干脆杀掉他。"张敖闻言,咬指出血道:"您此言大错!当初先父亡国,靠皇上得以恢复,我们惠遗子孙,一切都靠皇上的恩德。请不要再出此言。"贯高与赵午等十余位同僚私下商量说:"我们的王为人忠厚,不愿背德。但我们义不容辱,必须杀掉皇上。将来事成了功劳归王,事不成我们自己担当。"次年,刘邦从东垣(今河北石家庄市东)路过赵国,贯高等人在柏人县(今河北隆尧县西)一所刘邦休息的馆舍夹壁中隐藏刺客,准备伺机动手。刘邦经过此地,忽觉心跳,便问:"这叫什么县?"随行人员回答:"名叫柏人县。"刘邦说:"'柏人'者,迫于人也。"没有留宿就离开了。贯高的行刺随之流产。

又过了一年,贯高的冤家将其行刺之事告发给朝廷,刘邦一并逮捕了张敖、贯高等人,当时有十多人畏罪自杀,贯高怒骂道:"这本是我们自己干的,赵王没有参与,现在却把他也逮捕了,大家都死了,谁来洗清赵王的清白?"于是他坐着朝廷密封的囚车来到长安,当时同来的还有孟舒等十多人,他们剃光头发,用铁环束着脖子,表示服罪的姿态,作为张敖的家奴跟随。贯高出庭受审时一口咬定:"只是我们这些人干的,赵王根本不知道。"狱吏棒打针刺、酷刑逼问,贯高体无完肤,身上已无用刑之处,但终不改口。负责审讯的廷尉将此事报告给刘邦,刘邦感叹道:"真是位壮士!"他派中大夫泄公以同乡的身份私下侦讯贯高。在双方接触取得信任后,贯高对泄公说:"人之常情难道不爱自己的父母妻子吗?我已承认了灭族之罪,难道不愿以赵王换来亲人的性命?只是赵王实在没有参与,本来就是我们干的。"他向泄公详细地叙说了谋刺刘邦的本意和张敖不知情的真实情况。泄公将此报告给了刘邦,刘邦于是赦免了在押的张敖,同时他因钦佩贯高的为人,一并将其赦免。贯高听说张敖真的已经出狱,非常高兴,他对泄公说:"我被捕时所以不自杀求死,就是为了表白赵王无罪。现在赵王已被释放,我已尽到职责,死而无恨了。况且臣子有谋杀君主的罪名,有何面目侍奉君主呢?即使君主不杀我,我也心愧难安。"于是仰头割断了喉咙,自杀而死。

贯高在西汉不是地位显赫的人物,也没有做出影响重大的事情,但他谋刺刘邦及其后来的一系列作为却使他当时成了一个名闻天下的人物。他在整个事件中表现出来的某种心性和精神赢得了人们的普遍称道和由衷敬佩。

首先是他对自己主上的无限忠诚。贯高是一直跟随张耳的旧臣,当张敖袭位为王后,他把对故主的忠诚全部奉献给新主,没有丝毫的保留。对待年轻孱弱的新主,他没有任何自矜自重。他看重主上的人格尊严,不容他人半点亵渎;他尊重主上的个人选择,不强加自己的意志;他维护主上的家身性命,宁愿忍受万般痛苦并舍掉家族性命去洗刷主上的清白。战国豫让漆身吞炭的浓忠厚义之风在他身上似乎又重新显现。

其次是他不畏权势的刚直秉性。贯高要刺杀的对象是当朝皇帝刘邦,这是一个总理万民、天下在握、最有权势的人物,包括赵王张敖在内的一般普通人对他百般讨好也唯恐不及,但贯高不管这些,在他看来,"豪杰并起,能者先立。"权势的取得有一定偶然性,也并非定属某人,任何人都不能将权势作为欺凌他人的资本。他的报复正是针对权势的,他要让人们看到以势凌人的惨局,要教训那些权势人物,哪怕他是主上的岳丈也在所不顾。

再次是他那种重义守信、我负我责的担当精神。贯高的谋刺策划败露了,杀头灭族的结局在所难免,贯高可以像其他参与人一样闻捕自杀,一死了之,既是服罪的表示,也免去无尽的痛苦和折磨。但贯高宁愿忍死赴京,以老年之驱承受万般酷刑,他要把自己这位最知情的证人保存下来,证实赵王的清白和无辜。大丈夫身躯由天，但好汉做事好汉当，自己没有为主上雪耻报仇，但也绝不让他人分担自己做事的责任，这既是献给主上最后的忠诚，也是做人处事应有的节义。贯高早就做好了杀头灭族的心理准备，对此没有半点非分奢望，他只想把自己的责任完全由自己来担当，并想亲眼看到这一愿望的实现。

另外还有他舍生赴死的无畏气节。刘邦敬佩贯高的为人，事后赦免了他，但在贯高看来，这根本不是他的理想结局。他当时受捕入京、甘受万般折磨，仅仅是为了说明赵王的清白，现在赵王已被释放，自己来京受审的目的已经达到，而免罪受赦，则完全是非分的事情，一则自己根本就没有这样的打算，另则也不合法理。当刘邦宣布赦免贯高后，这位秉性刚直的人物大概也在内心感到了当朝皇帝的可敬可亲，进而感到了当时谋刺之事的轻率与荒唐，一旦他认可了刘邦对自己的主上关系，深重的罪责感就油然而生。刺杀皇帝，罪在不赦，贯高不愿以一位免诛的罪人活在世界上，他乐意走进法理对自己所规定的结局中。其他十余参与谋刺者在被捕时纷纷自杀，贯高曾怒骂他们不能为赵王证明清白，他在意外地或释后，也宁愿追随他们而去，既是要实现先前对他们的承诺，也是要免除陷人而活己的道义上的愧疚。他视死如归、舍生赴死，获释后割喉自杀，是要实现个人气节和精神上的某种升华。

刘邦在平城之困中侥幸逃出，大概是怀着满腹怨恨路过赵国的，他对卑谦尽礼的赵王张敖倨慢不恭，张口责骂，既出自他的本性，又反映了一时的心情。他对张敖的蛮横和撒野并无刻意的侮辱之心，但没想到却激怒了赵王的臣属。也许他从那些臣属们的表情反应上觉察到了异样的情景，也许他事后意识到了自己行为的失态和失误，所以在第二次路过赵国时便特别警觉。他在柏人县又觉察到了什么，不得而知，但心中发跳，一定是感到了某种异常的动静，联想起上次过赵时自己的行为不敬及引起的各种反应，刘邦恐惧不安，但又无确凿的受迫之据，于是对柏人县名作随机发挥，找借口离开此地，避免了一场危及性命的灾祸，由此也见他生活中的机警与灵性。

赵国有人告发赵相贯高的谋刺之事，刘邦未作考察即逮捕一批疑犯，因为这正好与他前次的感觉相吻合，他对此事是确信无疑的，刘邦搞不清的只是究竟赵王张敖是否参与了此事。按说诸侯国如此重大的谋刺行动必定不会瞒过君王擅自而为，但刘邦不明白以他对赵的扶国之恩和与张敖刚刚建立的翁婿之亲为何还会遭到被仇杀的对待。他囚禁贯高来京，就是想将此事弄个明白，他不愿放纵任何一个想要危害自己生命的有罪之人。狱吏对贯高严刑拷打，没有供出张敖；他再让中大夫泄公以赵国同乡的身份暗套近乎，私下察探，终于知道了与张敖无涉的实情。当明白了贯高所以要刺杀自己的原因以及宁愿入京受刑的缘由时，他立刻感到了一个忠诚、刚直和有担当精神的人格形象，也算好汉惜好汉吧，他在释放无罪者张敖的同时，连同谋刺案的主要策划人贯高也一起释放了，以表示对他的人格敬重。刘邦也很佩服随张敖一同入京的那些剃发束颈的门客，他招来与之谈话，觉得这些人胜过朝廷的许多官员，遂把他们全部拜为郡守和诸侯之相。由此也见刘邦的豁达气度和宽厚胸襟。

那位袭位为王的张敖在前 209 年曾被陈胜封为成都（今四川成都市）君，那是陈胜为促使辅佐武臣的张耳引兵西进，与秦决战的一个策略。前 207 年秦将章邯将赵歇、张耳等赵国兵马围至巨鹿（今河北省平乡县西南）时，张敖曾收得代兵万余人，与燕、齐等国救兵在城外扎营，项羽攻城时，属于作壁上观的一伙。张敖参与政治活动较早，年龄应该不是很小，但他的政治作为却实在不大，远不足与他的父亲张耳相比较，贯高认为他孱弱，大概是有一定道理的。当赵相贯高向他表示要刺杀刘邦，报受辱之仇时，他坚决拒绝，盛赞刘邦的扶赵恩德，并且咬指出血，表示无可更易的坚决态度，也的确显示了一种看重恩德的忠厚风格。他是刘邦之女鲁元公主的丈夫，吕雉据此多次向刘邦断定张敖不会参与谋刺之事，这也是刘邦能相信泄公的考察，确认张敖无罪，将其释放的一个原因。但张敖被释后王号被废，刘邦封他为宣平侯。这位宣平侯因刘邦的请求，把跟随自己入京受审的田叔、孟舒等十余人推荐给朝廷，被刘邦全部任用为郡守和诸侯相，看来他对降爵一事仍无丝毫的怨气，他是一位善待他人、记恩不记仇的宽厚君子。

贯高刺帝事件张扬了战国时被人们崇尚而经战乱又被遗忘了的某种人格精神，显示了几位当事人的心性，表明了汉朝廷与诸侯国的复杂关系。

刘泽：舍金筹划，投机得王

刘邦有一同族中的远房兄弟，叫刘泽，前204年随刘邦为郎中，前196年以将军身份随军征讨陈豨，俘虏其将王黄，被封为营陵侯。营陵当时为北海郡治所，在今山东昌乐县东南。

刘泽认识了齐国一位叫田子春的人，这位田生以筹谋策划见长，他外出游历缺少费用，就向刘泽献策并借机求助。刘泽得其筹划非常高兴，用二百斤黄金为他祝寿。田生得到这笔钱后返回齐国，次年因刘泽的催促来到长安，开始实施与刘泽的策划。

田生到长安后不与刘泽相见，他租借了一套宽大住宅。当时吕雉执掌朝政，田生让他的儿子想法侍奉吕雉所宠幸的宦官张卿。数月后，田生的儿子请张卿来家，田生在室内设帷布帐，陈列豪华器具，有如列侯的规格，张卿见之非常吃惊，喝酒中间，田生屏退左右杂人，对张卿说："我观察诸侯王邸宅百与所，都是高祖时的功臣。吕氏辅佐高祖取得天下，功劳最大，又有亲戚太后之尊，也应该封王才对。现太后欲封吕氏为王，可她难于启齿，恐大臣们不同意。现在您最为宠幸，为大臣们敬重，何不暗劝大臣们同意封诸吕为王，再报告太后，太后必定高兴，万户侯也一定有你的份。你身为内臣，太后想得到的东西却不赶快办理，恐怕要大祸临身。"张卿非常认同这个建议，便暗示和劝谏大臣赞成封吕氏为王，并禀报了吕雉。吕雉在朝上询问大臣，大臣请立吕产等人为王。

吕氏封王后，吕雉赏给张卿千斤黄金，张卿拿出一半给田生，田生没有接受，乘机对张卿说："吕产等人封了王，大臣们心中不服。现今营陵侯刘泽是刘氏宗族人，任大将军，只有他未得封王而失望，现在你去劝说太后，划出十余县封他为王，他必然高兴，吕氏的王位也就更牢固了。"张卿遂向吕雉谏言，吕雉以为言之有理，就立即封刘泽为琅邪王（又作琅琊王），辖地在今山东半岛东南部，治所东武（今山东诸城）。刘泽受王号后与田生一同去他的封国，田生让刘泽赶快行走,不要逗留。二人出了函谷关,吕雉果然派人追来阻留,刘泽已经出关,很快就到了封国,吕雉也只好作罢。

刘泽是以军功封侯的刘氏亲族,早先未见有什么投机钻营的行为,但"白沙在涅,与之俱黑。"在吕雉掌权的朝中,当权力和地位成了人们不择手段的时尚目标时,刘泽也自然热衷于并积极参与到王位的猎取中。田生究竟给他献出什么策划以至使他以二百斤黄金作酬谢,人们不得而知,但以田生次年在长安的一系列活动及其结果看,那次筹划必是以获取更高地位为目的的一个周密方案。刘泽催促田生二次来京,足见他对该筹划的自信和在利益获取上的急不可耐。

田生算得上当时以出卖筹策为生的专业人士,他看准了刘泽的内心所求,有针对性的献策,即刻得到了刘泽的二百斤黄金。当时策划尚未实施,这些黄金只能算作定金吧!田生策划的巧妙之处在其实施阶段。

田生献策后回家一年,二次来京又不与刘泽相见,俨然后面的一切活动与刘泽无干,他要在表面上割断与刘泽的联系,以便使人们对他的活动目的毫无觉察。田生选定吕雉宠幸的宦官张卿为活动对象,是想通过张卿去影响吕雉,借用吕雉手中的权力达到策划的目的。他首先让儿子接近张卿,在相互混熟后请其光临家中,同时租借和装饰下豪华的住宅,以物托人,给张卿以主家非凡的惊异。这位田生一定是对当朝政局了如指掌,也摸透了吕雉的心思,他利诱张卿在大臣间作些吹风鼓动的工作,解决吕氏封王的难题。正当吕雉高兴于张卿的活动成果,对其重金奖赏、更为宠幸时,田生趁热打铁,再向张卿说到刘泽的优势,强调封他为王对刘吕两族的平衡以及对吕氏的好处。张卿已从田生的上次劝告中得到重利,对这次的相告也深信不疑,当他对吕雉提起刘泽之封时,吕雉高兴之下,竟一口答应,田生与刘泽的目的也因之达到。田生活动的关键点是让张卿和吕雉都从对方得到好处,乘他们高兴之机,把自己的目的稍加掩饰、悄无声息地塞给他们,使其在无意间接受。他在中间拒绝张卿的重金之谢,无非是要表现自己的无所欲求,让自己的目的被张卿更为畅顺地接手上传。

封王是汉初干系较大的政治行为,田生预料到,吕雉封刘泽为王,那只是一时高兴的举动,这位一心扩大吕氏之势、权欲极重的女人极有可能事后反悔。刘泽受封后他催促快行,是想早日赴国,造成事实,不给吕雉反悔收回的机会,事实也果然证明了田生判断的正确。吕雉曾将妹妹吕嬃的女儿嫁给刘泽为妻,他封刘泽为王本来就在两可之间,没有决然不予的心理,因而刘泽出关、阻留不成,她也就顺水放船,不再收回成命了。

经过田生的策划和活动,刘泽由营陵侯一跃成为屈指可数的诸侯王。田生的活动是以纵容封吕、危害朝廷为前提,以利诱邪恶、钻营投机为手段的,他与刘泽间也有一笔不小的金钱交易。事情的经过与成功揭出了汉廷高层官员认可封吕的一段隐秘史实,反映了事件当事人的某些复杂心性,表明国家利益、汉朝命运当时在一些高级官员的心中已荡然无存,也清楚地体现了吕雉朝廷所迷漫着的权欲追逐之风。

刘襄：获悉密讯，兴师讨吕

刘邦的庶长子刘肥于前 201 年被封为齐王，辖地有胶东、胶西、临淄、城阳三十七县，在位 13 年去世，其长子刘襄袭位为齐王，刘襄的弟弟刘章和刘兴居均在长安值宿警卫，先后被封为朱虚侯和东牟侯，吕雉还把侄儿吕禄的女儿嫁给刘章为妻。

前 180 年七月吕雉临死时告诫吕禄吕产说："现今吕氏封王，大臣不平，我死后，皇帝年少，大臣恐怕要变乱。"她让二吕紧握兵权，慎勿送丧。处理了吕雉的丧事后，二吕想对大臣们下手，但畏惧刘邦旧臣周勃、灌婴等人，未敢轻举妄动。在京师宿卫的朱虚侯刘章从妻子那里知道了吕氏的谋划，恐怕自己被杀，就秘密派人告诉兄长刘襄，让齐国发兵西进，杀掉诸吕而自立为帝，刘章准备联络大臣在京城做内应。

刘襄与他的舅父驷钧、郎中令祝午、中尉魏勃等人秘密商议准备起兵，但他的丞相召平不依从，并派兵包围了王宫。当时的定制是诸侯王无兵权，只有朝廷派驻的相国有军队指挥权。魏勃骗召平说："齐王想发兵，没有朝廷的虎符凭证，您这样做是对的，请让我为您统兵包围王宫。"召平便派魏勃率兵，魏勃统兵后挥兵包围了相府，召平被逼自杀。刘襄于是任驷钧为相，魏勃为将军、祝午为内史，征集国内全部兵卒准备兴师。

刘襄派祝午东至琅邪国（又作琅琊国），对琅邪王刘泽说："吕氏作乱京都，齐王打算发兵征讨，但他自以为是您的晚辈，年纪小，不习兵事，愿意把大事委托给您。您从高帝时就是将军，熟习军事，齐王不敢离开军队，派我请您去临淄见面议事，并请您统齐兵西进，平关中之乱。"刘泽信以为真，便快马去见刘襄，刘襄与魏勃乘机软禁了刘泽，让祝午调发琅邪国的全部军队，合齐国军队一起向西。

被软禁的刘泽不能返回本国，于是对刘襄说："你父亲是高皇帝的长子，推下来你就是高皇帝的嫡长孙,应当继承帝位。现在诸大臣犹豫不知立谁,而我在刘氏家族中最为年长,大臣们必然等待我来决定。现留我在齐没有用处,不如让我去京城计议事情。"刘襄觉得言之有理,遂备下车马送走刘泽。

刘襄率两国军队向西进发,攻下了吕台为王的吕国之都济南。途中向各位诸侯王发信,历数诸吕对刘氏的残害与侵夺,说明现今吕氏擅自尊官、掌兵扬武、威逼忠臣、矫令天下的危机,明确表示自己要"率兵入诛不当为王者。"汉廷听说齐国发兵而来,执政的相国吕产派遣大将军灌婴出军迎击。灌婴东至荥阳,心中谋划说:"吕氏统兵居关中,欲危刘氏而自立。我若打败齐军,就是帮助了吕氏。"于是屯兵荥阳,停止不前,派使者去联络刘襄和其他诸侯,想等待吕氏变乱后共同讨伐。刘襄知道了灌婴的想法,遂攻取了先前被吕氏割去的济南郡,在齐国西界上屯兵。齐国的反叛之军与朝廷的平叛之军在前线处于和平的等待状态。

吕雉死后,刘、吕两大集团在朝廷的暂时平衡再一次被打破,双方都处于估量对方和准备制服对方的紧张状态,因为只有制服和消灭对方,才有自身的安全。吕产吕禄等人按照吕雉的吩咐严整戒备,伺机动手,其实并无成熟的行动方案,但他们的想法和行动却被吕禄之女透露给了自己的夫君刘章。也许这位夫人是要规劝夫君,让他留意、谦退,甚或让他投靠吕家,免除灾祸,但刘章却由此而获得了吕氏即将动手的敏感信息。这位血气方刚的朱虚侯本来就对吕氏擅权极为愤懑,他曾在先前的一次宴会上为吕雉唱《耕田歌》道:"深耕既种,立苗欲疏,非其种者,锄而去之。"他根本不是一位隐忍退让、甘于龟缩的人物。他把吕氏异动的信息密报哥哥刘襄,劝其起兵,他以为吕雉已死,机会难得,靠他本人和大臣们的内应,齐王极可能诛尽吕氏,取得帝位。

当年刘肥受封时,齐是最大的诸侯国,但吕雉执政后,刘肥曾被逼献给鲁元公主城阳郡,刘襄袭位后被迫割给吕台济南郡,数年后又将琅邪郡割给了刘泽,齐国的地盘在不断缩小,齐王的权力和利益受到严重挤压。当刘章从朝廷密送来刘氏危急的情报并鼓动齐国起兵时,刘襄激愤已久的心中怒气终于被引发,他要保卫自己的安全,要夺回失去的领地,要毁灭不可一世的吕氏集团。刘襄是刘邦的长孙,他甚至内心想要勇敢地承担起自认属于自己的兴旺刘氏、普救天下的重大责任,所以义无反顾地决定起兵西进。

齐相召平为朝廷所派之官,他不乏对吕氏的一片忠诚,在齐国大势必反的情况下敢于派兵包围王宫,确有逆势而为、独撑险局的勇气,但可惜政治经验严重不足,甚至显得幼稚。他轻信中尉魏勃的请求,在最危急的时刻把自己赖以成事的关键职权交给了别人,反为所制。也许他想要以此表示信任,争取到魏勃的坚定支持;也许他以为这位中尉武官比自己熟知兵事,要体现自己的任将之长,但表面上的识人不准无论如何都是政治上极不成熟的表现。召平在相府自杀前感叹说:"道家之言'当断不断,反受其乱',今日是也。"这位齐相对《黄石公三略》中的名言熟记于心,到临死深有感触,又不忘讲给别人,足见其是一位书生意气十足的人物。

刘泽是刘邦的远房兄弟,一年前以投机钻营的方式打通宦者张卿的关节,诱吕雉割齐国的琅邪郡,封他为王。在吕雉死后齐王刘襄准备发兵西进的关头,他竟相信齐国郎中令祝午的言辞,认定刘襄会把齐国的军队交给他来指挥,并驰马入齐商议此事,最终被软禁并被逼夺走琅邪国军队的指挥权。刘泽低估了琅邪封王对齐国的伤害和刘襄这位孙辈的胆勇,他没有考虑,既然刘襄自以为不习兵事,为什么会独自决定起兵? 既然已决定起兵,有什么必要要把齐国的军权交给别人? 从刘泽先前谋求封王和后来说服刘襄对自己解禁入京之事看,他至少不是一个昏聩之人,但他忘乎所以,轻率入齐,也属一种利令智昏的行为。

刘襄在吕雉死后决意起兵,他整肃内部,以诈术夺来丞相召平的军事指挥权,又诱并了琅邪国的部队,组织了一支势力不小的西征之军,顺路攻取了被吕氏侵夺了的济南郡,足见其对吕氏的深久积怨。他途中书告各诸侯王,表明自己起兵的缘由和行动目标,实际上是公开打出了诛讨吕氏的旗帜。刘襄在告示中没有明言诛吕,而是提出"入诛不当为王者",这在当时应该不会发生目标歧义。刘襄以此号召,既是表明了吕氏为王的非法非理,表明自己兴兵诛讨的正义性,又为事成后彻底清除吕氏扶立的少帝刘弘等兄弟同党、进一步扩大战果埋下了伏笔。把刘、吕两大集团的矛盾公开化,利用人心思汉、归心在刘的道义优势,变地方反叛为正义的诛讨,同时最大限度地集合反吕力量,壮大自我势力,刘襄的做法均不失为正确的策略。

闻报齐国兵变,朝廷自然惊慌。主政的相国吕产派车骑将军灌婴率军迎敌。灌婴是刘邦的旧部,与吕氏并无特殊关系,当属吕氏集团膨胀后的受排挤人物。受命出征的灌婴自然明白刘、吕两集团间互相争夺的是非利害,他盘算

了对齐作战的得失取舍,在前线与作战对手通和言好,把吕氏集团交给的部队
变成了中立观望、甚而可以随时对付吕氏的后备力量。其实相国吕产应该在关
键时候对统兵之将的政治态度有所估计,但也许在吕产看来,太尉周勃的亲刘
立场更为明显,不能重用;吕家亲戚樊哙已死,而吕氏族中有掌军之人却无用兵
之人,灌婴善于用兵,又未见明显的反吕倾向,当属最可托付的人选。如此看
来,派灌婴出征迎敌,虽是相国吕产所犯的一个大错误,但却是他不得不犯的错
误,吕氏的命运早有一个客观的定数。

　　不久,朝中周勃、陈平、刘章等人伺机发起政变,诛灭了吕氏集团,把刘襄兴
兵的政治目标以更简捷的方式实现,刘襄随之罢兵东归。齐国原有的地盘被新
帝朝廷完全恢复,刘襄本人次年去世。刘襄起兵促成了吕雉死后汉朝上层集团
的政治分化,对掌控中央的吕氏集团形成巨大的外部压力,给朝中之变提供了
声援,创造了机会,实际上揭开了诛灭吕氏的序幕。

汉大臣：夺军政变，诛灭吕氏

公元前180年八月，汉朝廷的高层官员一直处在慌恐紧张的不安状态中。

七月下旬吕雉被安葬，十多天后齐王刘襄起兵东来，以讨伐吕氏相号召，朝廷派车骑将军灌婴前往平叛，但灌婴在荥阳驻军不进。当时少帝刘弘身边有济川王刘太、淮阳王刘武、常山王刘朝，均为刘盈后宫之子，名义上为刘弘之弟，还有身为吕雉外孙的鲁元王张偃，他们都是吕雉所立，因年少未赴封国，留住长安。赵王吕禄为上将军，为掌管军政的最高长官，京师屯卫部队北军由他统领；吕王吕产被吕雉死前改封梁王，任为相国，总领政务，未央宫的守卫部队南军由他统领。吕氏深知大臣们对他们掌权心怀不满，准备下手除掉一批反对势力，但内惧周勃、刘章等人的反抗，外忌齐国之兵，又怕灌婴在前线倒戈，准备等灌婴与齐兵交战时下手，因而犹豫等待。朝廷的列侯群臣们知道吕氏势力颇大，难以对抗，他们预料到即将有一场腥风血雨降临，大家谁也不能确保自己的性命。

身为太尉的周勃名义上为全国军政首脑，但却不能进入军营掌管军队。陈平与周勃计议，决定从吕禄身上打开缺口。故旧老臣郦商年老有病，他的儿子郦寄，又名郦况，与吕禄极相要好。陈平与周勃派人挟持郦商，让他的儿子郦寄去对吕禄说："高帝与吕后共定天下，刘氏所立九王，吕氏所立三王，皆为大臣之议，事已布告诸侯，诸侯均认为合适。现今太后去世，皇帝年少。您有赵王之封，不赶快去赵国守卫封地，却恋上将军之位留住京城，难免被大臣和诸侯怀疑。您何不交出将军印，让太尉去掌兵，也请梁王交出相国印，与大臣订立盟约，回到封国，这样，齐国军队必然撤归，群臣相安，你可以高枕无忧地去作大国之王，这是遗惠后世的功利呀。"吕禄觉得郦寄之言有理，准备将将印转交周勃，但吕氏族人们有些同意，有些反对，一时犹豫难决。

郎中令贾寿刚从齐国出使回来，他把灌婴在前线与齐国军队联合，准备诛杀吕氏的事告诉了吕产,并责备说:"您不早些回封国,现在想去,去得了吗?"他催促吕产赶快进宫掌握南军。当时曹参的儿子曹窋代理御史大夫职务,他刚好面见相国吕产商议政事,正好听到了贾寿对吕产所说的话,就把这些情况迅速报告了陈平与周勃。

吕产若进宫掌控南军,情况将更难预料。周勃急欲进入北军军营,他就让主管朝廷符节的纪通带着符节,假传少帝诏令,让北军接纳周勃。郦寄与主管诸侯事务的典客刘揭受谴去劝吕禄说:"皇帝让太尉统北军,想让你回到封国去,你得赶快交出将军印信,离开这里,不然,大祸就要临头了。"吕禄觉得郦寄不会欺骗自己,就让刘揭将将军印信转交给周勃,离开了军营。周勃带着将军印信进入军门,陈平派刘章协助监守军门,周勃通令全军说:"为吕氏效劳的祖露右臂,为刘氏效劳的祖露左臂。"结果全军都祖露了左臂,表示效忠刘氏。

周勃全部控制了北军后,立即让曹窋通知未央宫警卫长官:"不要让吕产进入殿门。"后来曹窋汇报说吕产不能进殿,在门外徘徊往来,周勃再遣刘章率千余人入未央宫行事,只说"入宫保卫皇帝。"刘章在廷外发现了吕产,傍晚时分向吕产发起攻击。时值狂风大作,吕产的随从官员一片混乱,无人敢于交战。刘章紧追吕产,将他杀死于郎中令官府的厕所里。

杀掉吕产后,少帝派谒者带符节前来慰问刘章。刘章要夺走符节,谒者不肯,刘章就跟着谒者上车,同车共载,凭借谒者的符节,跑去斩杀了长乐宫卫尉吕更始,然后赶回北军向周勃报告。周勃起身向刘章道贺说:"所担心的只有吕产,吕产已诛,天下定了。"遂派人分头将吕氏之人,无论男女老少,一律斩杀。次日又将吕禄捕获斩首,用鞭杖笞杀了吕嬃,另派人诛杀了燕王吕通,将张偃的鲁王废掉。事后派刘章将诛灭吕氏之事告诉齐王刘襄,让他撤兵,灌婴也从荥阳回军长安。

诛杀吕氏是汉朝受排挤的故旧大臣们向执掌中枢的吕氏集团发起的一场夺权政变,成功的关键在于夺取了对京师卫戍部队的控制权。为了实现对北军的控制,周勃、陈平等人采取了政治讹诈和假传诏令的两种方式,他们一方面让郦寄对吕禄实行欺骗和利诱,使他放松对大臣夺政的警觉,产生弃兵归赵的念头;另一方面在吕禄犹豫未定时使掌管朝中符节的纪通假传诏令,促使吕禄下决心放弃兵权。

郦寄说服吕禄时首先假意表明了吕氏封王的正当合理性,给吕禄一种大臣对吕氏封王完全心服、毫无不平感的印象，抹杀双方将要激化的政治对立，解除了吕禄的思想警备。刘盈的三位后宫之子在政治上倾向为吕氏之党，郦寄有意把他们算作为刘氏之王，因而成了刘氏九王、吕氏三王的对比，实际上是有意抹杀吕氏势力的显赫性，加强了对"大臣心服"的说服力。郦况让吕禄交兵返赵，回归本位，劝他在与人相安中享受人生、遗惠后世。这种说法似乎很有道理，加之郦寄与他极相友好的个人关系，吕禄于是信而不疑，只是由于吕氏许多族人的反对，才使吕禄没有即刻交出将印，但他本人心中已有弃兵返国的念头。

正当吕氏就弃兵返国之事动摇不定时，郎中令贾寿向吕产报告了灌婴在前线与齐兵联合、欲诛吕氏的消息。吕氏这时只有紧握兵权，才有与之对抗的资本，才能保证自身安全。鉴于此，贾寿要吕产赶快入宫、执掌南军以应付不测。获悉吕产行动动向的周勃陈平，已无法等待吕禄自动解职，情急中他们通过主管人纪通伪造诏令，以少帝的名义让周勃接管北军。怕吕禄军中拒诏，节外生枝，他们特意安排刘揭与郦寄同去面见吕禄。刘揭时任主管诸侯事务的典客，吕禄为赵国诸侯王，刘揭说服吕禄返回封地符合他的身份，名正言顺，有公事公办的印象，也暗示了诏令的真实性；郦寄是吕禄要好的朋友，吕禄以为郦寄不会欺骗自己，于是服从诏令安排和朋友的劝说，交出将印，离军而去。而周勃掌握了北军的控制权，实际上也就掌握了对付吕产南军的资本。

周勃一到北军，就将与吕氏的政治对立公开化，他让将士们在效忠吕氏和效忠刘氏之间做出选择，公开表态。刘氏正统和皇权至上的信念当时肯定是深入人心的，加之吕氏的许多作为本来就不得人心，因而北军的全体将士都做出了左袒忠刘的表示。太尉周勃是以刘邦故旧、效忠刘氏自命的，他自然就取得了对北军的绝对掌控，这种掌控不仅是军事组织上的指挥，而且也是思想道义上的统率。

周勃掌控了北军后，首先下令未央宫的守卫官不得让吕产入内。未央宫是皇帝住所，南军军营所在，周勃的命令切断了吕产与南军的联系，使他不得据军为叛，同时防止了他对少帝的挟持作乱。周勃在听到曹窋后来关于未央宫的情况报告，知吕产未能入殿，在外徘徊谋划后，即派监守北军大门的朱虚侯刘章率千余人赶去行动，他怕事有意外，不能战胜吕产，所以未敢公开声称诛杀吕产，只说入宫保卫皇帝，及等刘章傍晚时分将吕产追杀于厕所中，他闻报后才认为大局已定，不可逆转，最后组织了对吕氏宗族的全面捕杀。

执掌朝廷重权的吕氏在事变中彻底失败了,造成这种惨局的主要原因是他们的掌权没有基本的社会基础,又与刘氏皇权的正统地位不相吻合,没有道义上的合法性。灌婴在前线与齐国叛军修好言和,北军将士全部左袒拥刘,以及御史大夫曹窋向陈平周勃的情况通报,皇宫中纪通假造诏令,典客刘揭尽力支持等,都说明了吕氏政治基础的极端薄弱。郦寄置自己与吕禄的友好关系于不顾,对其隐瞒真相、欺骗诓诈,他甘舍朋友之义,愿冒"郦况卖交"的名声,就是他看重维护刘氏皇权的道义正当性,郦氏政治上其实就是吕氏集团的反对派。一个没有起码社会基础和政治根基的集团要想长久控制国家政权,本来就是不大可能的。

吕氏的失败惨局还由于其主要掌权人的平庸无能。他们识不透政敌们的目标和用心,甚至可以被某些欺诈之言所蒙骗,他们自吕雉死后似乎经常在密谋策划什么清除异己的政治行动,但总是犹豫不定,也总是使密谋泄漏,反而授人以柄,束手待毙。刘襄起兵、纪通矫诏都是他们密谋泄漏,促使对手闻之行动的结果;灌婴出兵后他们内忧外忌,犹豫不能举事;郦寄劝谏后吕禄多日犹豫于掌军与返国之间不能有定;吕产决定入宫前延误时分,致使周勃有矫诏掌管北军、下令阻其入殿的机会;及吕产被阻殿门之外后又徘徊往来,主意不定等等。还在吕禄犹豫于弃兵返国之时,他的姑母吕媭闻之大怒,教训吕禄说:"你身为将军而弃将,吕家人就没有安身之处了。"吕媭甚至将家里的珠玉宝器扔到院子里,认为"不必要替他人收藏这些东西。"她对吕氏丢弃兵权的后果倒有十分清醒的认识,可惜吕氏主要掌权人不具有这些起码的政治判断力,过分平庸的人物掌握着过重的权力,而这权力又不被社会普遍认可,他们的覆亡只能来得更快些。

陈平自前187年接替王陵为右丞相后,一直用无为和守拙的方法与吕氏周旋应付,吕雉临死前安排吕产为相国,也属临急时的预防措施,但也许并未明确宣布免去陈平的右相之职,所以曹窋、刘章等人一直把他作为丞相来看待。在与周勃的合谋行动中,派遣郦寄利用朋友关系去劝说吕禄,利用纪通、刘揭等人的特殊身份去矫诏和受缴吕禄将印,相信都出于陈平的谋划。尤其是对老臣郦商进行有限度的软禁挟持,逼使他的儿子郦寄去诓诈吕禄,更是惊险机巧的一步措施,陈平看准郦寄能够影响吕禄的深厚交情,又不怕郦寄向吕禄道出父亲被劫的实情,利用吕禄的掌军之力反手制吕,实在也是把准了郦寄在事变中必然持有的立场。郦寄的反吕本来会忌讳于与吕禄的私人情谊,陈平对其父郦商的挟持,迫使他走上了欺骗吕禄而无所彷徨的道路。陈平还利用自己对刘章、曹窋等人的影响力大助周勃,为事变成功提供了重要条件。

刘章是诛灭吕氏的先锋人物,是他首先将吕门夫人透露的秘闻转告哥哥刘襄,又自愿甘为内因,鼓动齐国起兵西进,之后在周勃进入北军后又监守军门,保证了太尉之令的畅通;他在关键时候领千余将士赴未央宫殿外追杀吕产,全不顾与吕氏的姻亲之情,最终诛灭吕氏之首,完成了事变成功的关键一步,随后又机智地乘皇宫谒者之车,冒用节信,斩杀了长安宫吕氏卫尉,推动了政变的全胜。

郦商早先在陈胜起事时就独自兴兵,半年后跟随刘邦为战将,曾有不少战功。他的哥哥郦食其,号"高阳酒徒",在楚汉战争中说服齐王田广归顺汉军,田广在受到韩信大军的进攻时认为郦生欺骗了自己,将其烹杀,郦生是无所遗憾、义无反顾地走向死亡的,郦氏家族对汉朝怀有极大的忠诚。郦商后来在建汉后随刘邦北征燕王臧荼,再讨陈豨,又南击英布,还曾以将军身份警卫刘邦之父太上皇近两年,先后受梁相国印,赵相国印,并被封为涿侯、曲周侯,同时又被刘邦在萧何任相时较早擢任为右丞相,当属享有不理政务的荣誉职位,他是汉初刘邦朝廷中具有荣耀地位的人物。吕雉执政期间,他因病不再理事,不知是缘于真实的病状,还是受到政治排挤,抑或是他对吕氏集团的消极对抗,也可能诸多原因均有,总之他已脱离政治,在家安度晚年。吕雉死后,周勃在欲入北军而不能的无奈情况下将他挟持、强迫,让他指使儿子郦寄去诱骗吕禄。出于周勃陈平等同僚们的恳求和勉强,这位老臣给了儿子一如同僚所愿的嘱托,他大概也想要以此作为献给刘氏汉朝的最后忠诚。郦寄不负众望,最终完成了父亲的嘱托,但却违背了对朋友的忠诚之义,难免有出卖朋友的负疚感。政变成功后郦寄自然有理由提出保护吕禄生命的请求,他也必然自认为有此责任,但大厦之毁,玉石俱损,事变后的趋势不是郦寄个人所能控制得了的,况且他也惧怕留下吕禄这颗仇恨的种子。为大臣交出将印的吕禄虽有免死之情,也可能会有牵念说清之人,但也无法幸免于死。

皇宫中的刘弘是吕雉在刘盈之后所立的第二位少帝,他受吕氏的淫威控制,并无皇帝之实,但也并不受到大臣诸侯们的拥护与支持,他是吕氏掌中的玩偶,是吕氏集团隐身掌政、外示朝政平衡的障眼物。由于年龄幼小,看不出有什么明确的政治主张。但在吕产被杀后,他即派身旁谒者持节符出宫慰劳刘章,似乎要拉近与刘章的关系。值得留意的是,当刘章之兵与吕产之众在殿外多时酣战期间,刘弘并没有任何支持鼓励的表示,他的事后慰劳,只是坐观成败后与胜利的一方套近乎,是维持自身地位的一种必要手段。另外,他的谒者拒绝将节符交付刘章,也显示了刘弘朝廷对刘章一方的有距离接触,其实质是要防止刘章假冒诏令而对吕氏的滥杀。

诛灭吕氏事件是汉朝廷内部的集团矛盾长期积累的总爆发,它由吕雉所引起,在吕雉死后发生,是多年受压抑的群臣诸侯反吕能量的大释放。它以较小的暴力形式摧毁了一个爆发的政治集团,恢复了朝廷的团结和稳定,使初建的王朝回归到上升发展的良好状态,为一个盛世的开创清除了道路、创造了条件。

汉大臣:选立新帝,母家求弱

汉朝廷周勃、陈平等人在吕雉死后次月发动政变,诛灭了吕氏,但事变后,一个新的难题摆在他们面前:如何处置年幼的皇帝。

刘盈死后,吕雉曾将刘盈张皇后养育的后宫之子立为皇帝,这位皇帝稍大时听说他的生母被吕雉所杀,就口无所忌地说出将来要替母报仇之类的轻狂之言,吕雉为此在前184年将其废掉后幽杀,再立刘盈另一后宫之子刘弘为帝,其他三位后宫生子刘朝、刘武、刘太分别被封为常山王、淮阳王、济川王,他们年龄小而未去封国,常住长安。诛灭吕氏后大臣们商议认为,少帝与上述三王都不是刘盈的真儿子,是吕雉为加强吕氏势力所封。大家说:"现今我们灭尽了吕氏,却把吕氏拥戴的人留下来,如果他们长大当权,我们这些人就要被杀光灭族了,不如选一位贤明的诸侯王立为皇帝。"

事实上,少帝及兄弟三王为吕雉晚年所立,受吕氏的拱卫和辅佐,他们与吕氏的矛盾尚未暴露,而与群臣诸侯也无联系。大臣诛吕不是替他们未来的利益考虑,事前也并为征得他们的认可。在汉朝廷的政治大格局中,他们目下当属与吕氏共同的利益集团,按少帝朝廷的是非观念来论,大臣诛吕当有擅杀大臣及伪造诏书之罪。周勃一伙在事变前并未打算废帝,也许没有把少帝的处置作为一个事情来盘算,但诛吕成功后,为了自身安全的考虑,却不得不将其废掉。他们认为刘弘等人不是刘盈的儿子,多属一种对宫闱之事的主观臆测,没有证据能证实他们的怀疑,也不能想象吕雉会让一位不是儿子刘盈所生的非亲骨肉掌控汉朝天下。大臣们的臆测实际上是要为他们的废帝再造一个强硬的根据,既宽慰自己,又堵死一切可能出现的反对意见。

大臣们决定选立一位贤明的诸侯王为帝,那么,谁是诸侯王中的贤者呢?有人提出了首先起兵征讨吕氏的齐王刘襄。刘襄是刘邦长子刘肥的嫡子,应该算是刘邦的嫡长孙,他被列为最先考虑的对象。但琅邪王刘泽等人提出:"刘襄的母舅驷钧非常凶暴，如立刘襄为帝，又会发生外戚专权、危及宗庙的事，会重蹈吕氏执政的覆辙。"后来有人提到淮南王刘长，但又觉得他年龄小，母舅家同样凶恶。接下来大家想到了代王刘恒，认为他在刘邦现存的几个儿子中年龄最长，仁孝宽厚，母亲薄氏恭谨良善，且立长为顺，仁孝为本。于是大家认为立刘恒为帝最为合适。决定做出后便秘密派人去代地迎奉刘恒入京，汉朝的一代新帝由此确定下来了。

议定新的皇帝，大臣们名义上说要选立诸侯王中的贤者，当然立尊为贤是一个不能违背的基本要求，但所谓"贤"，多是一个无法具体考量的标准，大家把选立的着眼点始终放在了其母家的势力和为人上。吕氏外戚专权，给当事之人的压迫太大、印象太深了，一朝被蛇咬，三年怕草绳。大臣们不敢再让一位母家势大凶狠的人继任皇帝，哪怕他本人是贤明的。首先起兵讨吕的刘襄最先被大臣们考虑，他的弟弟刘章在朝任事，诛吕事件中极有功劳，是刘章先前以除吕自立鼓动刘襄起兵，相信他和在朝任事的弟弟刘兴居是刘襄立帝的提议人和支持者。琅邪王刘泽曾被刘襄起兵前诱骗软禁，失掉了琅邪国军权，他巧言说服刘襄放归自己赴京，宣称要为刘襄争取帝位。但事实上，他对刘襄的满腹怨恨并未消除。当刘襄被提为新帝的候选人时，刘泽无法以自己的私怨为据而反对，却提出了其母舅家凶恶的问题，这是紧盯大臣们的深层心理，对刘襄兄弟们的致命一击。刘泽是刘邦的同辈人，在刘氏宗族中年龄为长，发表意见并非无足轻重，他因私怨拒绝刘襄为帝，表明了一种老辣之气，同时也为大臣们的选立提出了观察母家势力的新标准。

当时的刘姓诸侯王还有楚王刘交、吴王刘濞、琅邪王刘泽，但他们与刘邦枝属稍远。刘邦的八位儿子，除刘盈、刘肥离世外，刘如意、刘友、刘恢"三赵王"已被吕雉先后迫害致死，燕王刘建也在前181年已逝，当时在世的就剩下了代王刘恒和淮南王刘长。大臣们把二人作比较，刘长仍有母家势大为恶的问题，尤其是刘长年少，更容易发生母家掌权之事，于是选定了刘恒。

刘恒的母亲薄姬原是魏豹的宫女，魏豹曾随项羽反秦入关，被立为魏王，楚汉战争中他追随刘邦，继而反叛中立，被韩信击败后俘获，魏豹宫中的许多妃姬被送到汉军织造室做工，刘邦见薄姬有些姿色，将其纳入后宫，却一直没有宠幸，后来偶然间一幸生男，取名刘恒，前196年被封为代王。吕雉在刘邦死后迫害戚夫人等宠姬，将他们囚禁幽杀，不得出宫，但因薄姬不被宠幸，所以被放出宫,跟随他的儿子去代地,为代王太后,从行的只有她的弟弟薄昭。刘恒的母舅家势力极小,这反而成为大臣们能选定他做皇帝的有利条件,至于仁孝宽厚、恭谨良善的评价,也许言之有据,但一半出于为被选定者造势的需要。

大臣们选定了刘恒后,为什么要秘密地派人去迎接呢?因为外地诸侯没有参与这一商议推选,大臣们也不想让他们提前知道,以免节外生枝。尤其是,少帝刘弘与他的三位王弟尚在长安宫中,推立新帝不能使他们有丝毫觉察,对他们必须首先做出慎重的处理。

刘章的弟弟刘兴居诛吕之事未得参与,自憾无功,他自告奋勇,愿意为新帝清理皇宫。他与专掌皇帝车马的太仆夏侯婴一同去见刘弘,对他说:"你不是刘家后代,不当为帝,"示意让刘弘身边的卫士放下武器。有几个人不肯听从,宦者令张泽通告了大臣们的决定,卫士们就都离开了。刘弘见夏侯婴叫来车子要载他离开,就问:"你们要将我置于何处?"夏侯婴回答:"到宫外去住。"最后把他安排到少府。在刘恒进入未央宫的当晚,负责此事的人员分头将刘弘及其三兄弟杀死于官邸中。

选立新帝是朝臣在诛灭吕氏后巩固胜利成果的必要措施,他们在选议中吸取现实教训,将母家的势小和良善作为先决条件,从而止息了新朝廷中朝臣与外戚的争斗,创造了汉朝未来的一段政局稳定,提供了社会长足发展的某种条件。事件本身也体现出了大臣对于皇帝的某种选择关系,一时打破了皇帝的独尊意识,对新帝的处事用政产生了深重的影响,西汉盛世的开创由此奠基。

本篇结语

　　大臣诛吕和迎立新帝之时,西汉王朝已经在颠簸和震荡中走过了二十三年的历程。一艘巨大的轮船自狂风巨浪和急流险滩中拼杀而出,开创自己的新航程,必定要经历一番艰险的过渡。过渡中的种种起伏险难既是航程起始前挟风携浪的惯性使然,也由于航道本身的诡谲无定和舵航者的心性之限。

　　西汉王朝一直实行与民休息的国策,后来又逐渐把无为而治奉为一种自觉的治国方针,使民众得到了战后的休养,使社会得到了正常所需的生息;同时,王朝以分封制的形式给许多地方治理以更大的自主权,分权而治、上下无扰,各得其便,使地方自理发挥出积极作用;王朝还针对不同情况,对不相从属的外部政治势力实行忍让妥协和安抚招藩的策略,保证了社会的相对安定。社会是众多事物与复杂矛盾的集合体,它只能在各种对立事物的相对平和与互相认可中求得稳定与发展。西汉王朝的历程至此已超过秦王朝约十年之多,这并非它比秦王朝更为威武强大,而正是它在上述方面比先朝做得更好。

　　然而,汉朝立国之路的开创与探索也是极其不易的,可以以前195年的刘邦去世和前188年的刘盈去世为界线,把西汉之初的政治发展分为三个阶段。在第一阶段的八年间,中央政府致力于与诸侯国的复杂关系,把许多异姓诸侯国变成了同姓诸侯国。分封诸侯是历史传统和楚汉战争的政治产物,当时有其不得已的一面,西汉执政者因而对异姓诸侯总有一种怀疑和心忌,加之某些潜伏政治势力的推动,立国后的刘邦一直奔波于对异姓诸侯王的打击和对同姓诸侯王的再封。前196年淮南王英布被击败,汉王朝基本上建立起了天下刘氏同姓一家的政治格局。在第二个阶段的七年间,刘盈的皇帝之位保证了各种政治势力在朝廷政治中的大体平衡,仁弱的皇帝与年小的同姓诸侯王也处于政治平和与相互认可状态,除吕雉因私人原因对赵王刘如意母子的迫害和对其他若干诸侯国的挤压外,这一时期反而没有较大的政治冲突。在第三个阶段的八年间,由于刘盈的去世打破了刘、吕集团在朝廷的政治平衡,吕雉想要弥补因儿子去世而使自己失去的政权支托,故而大封吕姓之王,她为此打击和分化朝中臣属,迫害和挤压刘姓诸侯,并推动了朝中的腐化投机之风,使朝中不同集团间的矛盾、中央和地方的矛盾进一步激化。吕雉本人看到了这些矛盾并想通过联姻的方式缓解之,但低级的方式对解决尖锐的政治问题无补于事。吕雉死时,西汉政治已经是暗涛汹涌、云谲波诡、风声鹤唳。吕雉之死,使声势不小的吕雉集团失去赖以支撑的总后台,他们被朝廷和地方的反对势力联合消灭。吕氏集团缺乏执掌政权应有的社会基础和政治经验,这一爆发的政治集团终遭覆亡,是当时一场尖锐政治斗争优胜劣汰的自然结果,也是西汉一个政治发展阶段的结束。西汉新的执政者在各种政治势力的矛盾平衡中商选产生,那标志着一个新的发展时期的来临。

相比而言,在刘邦执政的第一阶段,朝廷的政治运作重心在外部诸侯国;吕雉称制的第三阶段,她要改变朝廷的权力分布格局,其政治运作的重心在内部的斗争。刘盈为帝的第二阶段,先后为曹参和王陵为相,反倒是政治稳定的时期。社会的安定和平和,往往不在于最高执政者的雄威强悍,而在于各种政治力量之间的认可与协调。弱势皇帝刘盈在政治实践中把无为而治的理念贯彻得更彻底些,刘邦和吕雉则在施政中不自觉地破坏了这一原则,他们凭借强势权力侵夺诸侯和大臣,自然引发政治领域的某些变乱和深层矛盾,反而把社会推到动荡不定的险境。

专制集权的权力设定,使社会的政治运作极有利于君主意志的推行。在汉初政治中,丞相、大臣的权力逐渐被挤压,诸侯和地方的利益不断被侵夺,这实际是君主意志得到扩张的伴生物。在专制体制下,社会政治的正常运作需要以君主的善良仁厚为前提,当这一前提不具备时,君主意志的扩张无疑会给社会造成不良的后果。这一时期持续越长,执政者的个人品行越恶劣,恶的积累就会越多。

家天下的政治统治形式使任何王朝每在换代之际多把一位女主推到直接参政甚或出面主政的前台,接班君王的年龄和性格,以及朝臣的权力大小决定着这位女主参与政权的深度和时间长度。女主一般代表着统治集团内部的另外一种家族势力,她要扩大、巩固自己本人及集团的特殊利益,必然要压抑原处主导地位的利益集团,就必然形成上层统治集团的内部矛盾。在专制社会中,这一政治矛盾的产生具有周期性和不可避免性,只是矛盾的发展程度和解决方式各不相同罢了。在西汉王朝的第一次代际更替时就出现女主掌政现象,并以恶劣的性质而显现,以灭族的结局而告终。这对后来的政治人物,包括当政的君主、大臣和女主本人都不失强烈的警示意义。

　　诛灭吕氏后,国无真主,大臣们选定了新君。主由臣定的程式本是专制政体中的特殊现象,是大臣在某种关系中由弱势转为暂时强势的标志。尤其是,选定不是由一位强臣自作主张,是由各派政治势力妥协商定;而新君既不是幼小无主见的傀儡,又与朝中各政治势力没有任何特殊关系,这更是一种罕有的现象。汉初的政治家们从血雨腥风中刚刚站立起来,就期冀着王朝的长久兴盛,他们吸取了眼前的教训,追求各种政治关系的平和,心系国家,屏弃私情,体现了预前的智慧和少有的公正,未来的盛世自有他们的奠基之功。

| 下　部 |

公元前 180 年秋,汉大臣诛灭吕氏后一并废黜了少帝刘弘,迎立代王刘恒入京为帝,是为汉文帝。刘恒在位 23 年去世后,传位于嫡子刘启,是为汉景帝。刘启在位 16 年,前 141 年去世后传位皇子刘彻。在刘恒与刘启父子为帝的所谓"文景之治"时期,西汉社会基本呈现出平稳上升的发展态势,社会由凋敝走向繁荣,除短暂的七国之乱外,各种内外政治关系总体上尚属和谐有序。

近四十年的文景之治开创了中国历史上有可靠文字记载以来第一个平和兴盛的大时期,被誉为西汉盛世。其实,盛世的开创是对某种衰败之势的根本性扭转和对各种堕落因素的彻底克胜,它包含着许多政治家的仁善、智慧和失误,以及他们无尽的辛酸。

人物篇

和善为政的刘恒（汉文帝）

刘恒是刘邦偶幸后的薄姬于前 202 年的生子。前 196 年，刘邦击破叛乱的陈豨之军，安定代地后觉得此地边远，需专人划地统属，遂立刘恒为代王。当时代国辖有今河北省西北部和山西省东北部地区，都城先在代县（今河北省蔚县），后迁中都（今山西省平遥西南）。由于地僻路遥，代王与长安的联系极少。前 181 年秋在赵王刘恢自杀后，吕雉派人来告诉要改封他为赵王，刘恒说自己愿为朝廷留守代国边境，予以辞绝。前 180 年九月，吕氏被诛于京城，大臣们选立新君时，考虑到刘恒在刘邦的现存儿子中年龄为长，加之他的母家势力单薄，不会再发生外戚专权的悲剧，因而举荐刘恒做皇帝。这位性情温良的年轻人，本来在汉朝的北疆与寡母默默厮守，是以终生守边自许的，但时势突变，前景难料，他在作了近十七年代王之时却被告知，朝中大臣们请他去做皇帝，于是 23 岁的刘恒在没有任何心理准备的情况下走上了王朝权力的最高端。

惴恐赴京，忐忑即位

丞相陈平、太尉周勃等人派使者去代国迎接刘恒入京为帝，代国君臣们的心中惊恐而狐疑，为此进行商议。郎中令张武等人认为："朝廷的大臣都是高帝时的开国之将，熟习兵事，多有诈谋，他们早先并不满足于做个大臣，只是当时畏惧于高帝和吕氏的威势。如今他们诛灭诸吕，喋血京师，却说要迎大王为帝，实在不可相信。"他们建议刘恒称病勿往，以观其变。主管中都治安的中尉宋昌独持异议，他认为刘恒应该接受大臣们的邀请，抓住机会，发展自己。宋昌的建议是以对天下大势的判断和对当时具体情况的分析为依据的。宋昌认为,刘汉天下在大势上是稳固的,其理由一是灭秦后豪杰并起争雄,而得天下的只有刘氏,其他人已断绝了做皇帝的念头;二是现今刘氏之王封地广大,互相支持,刘氏天下坚如磐石;三是汉朝建国后废秦苛政,对民施惠,百姓安分,人心难动。他以周勃进入北军后,全军将士左袒拥刘的例子说明现今刘氏天下不是他人所能随便替换的。宋昌分析当时的具体情景认为,目下朝中有刘章、刘兴居之族亲,朝外有吴、楚、淮南、琅邪、齐、代几个同姓诸侯国的呼应,没有人能替代刘氏为帝。而高帝的儿子就剩下了代王与淮南王刘长,以代王的年长和贤圣仁孝之名,被大臣们选定为帝,是可以相信、不必怀疑的。

面对两种相反的意见,刘恒无所适从,他向母亲薄太后报告商议,仍然难以决定,于是用龟甲占卜,龟甲上现出一大条横向裂纹,卜辞为:"大横强壮,余为天王,夏启以光。"是说卜之者成为天王,会像夏朝启一样,把先父禹的帝业光大发扬。刘恒见卜辞仍疑惑道:"我本来就已经是王了,还做什么王呢?"占卜的人说:"卜辞所说的'天王'就是天子。"刘恒仍不放心,他让太后的弟弟薄昭去京城会见周勃了解情况,周勃等人向薄昭详细说明了迎立代王为帝的意思,薄昭回来报告说:"事情是真的,不必怀疑。"刘恒认定宋昌的意见正确,遂让宋昌同车作参乘,张武等六人乘驿站的传车一同前往长安。

车马到了长安城北约五十里的高陵(今陕西省高陵县),刘恒停下来,派宋昌换乘车先入长安,察看动静。宋昌到达渭桥时,丞相以下的官员都来迎接。刘恒听了宋昌回后的报告,乘快车来到渭桥,群臣向他拜谒称臣,刘恒下车答礼时,周勃上前说希望单独向刘恒进言,宋昌回答说:"你要谈公事,就公开地说;如要谈私事,我们大王不受理私事。"周勃跪献皇帝的玉玺和符信,刘恒推辞说:"到代邸再商议吧!"他驱车来到代国设在京城的公馆,群臣一起跟来。

当时在场的朝臣有丞相陈平、太尉周勃、大将军陈武、御史大夫张苍、宗正(处理皇族事务的长官)刘郢、朱虚侯刘章、东牟侯刘兴居、典客(掌管诸侯及四方夷族朝贡事务官职)刘揭等人,大家再拜进言道:"刘弘等人不是孝惠帝的儿子,不应当称帝奉宗庙。我们请示过阴安侯、顷王后,并与琅邪王,以及宗室、大臣列侯、郡守以上的官员商议,大家认为您是高帝的长子,最宜继位,愿大王登天子之位。"阴安侯是刘邦长兄刘伯的妻子封号,顷王后是指刘邦次兄刘仲的妻子,大臣们已将此事请了刘氏宗族中的长者。刘恒回答说:"事奉高帝宗庙是重大的事情，我没有才能，不配担当此任。希望你们与楚王商议，考虑一个更合适的人。"楚王刘交是刘邦之弟。群臣见刘恒推辞，伏地再三请求，刘恒坐在宾客的西向位置上谦让了好多次，又在南向的君主之位上再次谦让，陈平进言说："我们认为大王奉事高帝宗庙最合适，天下的诸侯和百姓也认为合适。我们是为宗庙社稷考虑的，不是草率从事。请大王接受我们的请求。我们再次献上玉玺和符信。"刘恒回答说："既然宗室、将相、诸王、列侯都认为没有比我更合适的人，那我就不敢推辞了。"于是接受玺符，登皇帝之位。

群臣按礼仪依次排列，侍奉皇帝。太仆夏侯婴和东牟侯刘兴居去清除了皇宫，用皇帝车驾来代邸迎接刘恒入宫。宫前有十名谒者持戟而立，守着端门喝问道："天子还在，你进宫是干什么的？"刘恒连忙让人转告太尉周勃，周勃前去说明，这十名谒者才放下武器离开了。刘恒当天晚上进入未央宫，连夜任命宋昌为掌管京城卫戍事务的卫将军，直接统管南北军；任命张武为郎中令，负责宫殿的巡行警卫，他自己回到前殿坐朝，开始办理一些紧急事务。约一月后，他派舅舅薄昭自代国将薄太后迎入京城。

从事情的整个过程看，刘恒是怀着惴惴不安的心情来到长安的。处在汉疆北端的代国君臣对不久前发生于长安城的喋血事件及北军左袒的情节都完全了解，看来他们密切关注着事件的发展，但他们把事情判断为朝臣与吕氏争权夺利的一场恶斗。在他们看来，吕氏固然是压迫自己的势力集团，而朝臣们也是一股非刘姓的异己力量，代国君臣们仅仅是想要避免该事件对自己可能引起的伤害，根本没有从中获益的奢望。当长安使者来迎接刘恒入京为帝时，他们根本不相信那些血洗长安的大臣会把舍身变乱的胜利果实送至遥远的代国，反而宁可相信这是朝臣们又一个诡诈的阴谋，其意在毁灭他们的安宁与生存。面对这场将被卷入而难躲避的灾难，以文官张武为首的多数官员主张称病规避。惹不起也许躲得起，这常是弱者对待灾祸无奈中的上好选择。一年前刘恒辞绝朝廷将他徙为赵王，宁愿留守边远的代地，也正是出于对朝廷躲远避祸的考虑。而中尉宋昌却肯定受迎为帝的真实性。宋昌的爷爷宋义曾是楚怀王熊心身边的掌军人物，以知兵之能而闻名，可惜被不听号令的次将项羽斩杀于安阳。宋昌不失其祖父的分析判断能力，他在认定刘姓天下不可动摇的前提下推断出刘恒为帝的极大可能，主张立即入京。宋昌的分析推断极有道理，却把刘恒君臣推到了难以抉择的地步。

　　并不是刘恒不想入京为帝,是因为进入京城的风险太大了。一场变乱刚刚发生,胜利的一方势力强大,但居心不明,京城没有代国君臣的半点势力和任何内线,贸然进京,无异于身赴龙潭虎穴,虽获得立帝的机会,但那是用整个家身性命作抵押,如若失手会万劫不复。极大的诱惑中可能有极大的灾难。刘恒无法决断,臣属们意见不一,薄太后疑惑不定,只有占卜的卜辞给了他不小的鼓励,但刘恒对其犹有保留。他让舅舅薄昭入京打探情况,得到确实的回报后方才轻装动身,但至高陵后仍然停车不前,让同车乘坐的宋昌再去观察情势,进长安前他内心的紧张惶恐始终没有消除。

　　在长安城外的渭桥边见到丞相太尉一行官员时,也许周勃有一丝讨好新帝的意念,他请求单独与刘恒谈话,那位力主入京的宋昌却给予彬彬有礼的拒绝,一副公事公办、毫无私情掺杂的做派。可见他对刘恒的入京安全并无绝对的把握,他要在事情明了之前堵绝任何人与刘恒单独相处的机会,以免发生不测,他也想与任何官员都进行有距离的交往,保持代国君臣一行的超脱状态,避免陷入某种不可逆料的政治陷阱或是非旋涡。刘恒则拒绝了周勃献上的天子玺符,在他看来,该得的东西跑不了,不要急于伸手;不该得的,绝不沾手。既已来到长安,结局还需走着再瞧。由于京城不是自己的地盘,他提议来到代国的驻京公馆。

　　在代国公馆,当政的主要大臣几乎全部在场,他们亮出了事情的委原,表达了宗室要人和大臣们的共同意见,正式拜请刘恒继位为帝,刘恒犹觉未听到某些刘姓诸侯的意见,他先曾推辞,又谦让再三,既是一时不安心情的表达,又是在深摸大臣们的底细,他大概是想知道朝臣对自己的推举究竟有多大的坚定性。直到陈平最后作了更为恳切的表示,刘恒才以恭谦的态度接受了大家的推举。

　　尽管大臣们已先行清宫,少帝刘弘一伙已被载出,但刘恒入宫仍遇到谒者的阻拦。在太尉周勃的维持下刘恒最终入宫,而忐忑恐惧的心情仍未平静,他连夜任命宋昌亲掌皇宫与京师的卫戍部队,把原属周勃的南北军统辖权划归自己亲信掌控,又让原代国的郎中令张武在殿中巡行警卫,同时他本人在前殿坐朝,表现出极其紧张不安的心态,相信他初进未央宫的几日就没有安心地入眠,直到过了一段时间,他感到平安无事,才把母后从代地接来,表明他惊恐不安的心情至此才有所平静。

刘恒为帝不到半年时，主管大臣根据已往惯例提议确立太子，刘恒辞绝说："我的德行浅薄，上帝神明未享受祭祀，天下民众未感到满意，现在纵然不能广求贤圣有德之人禅让天下，却还要预先确立太子，这是加重我的失德，让我怎么向天下交代呢？把此事搁置下来吧！"大臣们回答说："预先确立太子，正是为了宗庙社稷考虑，是不忘天下的体现。"刘恒告诉他们："楚王是我的叔父，年纪大，阅历广，又明于治国大体；吴王是我的兄长，惠仁好德；淮南王是我的弟弟，秉德以辅政，难道他们不能解决继承人问题吗？诸侯王宗室兄弟和有功之臣，多是贤良有德义的人，如果能推荐有德义的人来继业，就是社稷之幸、国家之福。现在放下这些人不推举，却一定要传给儿子，人们会认为我忘了贤德之人而一心想着儿子，说我不为天下着想。我不愿意这样做。"大臣们一再请求，认为殷周之世所以长治久安，就在于采用了预立太子的办法，而父传子继的继承法由来已久。他们强调高祖刘邦创天下，立诸侯，让子孙继嗣，各诸侯王是其封国的始祖，朝中太子不宜从诸宗室中选立。大臣们甚至指名认定他年长的儿子刘启纯厚仁慈，应该立为太子。刘恒在大臣们的反复请求下同意了这一提议，不久又在薄太后的认可下立太子之母窦氏为皇后。

立嫡继位本是王朝当政者的传统做法，也符合于最高当政者的心理需要，当大臣按惯例提出预立太子的建议时，刘恒不是欣然应诺，而是再三辞绝。他不是不想确立自己的儿子继嗣，而是像不久前入京即位的事情一样，有着极深的顾虑：一是自己即位不到半年，根基太浅，在自己的皇位还不巩固时就急着给儿子考虑未来，他认为是极不明智的行为；二是刘氏的家族势力其实还是很庞大，楚王刘交、吴王刘濞、淮南王刘长、齐王刘襄等都在家族中和天下政治格局中均有重要影响力，刘恒原本是家族中极不显眼的一位，他深知自己入京为帝已是莫大的侥幸，很难保证同族其他人没有嫉妒和怨怼，如果自己在帝位上举措太多，过早立嗣，必然会加重对同族人的刺激，难免会出现不可逆料的事变；三是刘恒的确顾忌此事在天下的消极影响。新皇帝即位不久，全国民众开始从其处政行为上观察了解他的品行和风格，预立太子固然会利于国家的后续稳定，但老百姓看到的仅会是事情的本身，极有可能把新皇帝误视为贪得无厌、狭隘自私之人。刘恒不愿意在天下民众中蒙受卑劣的名声。何况，刘恒自己正处在二十三岁的强盛之年，未来的路程还很长，他是希望在自己的政治根基雄厚之后再平稳地解决这一问题。

　　刘恒的许多内心话语不能够直接表达，而是以禅天下、举贤德等词语作推托的。他在首辞不得的情况下向大臣们推举了楚王刘交、吴王刘濞、淮南王刘长三位亲族，其实刘交、刘濞均比刘恒年龄更大，分别是刘邦的弟弟和侄儿，是他本人的叔父和堂兄，不合于继嗣之法，而同父弟刘长是大臣们在诛吕后作了考虑未被选中为帝的人物。三人均无继嗣的可能，刘恒并非不知，他把三人公开提出来，正是要借此表明自己的为帝无私，他向众人大讲这三人与宗室兄弟们的仁德和贤能，也显示了自己对诸侯群臣的无间与信赖，对大臣不失为一种自我力量的炫耀。君臣们朝堂上的公开言论不会不被议论者风闻获悉，刘恒正是要让这些被议论者闻听后感受到来自皇帝的高度信任，对他们借此产生正面的引导。另外，刘恒在推举时对当初大臣选立皇帝的热门人选、时为齐王的刘邦长孙刘襄偏偏没有提及，也反映出了他对自己下辈人物刘襄的心忌与防范。

　　刘恒在代国时王后生有三个儿子，在他入京前王后去世，三个儿子也先后病死。他所宠爱的窦姬生有女儿刘嫖、儿子刘启和刘武，另有她姬后来所生的刘参和刘揖。在大臣们的坚持和说服下他最终确立年龄最长的儿子刘启为太子。正像数月前在群臣们的催促请求下入京为帝一样，他是在有所不安的心境下确立太子的，这次自然没有前次那样过分地惶恐，但却给他原本的惶恐之心增加了更多的沉重。

　　自使者入代约请起，刘恒就一直疑惑于这样的问题：大臣们为什么要请我为帝？我有什么资格作汉朝的皇帝？他最先萌发的是前一疑惑，由此生出许多犹豫和误会，随着事态的进展和事情的渐次明朗，他的后一种疑惑愈益加重。当前一疑惑最终解除后，后一疑惑仍然萦绕在他的脑际，促使他思考更多的问题，引导他做出自认为应有的治政行为。

广施恩德，厚结人心

　　刘恒是一个聪明人。他深知自己虽为皇帝，但在朝中并无多少根基，有能力扶立自己为帝的群臣是完全有能力废弃自己的。要想改变这一状况，根本的问题在于要争取到群臣诸侯对自己由衷的支持与认可，要培育出自己赖以称帝的政治基础。为此他作了许多细致的工作。

　　还在他进宫的当天晚上，他在前殿夜下诏书道："近来诸吕用事擅权，阴谋作乱,危及刘氏江山。多亏朝中将相、列侯、宗室、大臣们将其诛灭,使他们受到了应得的惩罚。我新登皇位,宣布大赦天下,赐民爵一级,女子百户牛酒,准许大家聚会痛饮五天。"刘恒首先以皇帝的名义给诛吕事件定性,他把吕氏指为擅权作逆的叛臣,明确了大臣们诛逆讨乱的正义性。当时大臣诛吕后正是考虑到少帝刘弘不会十分认可他们的行为,才有选立新帝、迎立刘恒之事,现刘恒的表态对事件做出了令大臣非常满意的结论,也给天下百姓有一个正常的交代。刘恒还宣布了对天下万民的赏赐恩惠。汉律规定三人以上无故聚会饮酒要罚金四两,刘恒上台后特许百姓聚饮五天,俨然是在造成新帝登基的全国性庆祝活动。该诏书的意义尤其在于,通过某种通令,把刘恒即位的消息告知全国,让人们知晓吕氏执政的结束和傀儡皇权的终了,让人们明白一个新时期的到来。

汉朝的历法是以十月为新年首月,刘恒在九月入京为帝,不久就到了新的一年,他举行了登基仪式,拜谒了高祖刘邦之庙,自代国迎来母亲薄太后一行,接着对诛吕事件中的众大臣论功行赏。是为前179年,他考究了诛吕事件的详情和各人的功绩,升太尉周勃为右丞相,加封一万户,赐金五千斤;将右丞相陈平徙为左丞相,加封三千户,赐金两千斤;将大将军灌婴任为太尉,加封三千户,赐金两千斤;对刘章、刘兴居和为周勃矫制符节的襄平侯纪通加封二千户,赐金千斤;封说服吕禄的典客刘揭为阳信侯,赐金千斤。

琅邪(láng yá)原属齐国封地,是吕雉当年割取齐地封给刘泽的。刘恒在奖赏功臣的同时,将刘泽徙为燕王,而将琅邪郡及吕通占取的城阳、济南郡归还给齐国,楚国原被侵夺之地同时予以恢复。次年又在齐国地盘上封刘章为城阳王、刘兴居为济北王,作为对他们诛吕和清宫之功的进一步酬报。

刘恒不久宣布,跟从高帝进入蜀郡和汉中的六十八位列侯,都加封食邑三百户;以前跟随刘邦的二千石(以俸禄代称的郡守职务)官员各赐食邑六百户,其他官员亦有不同赏赐。另外封淮南王刘长的舅父赵兼为周阳侯,齐王刘襄的舅父驷钧为清郭侯,若干诸侯丞相亦被封侯。刘恒在立了太子后赐给全国民众中应当继承父业的后代每人一级爵位,当年三月在立窦姬为皇后之后,对自代国随从而来的人员也论功施赏:尊宋昌为卫将军,封为壮武侯;任薄昭为车骑将军,封为织侯;其他随从六人都官至九卿(职位次于"三公"的行政高级官员),同时对全国鳏寡孤独和家境贫困的人,以及八十岁以上的老人、九岁以下的孤儿各有不同赏赐。史书上讲,刘恒从代国入京,刚即位,对天下普施恩德,安抚各国诸侯和四方部族,使大家都感到洽欢。

刘恒在做好某些朝政建设的同时也力争让各层人员都得到好处,他把恩惠逐层施予有功朝臣、随行人员、诸侯大臣,以及全国百姓身上,尤其是对创国功臣的嘉慰和对贫弱子民的抚恤,更体现出了新皇帝的仁善厚爱。刘恒要让天下各层人群都感觉到:我们的君主不忘卑微,他要与民同乐。刘恒刚即位时事情千头万绪,他自己亦不熟国政,但他的确没有忘记把恤民施惠、安抚各方放在一切事情的首位,他要以实际的施政行为赢得诸侯大臣和全国民众对自己帝位的认可。这位二十三岁的年轻人在一个陌生的位置上一下子抓住了事情的关键,他的施政前景注定不会走向黯淡。

刘恒的提任和施惠也并不是一味地对人讨好,在有些事情上似乎有着自己另外的考虑。例如酬赏诛吕之功时把周勃提升为右相,改排在陈平之前,这既是对周勃首功的肯定,同时也可能是刘恒借此将其调离太尉军职。周勃的太尉之职任时较长,从事变中可见他在军内影响之大。刘恒入宫的当晚即让宋昌替代周勃掌管南北两军,可见对周勃是不大放心的,调离他的太尉之任当是另有所虑。周勃为人耿直,没有野心,故对太尉之任无所留恋,他看到的只是自己已升至群臣之首的右相之位,自然十足地满足与高兴。又例如对朱虚侯刘章和东牟侯刘兴居的酬功,开始大臣们曾许诺将原吕禄的赵国封给刘章,将吕产的梁国封给刘兴居,刘恒是否参与和认同这一提议不得而知,但他一定知道这一许诺。然而后来刘恒听说当初大臣议立新帝时这两人是积极拥立齐王刘襄的,因而有意贬黜其功,他把此事拖到第二年,在齐国的地盘内划出两郡封两人作王,这与原初许诺的酬劳已大不相同。这两位兄弟以为削夺了他们的功劳,被封次年刘章病逝,刘兴居则乘匈奴入境之机起兵反叛,但那时刘恒的帝位已经巩固,弱小的济北军很快被击败,刘兴居被俘自杀。

大仁济民,心性良善

刘恒在施政中广布恩惠,看来不全是出于政治统治的策略,而是出于他内在的仁善心性。这一本然的心性使他在自主为帝的政治行为中总以爱民为先,不拘惯常,能冲破许多往昔陈法和传统习惯的限制,创出一条属于自己独有的亲民、爱民、富民和悦民的施政之路。

　　他即位的第三月就对残酷的连坐法提出异议,对朝廷官员说:"法律是治国的依据,目的是禁暴和引人向善。现在犯罪者已被论处,却还要把无罪的父母妻子、兄弟姊妹都抓来治罪,我很不赞成这种做法,请你们讨论一下。"官员们都说:"百姓不能约束自己,所以制定法律来管束。实行连坐,是为了牵制人心,使百姓不敢轻易犯法。这种做法由来已久,还是照旧不变为好。"听到朝臣的意见,刘恒再次表态说:"我听说法律公正百姓就忠诚,处罚得当民众就心服。况且引人向善是官吏的责任,如果既不能引人向善,又用不公正的法律处罚人,就是逼民为暴,怎能禁止犯罪? 这种法令我看不出有什么好处,请你们再仔细考虑。"负责的官员都说:"陛下施民大惠,功德极盛,不是我们所能想到的。我们愿意遵奉诏书,废除连坐之法。"在围绕连坐法的反复讨论中,大臣们强调该法对人心的牵制作用和实行它的历史习惯及其便利性,而刘恒的两次意见则表达了一些十分鲜明的新思想:一是要把没有犯罪的人和犯罪的人区别对待,不能因血缘关系而混淆两者的区别;二是引人向善是法律的主旨和官员的责任,官员们不能放弃自己的责任和法律的主旨只求行法便利,要以禁暴向善为考虑问题的根本出发点;三是法律要据实情来制定,不必陈陈相因。对待由来已久的连坐法,他公开表示"我很不赞成","我看不出有什么好处",表达了一种坚定的爱民意志和对待传统之法的无畏。围绕该法的讨论其实也是新帝刘恒与群臣间的首次意见交锋,刘恒在自己的提议未获群臣通过后再次交付讨论,并尖锐地阐发了一套新异的思想,既是表明废此恶法的坚决态度,也是表明一种迥异的治国方针。大臣们最终接受了他的主张,其实也是开始接受了他亲民爱民的治国思路。这一交锋之后,他们一定会在心中暗忖:这个皇帝了不得! 他不同寻常!

　　执政第二年,刘恒下诏说:"古之治天下,朝中设进善旌旗,树诽谤木牌,借此疏通治道,鼓励进谏。现在的法律有诽谤妖言之罪,这使群臣不敢畅所欲言,君主无从知道自己的过失,又怎么能招致远方的贤良之士? 将此法废除! 民众在背后诅咒皇帝,事后互相告发,官吏以为大逆不道,如果再作辩解,官吏又认为是诽谤。其实这不过是小民无知,但因此就以死罪论,我很不赞同。从今以后,这样的事情不要追究治罪。"刘恒以古之圣世作参照,认为大臣们在朝堂发表不同意见有利于施政和纠错,是应该收到鼓励嘉奖的行为,现行的法律却是非颠倒,将功视罪,把古代受鼓励的诽谤行为与"妖言"相并列,作为受惩罚的行为，这样堵塞了言路，会给国家的事业带来不利。刘恒还认为，民众私下诅咒皇帝，一定有他的道理；被告发后做出辩解，也并非诽谤，最多也是他们愚昧无知，但若因此处以死罪，是不合适的。他进而宣布对群臣的诽谤罪给予废除；对百姓的私下诅咒当然不必提倡，但也不必究罪罚处。

汉朝的法律自秦律简省而来，其中会有一些不合理的成分，刘恒的上述两项决定就是有针对性的纠恶从善。他不像秦朝那样把皇帝、君主设定为毫无过错、不可侵犯的圣人，而是真实地承认自己是会犯错误的常人，不介意来自臣属们的指责和百姓的诅咒，他要借此创造一种宽松的政治气氛与祥和的社会生活状态，使大臣们乐于进言，使天下民众免去因言致死的恐惧与悲惨。刘恒这次修改法律，没有听到大臣们的反对意见，表明群臣对他的信赖已大大增强，他与民为善的治政精神也已被群臣所接受。

在刘恒执政的中期，齐国主管粮库的太仓令淳于意因罪被判肉刑，他被押解至长安，淳于意没有儿子，小女儿缇萦随父哭到京师，她向朝廷上书说："我父做官，齐国人都称赞他廉洁公平，现犯法受刑，但人死不能再生，肉刑后不能复原，虽想改过自新，已没有机会了。我愿意充当官府奴婢，抵赎父亲的刑罚，使他有机会自新。"这封上书送到了刘恒手里，刘恒为此很伤感，他下诏书说："我听说有虞氏（以舜为领袖的远古部落）时代，只给犯错者的衣冠画上有标志的特殊图形，以示羞辱，然而民众没有犯法的，这是政治清明达到了最高境界。现在的肉刑有黥、劓、刖，而作奸犯科却不曾停止，原因是什么呢？不就是因为我的德行浅薄以至教化不明吗？我内心感到非常惭愧。《诗经》上说：'恺悌（和易近人）君子，民之父母。'现在人有过错，没有施行教育就加给刑罚，不给人以改过行善的出路，我觉得不妥。所施的刑罚断裂肢体、刻损肌肤，终身不能复原，用这么痛楚而不道德的做法，能称为民之父母吗？现将肉刑废除！"

刘恒从一个特殊的案例中引申和思考了更多的问题。他仍以传说中的古之圣世作参照，认为对过错者应重在羞其心，而不必残其体；他也主张先教化而后施刑；即便施刑，也应该给其重新做人的出路。时年三十六岁的刘恒自觉以"民之父母"的慈悲心态看待天下子民，他在黎民触法时深刻检讨自己的德行和教化，反省自己的治政未达清明，并为此表达了内心的惭愧。把过错揽给自己，把宽厚送给子民。这样的君主不是傻子，就必是圣明。

严于求己，敢于承担治政过失的责任，正是刘恒的一贯作风。前 178 年十一月最末一天发生了日食,时隔不久又发生了一次日食,刘恒发布公告说:"天生万民,为之置君以养治之。如果人主无德,施政不平,则天以灾象警示告诫。现在天上出现日食,灾象甚大。我有幸侍奉社稷宗庙,以微眇之身托居于万民诸侯之上,天下治乱,在我一人,几位执政大臣,只是我的辅助。我下不能治理和抚育众生,上有损日月星辰的光明,失德太大了。各地诏令所到之日,大家都用心思考我的过失,以及我治政没有想到的地方,请求全部告我,并推荐贤良正直和直言极谏之人,来补救我的过失。"把日食视作灾异之象,并认为它是对社会治理问题的某种警示,这是当时人们的既有观念,刘恒据此认定现实政治中必有许多问题,他以君主之躬独自承担了一切责任,甚至为当朝的几位执政大臣作了开脱。他认为自己的身躯是渺小的,而天下民众的事情是厚重的,在强烈而诚恳的自责之后,提议让天下的官民帮助自己寻找和补救过失,并采取了一些相应的措施。值得注意的是,这是在他执政的第二年开初,天下民众对他的基本信任尚未建立,也许会有人真的把灾异归咎为新帝的即位与无道,对此关乎皇帝尊严的问题,刘恒不是刻意回避或掩饰,而是包揽一切可能的责任,坦诚承认自己的失德与失误。对敏感的问题公开挑战,正体现了刘恒非凡的自信和对国家治理的高度负责精神。他以极低的姿态自作贬毁,虔诚地请求臣民谏失补过,反而体现出了一种少有的大德。正所谓"上德不德,是以有德。"

古代朝中设有秘祝(原为"祕祝")之官,代表皇帝向神灵求福消灾。由于祝祷内容只告诉皇帝,对臣下保密,所以称"秘祝"。前167年夏,刘恒下诏说:"听说天道的运行,祸自怨起,福由德兴。朝中百官的过失,应该由我一身承担,现在秘祝官员将过错推给臣下,更加彰显了我的失德,这种做法不妥,应当取消。"次年春,他又表示:"我有幸登帝位事宗庙,于今已十四年之久,我既不敏慧又不贤明,却久治天下,自己深感惭愧。过去先王远施恩惠不求报答,遥祭上帝不为自己祈福,尊贤抑亲、先民后己,这是最英明的做法。现在我听祠官的祈祷,全为我一人求福,却不为百姓,我为此感到惭愧。以我这样的失德之人独享神灵的降福,没有百姓的份儿,这是加重了我的失德,以后祠官祝祭,不要再为我一人祈福,"他提出广增祭祀的场所与礼器,以便百姓祈祷之用。

古人把祭祀视作社会与政治活动中的大事。在古代的祭祀序列中,天子垄断着最高祭祀的权力,宫中设有祝官,他们向上帝诉说和祈祷的内容对外秘而不宣,世人无从知晓。《史记·封禅书》上讲:"祝官有秘祝,即有灾祥,辄祝祠移过于下。"东汉应劭解释说:"秘祝之官,移过于下,国家讳之,故曰秘也。"这种秘祝形式由来久远,经秦朝延至西汉,在人们非常相信上帝威灵的古代,常是最高统治者推卸社会治理责任、佑身祈福的心理灵符。他们忌讳内容的公开化,正好说明其中包含着不真实、对下不利的邪恶成分。把一切过错推给别人,把所有福分留给自身,正符合以往最高当权者的隐秘心理。刘恒在帝位上也享到了这一特权,他自然可以把这种外人不知的灵符接受和沿用下去,但称帝十四年时,他为此感到了极大的不安。百官在职任上勤勉不倦,他们是按自己的旨意工作的,怎能把一切过错推给他们? 如果有错,那自己也应负主要责任,而移过于下的祝祭不是合于道德的做法。像数次废除恶法一样,刘恒以极大的勇气起而诉斥,他无情地指出了秘祝的不公和淫邪,与皇帝独享的一种隐秘的特权实行决裂,并将其彻底废弃。在刘恒看来,人的福分由他的德行产生,天子的灾祸生于民众的怨怼,只要自己对民仁爱,德惠天下,就必然会远离灾祸,得到应该属于自己的福分,根本用不着玩弄那些欺上瞒下的鬼把戏。

废除了秘祝后,刘恒还对祭祀中为了皇帝一人的祈福之祝作了修正。在他看来,自己一个普通人,为帝十四年已经够幸福了,圣明的君主应该是先民后己,因而朝中祝官应该为百姓祈福才对。刘恒感到为天子一人祈福,使自己受之有愧,承受不起,于是取消了这一祈祷。他让广建祭场,更是致力于打破皇朝对某种祭祀的垄断,把祈求幸福的权力和条件交付给民众自己。

早在即位之年的三月,刘恒发布诏令说:"现在是春天和乐之时,那些草木群生都有属于自己的快乐,但我们百姓中鳏、寡、孤、独和穷困之人有些濒临死亡却得不到照顾,这怎么能称为民之父母呢? 请各地赈贷抚恤他们。"不久他又发令说:"老年人没有棉衣就穿不暖,没有肉就吃不饱。对老年人没有布帛酒肉赐予,怎么能引导天下子孙孝养其亲? 现在听说官吏给应当受赐的人送的是陈粮,这难道就是养老之心吗? 请赶快纠正。"他下令,除受刑和有罪之人外,凡八十岁以上的人,每人每月赐一石米,二十斤肉,五斗酒;九十岁以上的人再加赐二匹布,三斤棉花,所赐的粮食和物品由各县丞或县尉送去;九十岁以下的人由啬夫(掌管诉讼和赋税的乡官)、令史(县令所属的办事员)送去。对这些事情各县主要官员要检查,郡守要派员巡查,对没有做到的要督促实行。刘恒从自然界万物的逢春和乐联想到了百姓的苦难,为此提出了实际的救恤措施,甚至对许多具体的实施环节都作了规定和指引。刘恒治政的眼光始终盯在贫弱无助的百姓身上,对他们的救助也不是在做表面文章,表现了不同寻常的苦心,体现出了一种大仁济世的慈悲衷肠。他也希望以此作为导民向善的示范,表达了一种教化为先、躬行垂范的治国理念。

刘恒的心中充满着浓厚的仁爱意识,在皇帝的尊贵之位上,他对民众赋予了极大的怜悯、同情与关爱。他先后废除了连坐法、肉刑和所谓诽谤妖言罪,停止了对诅咒君主的追究处罚。他常以圣世之主对照自身,总以为自己在关爱民众上做得很不够,常以失德之人自居,故能勇敢承担社会治理的责任,自觉放弃诿过于人的秘祝和只为皇帝的祈福。他不想让任何贫弱的百姓遭受苦痛,诚心把最大的安全和幸福交付给民众。一个出色的政治家应该有许多出色的方面,但首先必须有大仁济世的慈悲情怀,刘恒就是这样的一位。

珍惜民力,倡导简朴

社会的财富都是由民众创造的,统治者的一切享用都来自老百姓的劳作与劳役。刘恒的仁厚爱民还在于他作为国家最高执政者,始终能够体恤民情、珍惜民力,厉行和倡导了节俭、朴素的治政风格,使简朴一时成了时代的风尚。

刘恒为帝第一年中发现了一个问题,就是许多列侯虽有自己的封地为食邑,但他们及家眷多住于京城,其供奉品自封邑送至长安,费用太大,民众劳苦。于是第二年初他发令说:"古时诸侯建国千余,各守其地,按时入贡,民不劳苦,上下欢欣。今列侯多居长安,封地遥远,吏卒运送花费大又很辛苦,列侯也没有机会教导臣民。自今列侯回到自己的封地去,在京任职的和诏令特许留下的,派太子回去。"事隔一整年,这项命令仍未被完全执行,有些人总是借故推托,于是在第三年开初,刘恒对时任丞相的绛侯周勃说:"上次我诏遣列侯回到封地,有些人托词未行。丞相是我尊崇的人,请带头回到封国去。"他免掉了周勃的丞相之任,让他带头落实诏令。长安处地偏西,漕运不便,列侯及其家眷群集于此,的确给供奉的民众造成了极大的负担,加之这些受供养者无所事事,会在相互攀比中形成奢华之风。刘恒出于简省民力的考虑,发令让他们回到封地,是有道理的,他以列侯教导臣民的责任相勉励,是想让他们愉快地回到封地,这样也同时减轻了长安人口管理的压力。命令发布一年,执行得并不彻底,大概刘恒以为这一不理想的结果与身为百臣之首的丞相督促落实不认真有直接关系,因而再给周勃戴上一顶皇帝尊崇的光亮帽子,借故免去他的丞相之职,让这位对诏令落实不力的人带头执行。刘恒坚定地推行这一诏令而不在乎丞相列侯们对此所持的消极态度,就因为他更看重对民力的节省,更看重国家的长远利益。

在上述第一次诏令发布的次月,刘恒借一次日食之事深责自身的失德,他一方面让各地官员进谏举贤,补救自己的不足,同时也要求他们整饬官风,务必压缩徭役和开支,节减民力。他提出,边防驻军撤销不了,京城的防卫部队应该裁减。下令撤销了卫将军统辖的军队,要求太仆掌握的宫廷舆马保留到刚刚够用就行,其余一律交给驿站,让传送公文的人或来往官员换乘使用。他要以朝廷的节俭为天下做出表率。宫中曾打算建造一个供皇帝休息赏景之用的露天平台,招来工匠核算,须花费百斤黄金,刘恒说:"百斤黄金相当于十户中等人家的家产。我享受先帝遗留下的宫室,常常感到不安,还要建什么露台呢?"制止了这项工程。刘恒本人经常穿着粗糙厚实的丝织衣服,他所宠爱的慎夫人,穿的衣服不准长到拖地,帷帐不能绣花。刘恒要倡导一种俭朴的生活方式,他从自身做起,率先垂范,再对各地官员提出要求。

执政第二年春正月,刘恒表示说:"农业是天下的根本,应当开辟籍田,宗庙的祭祀之粮由我亲自耕作供给。"籍田是自周初就有的旧制,《诗经·周颂·载芟》及序中有大体的描述,那是帝王春耕前在特定田地亲自耕作,奉祀宗庙,以示劝农,多具象征意义,因主要靠征籍民力耕种,故称为"籍田"。汉初大概没有实行此事,所以刘恒提出开辟籍田。所不同的是,刘恒不是仅仅只做些象征性动作,最终凭民力去完成,他是在真的去耕作。公元前 167 年春二月,在开辟籍田 11 年后,刘恒向天下宣称:"我自己带头农耕供奉祭祀,皇后亲自种桑以供祭服。"相信这不会是虚假之言。耕作籍田,他不是在做表面文章,而是真实地去投入,求得收获,并且十余年不息。刘恒要以自己的不懈劳作减轻民众的负担,也希望以自己的行为为各级官员做出榜样,带动他们重农和爱民。

在开辟籍田整十年时,刘恒下诏说:"引导民众的途径在于务本。我为天下带头农耕至今已十年,但荒野没有更多的开辟,粮食一年不收,百姓就要挨饿,这是辟田的人尚少,官员们没有督促和重视。我下过数次诏书,每年强调种树,功效并不显著,这是官员们实行诏令不认真,对民众的劝勉不明确。而且我们的农民非常辛苦,而官吏办事不曾节俭,又怎么能劝勉百姓呢?"因此决定当年返还农民一半租税。第二年,考虑到农为百业之本,必须比其他各业受到更多的照顾与鼓励,刘恒宣布废除了土地租税。

刘恒辟田劝耕,看来是希望农民至少能储备一年的粮食以备荒年,这一目标十年尚未达到,故对各级官员进行了严厉指责,认为他们劝农不力,并且节俭不够。为了真正达到惠民的目的,他在全国范围内对农民实行租税减半的政策。汉朝的田租一般是十五税一,即十五分之一的租税,减半则为三十税一。前167年免掉了租税,更是空前的惠农政策。《汉书·食贷志》在讲了当年免除租税之事后紧接写道:"后十三岁,孝景二年,令民半出田租,三十而税一也。"看来免税政策一直实行了十二年,到刘恒之后新帝即位的次年,即前155年才恢复了半税之制。但也有人认为,免除租税只是前167年当年的事情,史书对此后十二年的租税未作叙述,那不言而喻表示租税照收。然而稍作分析可知,十二年间若行半税,就不必再叙景帝二年的半税之事;十二年间若行全税,似乎又不合于免税前刘恒关于本末有别的劝农方针,也不合于他前后多年间农业政策的稳定性。可以确定,刘恒执政后期的十多年当是实行了土地租税的全部免除。晁错在前165年底对刘恒的答诏策中就曾有"尊赐孝悌,农民不租"的溢美之词,足见免除田租已是确定的事实。当然,免除了土地租税,政府还有以人口为征收对象的算赋、军赋等。也并非无从收受,难以运转。刘恒所不满意的是百姓没有一年的粮食储备,故以免除租税的方法促成这一目标尽早实现。无论十二年间的租税情况如何,他希望通过官府节俭,轻徭薄赋,辟地勤耕,以达到藏富于农的指导思想却是极其明确的。

刘恒以施爱惠民为治政的出发点,这一根本方针也影响到他的对外政策。使他对国家边患一直保持着消极的防守之势。匈奴侵犯边境,杀害吏民,刘恒说自己对此"夙兴夜寐","为之怛惕不安,未尝一日忘于心。"但他考虑到兴兵征讨会增加民众的劳役之苦,因而多次派使者,不断告谕和感化匈奴单于,最终争取到以和亲方式和好双方关系。前162年时,匈奴单于几经反复,愿意与汉朝结兄弟之义,刘恒对人们说:"外族人骚扰不止,使边境之民不得安生,内地百姓不能安居。现在单于回归正道,考虑国家之安和万民之利,愿与我摈弃过失,结兄弟之义,以保全天下善良的百姓,和亲的国策自今年开始。"

大将军陈武等人曾建议乘国内民心归附之时对南越、朝鲜用兵,以恢复秦时的边界。刘恒告诉他们说:"兵者凶器,即便能实现所愿,但也要耗费资财,怎忍心让百姓劳苦远征呢？你们不要再提用兵之事！"作为一国最高执政者,刘恒并非不想消除边患,但他更体恤百姓的劳苦,宁愿以和平的方式化解这些问题。吕雉执政时,南越王赵佗曾因边贸摩擦兴兵攻打长沙,朝廷征讨时军中发生疫情,无果而归。刘恒为帝后,为赵佗在真定的父母之坟设置守墓民居,按时祭祀,又对他的兄弟给予尊贵的官职和丰厚的赏赐以示宠爱,然后选派已退职在家的刘邦老臣陆贾以太中大夫名义再次出使南越,以谕和善之意,使赵佗重新表示归属。刘恒把百姓的福祉看得至高无上,不愿加给他们更多的劳役和兵役,因而对匈奴、南越之患就尽量避免用军事的方式去解决。和平方式也许不是彻底解决的手段,但至少推迟了战争,为民众赢得了休养生息的机会,也为西汉社会的发展强大创造了有利的条件,使天下百姓受益良多。司马迁认为由于刘恒的和平对外政策,"百姓无内外之徭,在农耕中得到休息,天下富足,粟至每斛十余钱,鸡鸣犬吠,饮烟万里,一片和乐景象。"又评价说:刘恒的朝廷对民众不加干扰,人民乐业,百姓安居,乡下六七十岁的老翁天真烂漫得就像小孩子,这就是孔子所称赞的有德行的治国者。

《老子》言,"修之于身,其德乃真。"刘恒的对民施德总是从自身节俭作起,的确没有半点虚假。如古人很看重自己的陵寝所安,以为它代表着阴间的地位或来世的生命状况,因而帝王和达官贵人无不尽可能地扩大修建规模,提高殉葬品的等级。刘恒并没有摆脱治陵殉物的观念,但他在为自己营建霸陵(今西安市东北)时,一律用瓦器陪葬,不准用金银铜锡等贵重装饰,不修造高大的墓堆,为的是节省开支,不烦扰百姓。当时皇帝死后,在国葬期间有不少禁忌,对人们的丧服和哭祭也有很多要求,刘恒在前157年临终时为自己的安葬一事留下遗嘱说:"天下官民哭吊三天就除去丧服,不要禁止娶妻嫁女和饮酒吃肉,参加丧事者不要赤脚踏地,孝带不要超过三寸宽,送葬不要陈列车驾和兵器,不要发动男女百姓到宫殿里哭吊,宫中该哭祭的人早晚各哭十五声,到礼毕就停止,禁止擅自哭泣。下葬以后,亲属的服丧期按等次为十五日,十四日、七日,此后脱掉孝服。其他事项参照办理。霸陵的山川地势保持原样,不要改变。后宫夫人以下的美人,全部遣散回家。"他还任郎中令张武为复土将军,统管京郊现役士兵一万六千人和京城士兵一万五千人,负责在霸陵挖土、填埋和安葬棺椁等事宜,以此避免对百姓的烦扰。

刘恒执政二十三年,对民众施惠不少,但他总觉得自己恩浅德薄,有愧于天下的百姓苍生。他认为自己死后如果让人服丧太久,讲究过多,会使人们遭受寒冻暑酷,让天下父子哀痛,伤长幼之心,会减少人们的食量,中断对鬼神的祭祀,这就加重了他的失德,使自己更加愧对于天下之人。为此他对历来的丧葬之制进行了大幅度的删繁就简,许多都属于独创性改革。为了防止主事者对丧葬规模的扩大,刘恒甚至对服饰和丧期的许多细节都做出了具体要求,又把霸陵的劳作人限定为一定数量的京畿军队,保证他节约民力的嘱托能得到真正落实。他把为自己的任何开销都视作对民力的耗费,宁愿用廉价的瓦器作陪葬,是要在自己一生的最后一笔开销中仍然保持节俭的原则,也同时希望把珍惜民力的俭约精神留给后代。五十多年前,秦始皇嬴政耗尽无数民力,在今陕西临潼东下河村为自己建成规模宏大的骊山墓,反而因此加速了王朝的崩溃。唐人许浑写《途经秦始皇墓》一诗云:

> 龙盘虎踞树层层,势入浮云亦是崩。
> 一种青山秋草里,路人唯拜汉文陵。

他将骊山墓与不远处汉文帝刘恒的霸陵作比较,认为后者才是真正令人敬仰和思念之处。爱民者,民亦爱之。这位西汉盛世的开创者所以能赢得人们由衷而持久的怀念,就因为他的爱民和仁德真正达到了至高的境界。

处政求稳,善纳谏言

处理与天下民众的关系,刘恒的朝廷是做得最好的。除此之外,在处理统治集团内部一些重大关系方面,刘恒也探索出了一些独特的方式,这主要包括朝廷内部各层官员的关系,及中央政府与诸侯王的关系。

刘恒即位时,西汉建国已二十多年,正值国家最高执政阶层新老交替的年代。一方面,跟随刘邦开创国家基业的一部分元老大臣还健在,他们新近发动诛吕事变,支持刘恒为帝,老臣新功,德高望重,是刘恒的朝廷镇服诸侯、安定人心的坚强支持;另一方面,西汉朝廷经多年统治已得到了全社会的认可,全国范围的若干优秀分子已被吸引和逐步参与到统治阶层之中,如贾谊、晁错等人,他们是建国后出生的年轻一代,学识渊博、思想敏锐,与开国老臣们具有迥然不同的思维方式和处事方式,对许多现实问题都有不同的认识和主张。刘恒在年龄上接近后者,思想上不能不与他们有许多相通之处。在一个特殊的年代,刘恒以自己的方式安排朝政,把握着各种势力间的利益协调,力求政局的平稳和安定。

刘恒以忐忑不安的心情入京为帝,立即任用随代而来的宋昌、张武掌管南北禁军和京城卫戍,其对在京朝臣的防范意识十分明显。月余后,刘恒已完全理解了大臣们对刘氏的忠诚和对自己的真心支持,他着手安排自己的朝廷。由于初始为帝,刘恒对朝臣们有一个接触认识的过程,对朝中事务也有一个逐步体会和思考的过程,因而他对朝廷主要人选的安排也经历了一个曲折变化的过程。

刘恒一开始安排周勃为右丞相、陈平为左丞相。这主要是原丞相陈平认为诛吕事变中周勃功劳最大,自愿退居辅助之位,同时表明刘恒接受了按功封位的方案,他也借此免去了周勃久任的太尉军职,让大将军灌婴接任太尉。大约十个月后,刘恒已熟悉了治国之事,在朝堂上询问国家一年的狱案和钱粮数目,周勃惶恐不能回答,陈平则按管理有层次的道理回答得头头是道。周勃自知能力不及,加之听到别人关于"功高威重而久居尊位,祸必及身"的劝谏,自愿辞去右相一职,刘恒遂让陈平独任丞相。到了第二年初,陈平去世,周勃又再任丞相。第三年初,刘恒让周勃为京城列侯作示范而带头就食封国,借机免去了其丞相之职,以太尉灌婴为丞相,并取消太尉之职不设。第四年,灌婴去世,刘恒再任御史大夫张苍为丞相。

刘恒最初为帝的四年中,丞相人选变换了五次,其职位都是在功臣元老中流转。约十四年后,张苍谢病辞职,御史大夫申屠嘉被任为丞相,他仍然是当年跟随刘邦善射强弩的老字辈,直到刘启为帝第二年病逝于任上。可以看到,刘恒更多的是把丞相作为一种尊贵的荣誉职务而让上代老臣们担任,这是抬高开国功臣们的手段,也是镇服朝廷和诸侯的手段。至于他们缺乏治国安邦的能力,那反而更便于刘恒推行他自己认定的治国方略,便于皇帝的作为。

刘恒一方面给元老们以充分的尊崇地位,另一方面也积极地搜寻治国能臣。他上台第一年,将地方治理最优秀的河南郡守吴公提拔为廷尉,又将吴公推荐的二十岁出头的贾谊召为博士,因其才能突出,年内升为太中大夫,并准备推至公卿之位。称帝第二年初,刘恒在全国范围内征求贤良方正和直言极谏之士,颍川人贾山和朝中贾谊等均对国家的政治经济建设提出了许多中肯的意见,刘恒的劝农"藉田"令、列侯就国令和废除诽谤谣言等诏令,均是采纳他们谏言的结果。袁盎、张释之等名臣也是这两年进入朝廷、参与朝政的。其后年轻的晁错被派往齐地向伏胜先生学习《尚书》及儒家治国之道。一批富有远见的治国之臣迅速脱颖而出，他们为刘恒出谋划策或谏言纠错，成为刘恒治国的重要依靠力量。

元老大臣与年轻才俊因政见及处事方式的不同最终发生了冲突，这集中表现在讨论关于将贾谊提升为公卿的朝臣集会上，当时周勃、灌婴、张相如、冯敬等一批高职属僚非但不同意刘恒的此项提议，反而提出了贾谊的许多过错，认为他年轻学浅，专欲擅权，搞乱了政事。事态的发展也许更严重些。刘恒为了平息事态，稳定局面，立即疏远了贾谊，不久把他派往遥远的南方任长沙王太傅，既使贾谊躲过了被元老攻击的风头，也使朝廷免去了更大的内讧和风波。另一方面，刘恒大概也绝不甘作元老们手中的傀儡。当时陈平已经去世，刘恒让周勃带头就国，为此免其丞相，让他离开了朝廷。一年后又借用有人对周勃的谋反指控，使狱吏将其逮捕治罪。周勃不久无罪获释，但事实上，刘恒未必最初就相信周勃的谋反，他很可能是借此要对过分伸张的元老势力做出必要的抑制。

刘恒开初为帝时对因功为相的周勃非常恭谦，而周勃在朝上常意气自得，有骄傲之色，有人告诉刘恒，这样相处是君臣双方都违背了礼节，于是刘恒变得更加庄重，而周勃逐渐畏惧。在他们君臣关系的磨合适应期，刘恒本是外来势力，但逐渐取得了由客变主的主导地位。退居辅助地位的元老大臣们不能不对这种变化产生怨情，他们攻击政坛走红的贾谊搞乱了政事，实是借此发泄对朝政的不满。刘恒通过贬谪贾谊而稳定了局势后对元老派之首周勃免职惩戒，抑制这一势力，当是合乎情理的。与此不同，贾谊任长沙太傅三年后被刘恒召回长安，刘恒一见面就与他谈至半夜，任其为爱子梁王刘揖的太傅，对贾谊这位小自己四岁的才俊他应该是寄予厚望的，晁错也被任为太子家令等职，几年间两人对国政建设提出了不少建议，大多被刘恒采纳。刘恒是要首先解决朝政的稳定，然后才考虑对人才的任用。

刘恒只是抑制元老势力，而不是要将其消除，周勃事件后他没有改变对元老们的态度，继续尊崇他们，并利用他们的影响为自己的具体目标服务。淮南王刘长椎杀朝臣，骄姿无度，刘恒有心制裁，但碍于亲弟关系，怕落下以兄惩弟的名声，不好下手。不久丞相张苍、典客冯敬、退职公卿夏侯婴等多名朝官对刘长进行审查,联名上奏其参与反叛等罪名,多次提出斩杀治罪的请求,刘恒最终批示对刘长免死废黜,贬往蜀地。元老们对刘恒的惩治意图配合得非常到家,表明他们这时已成为刘恒可以控制和借重的政治势力。而对贾谊的再次任用也是在刘长事件之后,这时候元老大臣已经不能拂主之意,自成气候了。

当时朝中元老一代与新朝臣的冲突不是个别现象,除周勃等人对贾谊的打击外,还发生过袁盎与周勃的矛盾纠葛,公孙臣与张苍就汉朝"改正朔,易服色"之事的对立,其后申屠嘉与晁错直到刘启朝中也还水火不容等。但刘恒均能有效地控制和处理这些矛盾,他在国家大政的制定上偏向于采用新朝臣的意见,而在相位的人选上则继续坚持尊崇元老的原有方针。如前166年鲁人公孙臣提出汉应为土德,尚黄色,与张苍坚持的水德和黑色相对立,双方开展论争,一年后借黄龙出现于成纪(今甘肃省秦安县北)事件,刘恒立即申明汉尚土德,采纳了公孙臣的意见,其实这也是贾谊早先的主张;刘恒同时还召公孙臣任为博士,让他改修历法。而在张苍这年称病辞去了丞相之职后,刘恒本想选用窦皇后的弟弟窦广国继任相位,这位内弟才具贤能且品行端正,尽管这样,但他还是有所顾虑。考虑许久,终觉不可,最后决定仍在跟随刘邦的元老大臣中选拔。因当时在世的元老已不多,只好将御史大夫申屠嘉升为丞相。这一决定表明了刘恒在高级官员任用上始终坚守的一种思路。

为了进一步安抚人心,刘恒还对历次事件中受牵连沦落的功臣后代予以复爵或任用。张敖的儿子张偃在大臣诛吕时被废鲁王之号,刘恒将其封为南宫侯;樊哙的儿子樊伉被大臣在诛吕时一并杀掉,刘恒封樊哙庶子樊市人为侯,恢复其父封地。曾在汉初降了匈奴的韩王信,其少子韩颓当和嫡孙韩婴在前166年率众投汉,刘恒分别封他们为弓高侯和襄城侯。周勃死后,其嗣位的太子周胜因杀人罪被废除了爵位和封地,刘恒在一年之后选择周勃的另一个儿子周亚夫封为条侯,以续周勃之嗣。做为最高当权人,刘恒总是对朝廷内部的各层利益关系力求作出自认妥善的协调。他是非常稳妥地把握着朝中各种政治势力的平衡。

自代地随刘恒入京为郎中的张武深受信任,后来任车骑将军,驻守外地以备御匈奴。这位功臣曾接受别人贿赂,事情被发觉后,刘恒既不是知而不究,也不是下吏惩罚,而是从皇宫府库中拿出钱赐给他,使他愧而认罪,交出贿赂。张武对刘恒跟随多年,一直感恩,他在刘恒逝世时任复土将军,主治陵墓。刘恒的舅父薄昭擅杀朝廷使者,获罪后拒绝自缢,刘恒并未强逼,他派公卿大臣前往其府门丧服哭吊,薄昭最终只好自杀。刘恒其实是一个很有行事策略的人,他总是善于用自己认定的独特方式处理各种特殊的事情。

在与诸侯的关系上,刘恒同样把握着处政求稳的原则。他上台后,首先归还了吕氏所占取的一些诸侯领地,中止了吕雉时代朝廷对诸侯的肆意侵夺,又将齐王刘襄的舅父和淮南王刘长的舅父封为侯爵,以示尊崇。刘恒是从诸侯王之位登上帝位的,当初对其他诸侯并无明显的优势,但这些措施逐步争取到了诸侯们对他的认可,缓和了中央政府与诸侯在吕雉时代激化了的矛盾。

刘恒在必要时还能对诸侯做出一定的妥协。吴王刘濞是刘恒的堂兄,他的太子来京朝见,与皇太子刘启下棋时两人发生争执,被刘启用棋盘打死,刘濞心有怨恨,从此称病不朝。朝廷打听到刘濞并未生病,感到他不守藩臣之礼,于是连续拘禁了吴国的几次来使,双方关系极度恶化,刘濞于是加紧做对付朝廷的准备。刘恒知道了事情的真相后立即释放了吴国的使者,并赐给刘濞倚靠的几案和拐杖,传话给刘濞,说他年龄大了,不必来朝见。刘濞见朝廷对他并无究罪之意,且有形式上优厚的对待,于是放弃了先前对抗的准备,至刘恒谢世之时二十年间终无叛逆之举。事实上,当刘恒赐给刘濞几杖时,他清楚地知道对方是在对抗朝廷,但他更清醒地认识到,双方的对抗和冲突会两败俱伤,朝廷即使战胜了,也将损失巨大;如果在冲突中把握不好,自己初掌的汉朝江山有可能满盘皆乱,因此寻求和局、化解矛盾是最好的选择。刘恒也意识到,刘濞怨恨和疏离朝廷,并非毫无理由;朝廷完全可以不去计较藩王朝见的形式,对刘濞做出应有的让步和妥协,应该采取措施消解刘濞的怨恨,而不应使用相反的手段去刺激对方,加深已有的对立。既然刘濞还没有走到公开反叛的地步,仅以称病不朝相对抗,那事情就大有挽回的余地。刘濞年长刘恒十三岁,刘恒遂称他年龄大,免掉了他朝会之礼,使他对朝廷的蓄意对抗此后并不成为对抗,转而成为一种特殊的恩荣。刘恒借机赐给刘濞几杖,既是对这种恩荣的实物表达和公开显示,使刘濞的怨恨和不轨行为无从发作,同时又向诸侯们表明这种不必朝会的尊容只是皇帝恩准的特例,其他诸侯不得随便效仿。刘恒用简单的方式消除了朝廷与吴国的紧张关系,化解了逐步升级的一场危机,他所做的仅仅是朝廷在礼仪形式上的某种妥协。

也许有人会认为刘恒对吴国的妥协是将危机推后的手段,导致刘濞愈益骄横,认为朝廷与诸侯国的冲突不可避免,而前154年刘启执政时吴楚七国之乱的爆发是刘恒对诸侯妥协的最终结果。实际上,吴楚反叛的直接原因正是刘启不知妥协,对诸侯削夺太急。朝廷与吴国有矛盾,但并非一定会表现为军事冲突。关键是看拥有事情主导权的朝廷采取何种处理手段。世界上的事情都处在变化之中,即使刘濞年长骄横,若刘启再能与之妥协若干年,刘濞的子孙为王后,一定还有其内部的变数,也一定还会有许多另外的处置方式。应该说,刘恒并没有将一种政治危机推给儿子解决的心思,他是实实在在地想通过妥协化解一种危机,他也自信这一手段的成功,可惜这一方式没有被刘启所理解,致使在身后未能有效地推行下去。但无论如何,以一种礼仪形式上的妥协换取二十年的国内和平,这本身就体现着执政者的大智慧。

在刘恒的朝廷中,贾谊、晁错两人均未担任过公卿职务,但他们才情高超、见解深邃,刘恒对他们的许多建言非常看重。贾谊除前期关于经济与政治建设的若干建议外,自长沙返京后又在《治安策》中提出了"众建诸侯而少其力"的政治方针,提出了禁止靡奢的主张、早谕太子的主张和刑戮不加公卿的建议,后来又提出了改封梁王,使为朝廷屏障的策略。晁错在齐地受学之后回京提出了精心培养太子的建议,其后在辅助太子的位置上连续提出了徙民实边、入粟授爵等重大建议。这些主张均被刘恒采纳和实行,对国家的经济发展、防御外敌和社会稳定都发挥了极重要的作用,贾谊两人也因此而成为历史上的名臣。以至有些史家认为,贾谊虽然未至公卿之位,但他的政治主张如此被最高当权者所看重,事实上比无数爵高位重的公卿更为幸运。另外,张释之守法不怠,袁盎处事方正,他们在执法、用人、处事和生活等方面提出过许多纠偏的劝谏,多能被刘恒理解和接受,这对匡正时弊和优化政风均发挥了积极作用。

刘恒一直认定大举用兵会给民众增加沉重负担,因而对北方匈奴的侵扰坚持采用消极防御的方针。晁错曾不乏激情地提出强军征讨的奏书,并在书尾强调"狂夫之言,而明主择焉。"希望刘恒对他的意见给予重视。而刘恒并不想改变原有的对外大略,于是写信答复晁错说:现在国家的情况是"言者不狂,而择者不明",告诉晁错说:"使不明择于不狂,是以万听而万不当也。"他婉拒了用兵谏言,自我承担了拒谏的责任,但对晁错的良好用意和激情论说却给予了极好的评价。晁错后来上书三十多次提出削夺诸侯一事,这一建议的实施具有相当的政治风险,与朝廷以妥协求稳定的方针不相吻合,刘恒采取了收其奏书,搁置不议的方式,实际上是一种更为明了的拒绝。他心里明白,这一提议的敏感性太强,对拒绝该提议作任何形式的解释,都会对国内政局造成不利的影响,置之不理是最为谨慎的办法。

刘恒恭谦处世,平易近人。同朝的袁盎说刘恒每次上朝,对郎官的上书无不是停车接受,对不可用的搁置下来,对可用的总给以称赞。几十年后的刘向也说刘恒待人以礼,言谈从不伤人,群臣无论大小,到跟前都可从容交谈,而刘恒停下车倾听,言谈者说对了他大力称赞,说得不妥他则嬉笑而已,说话中对人多有褒奖,所以刘恒深得当世之人的赞誉。相信这些说法都是有充分根据的。

刘恒以政局稳定和民众福祉为第一追求,具有自己既定的治政大略。他为此而实行了一套驾驭不同臣属和对待地方诸侯,妥善处理本集团内部各种复杂关系的策略方式,他也因此而能比较明确地判断出各类谏言的正误优劣,真正做到择善而从。他以恭敬谦让之心待人,朝臣诸侯故能在他的周围逐步凝聚起来,形成空前乏后的良好社会局面,促成国势走向强盛。

周旋北患,备武求和

刘恒上台第一年,即派太中大夫陆贾重赴南越,斡旋解决了吕雉执政时双方的矛盾冲突,使南越王赵佗重新认可了对汉朝的臣属关系,此后近五十年间未发生多少波折,但北方匈奴却一直成为汉朝的外患。当时汉朝并没有在军事上征服匈奴的现成实力,刘恒又不愿因扩充军力而增加民众的负担,有限的军力仅仅够防御而已,刘恒因此对北方匈奴选择了以求和为主导的战略。

当时匈奴对汉的边境骚扰可能是很频繁的,有记载的较大冲突发生过如下几次:(1)前177年,刘恒为帝第三年春,匈奴右贤王进占河套以南之地,并攻扰上郡(今陕西榆林东南)边地。刘恒命丞相灌婴统战车和骑兵八万五千人至高奴(今陕西延安市东北)迎击,匈奴退出边塞。(2)前166年匈奴老上单于十四万骑攻入朝(zhū)那(今宁夏固原东南),杀北地(今甘肃庆阳西北)都尉,掳掠了很多民众和牲畜后直至彭阳(今甘肃镇原县东南),匈奴骑兵烧毁了在今陕西陇县西北的回中宫,其侦探的骑兵已到雍州的甘泉(今陕西淳化县西北)。刘恒封中尉周舍为卫将军,郎中令张武为车骑将军,让他们统战车千乘、骑兵十万,驻扎渭水之北以守卫长安,另派卢卿、魏遫、周灶三将军前往上郡、北地和陇西防守。刘恒亲自劳军,检阅部队,发布训令,他打算自己率兵迎敌,群臣谏争不听,皇太后坚决阻拦,方才罢休,刘恒任命张相如为大将军、董赤为前将军,大发车骑,迎击匈奴。老上单于这次在塞内停留月余后退归,汉军追出边塞即还。(3)前 162 年,匈奴攻入云中(治所在今内蒙古托克托东北)、辽东(治所在今辽宁辽阳),掠夺财产无数。(4)前 158 年,军臣单于继位三年时,从上郡、云中两路攻入,各路三万骑兵,杀人掠物极多,刘恒派令勉、苏意、张武三位将军分别驻扎飞狐(今河北涞源县与蔚县之间的关隘)、勾注(今山西代县西北雁门山)和北地,严守各路要塞,作为第一线防御,另外派将军周亚夫驻守细柳(今陕西咸阳市西南渭水北岸),将军刘礼驻扎霸上(今西安市东),将军徐厉驻棘门(今陕西咸阳市东北),这三军靠近长安,作为第二线防御。当时匈奴骑兵已攻至代国勾(gōu)注山附近,报警的烽火通到了甘泉山和长安。几月之后,汉军抵达边塞,匈奴见状撤兵,汉军随之退归。这次军事行动后的第二年,刘恒在长安去世。

对待匈奴的侵扰,刘恒在军事上主要采取的是以长安为核心的防御战略,另外还采纳了晁错徙民实边的建议,招募内地犯罪和免刑者及家府奴婢等人去边地且耕且战,包括塞外降汉的部族也充实边塞之地,政府给予生活上的扶持,并以政策鼓励他们夺取匈奴所掳畜产。当匈奴重兵入侵时,刘恒也曾派出过多路部队迎敌,其中肯定不乏应有的谋划和策略,以及必要的出击和进攻,但无论如何,其军事行动总体上是在防御的范围之内。

面对匈奴的不断侵扰,朝中有一股举兵征讨的呼声,如贾谊就提出“必系单于之颈而制其命”,认为北患不除,是国家的悲哀;晁错专门上书论说军事,分析汉朝与匈奴的优劣短长,提出征讨的方略;大将军陈武也曾提出对外用武的建议,他们的主张代表着相当一批人的想法。刘恒坚持以防御为主的战略,主要是考虑到军事上战胜匈奴并无绝对把握,这有刘邦时白登之战的实例为证,而其后汉朝的实力并无多少变化,匈奴的军力反有增强。他想要稳定政局,提升实力,期待力量强大时再有作为;同时也许刘恒还感觉到,匈奴与中原汉民有着不同的生活方式,他们终究不能在中原的土地上长期生存,每次侵扰均是汉朝一时之痛,其掠夺的财物远小于大规模用兵的耗费,刘恒不愿增加百姓负担,因而认为只要能把军事力量控制在防御的范围之内也就足够了。面对朝中征讨匈奴的呼声,刘恒总是坚定地表明自己的态度,并在几次诏书中表明希望边臣兵吏能够理解他内心的想法。

为了免除或减少匈奴之患,刘恒还同时采取了对匈奴外交求和的办法。他刚一上台,就考虑实施对匈奴的和亲之策。前177年灌婴率军驱逐右贤王出塞之后,刘恒向冒顿单于致书称道两国兄弟关系并责备匈奴的失约。冒顿单于次年回信解释说,当时是汉朝边吏侵侮匈奴,右贤王没有请示就制造了事端,他曾罚右贤王去出击月氏(《辞海》标注为 yuèzhī 在敦煌、祁连一带的部族)等国,希望与汉朝捐弃前嫌,恢复旧约,安定边民。冒顿还让一名叫系雩浅的匈奴使者带来一匹骆驼和几匹马作为礼物。冒顿的书信和礼物表明了一种和好的意愿,当时月氏、楼兰、乌孙等西域诸国已被匈奴击溃和占有,冒顿自称"诸引弓之民并为一家",匈奴的势力更为强大,汉朝接到冒顿回信后商议和战之策,最后再一次确认了和亲的策略。

和好方针确认后,刘恒致信冒顿,对其捐弃前嫌、恢复旧约的提议作了称赞,表明"汉与匈奴约为兄弟",对右贤王的前次作为表示了谅解,劝勿深咎,并以单于与西域诸国作战劳苦为名,送给他锦袍锈衣、饰金佩带和许多布匹,专派两名使者送达。刘恒与冒顿相互间的书信和礼物,是在双方都不能完全征服对方情况下的一种策略,表明妥协已成为双方的共识。对汉朝来说,这一措施减缓了冲突,争取到了相对安定的和平环境,为民众的休养、社会经济的恢复和国家的发展创造了条件。

前166年匈奴十四万兵马被逐出边塞后,老上单于派使送给刘恒良马两匹,并向刘恒致信,认为前次冲突是臣民贪利之失,提出希望建立"两主欢悦、息兵休卒养马,世世昌乐"的新关系。刘恒回信予以认可,并以诚恳的态度表示说:"谋臣计失,皆不足以离兄弟之欢。"他提出愿与单于"皆捐小隙,俱行大道,破除前恶,以图长久,使两国之民若一家子。"刘恒明确了"长城以北引弓之国受令单于,长城以内冠带之室为汉节制"的边界划分,他还提出了信守诺言的主张,并做出汉朝绝不首先负约的承诺。在单于这次答应了和亲后,刘恒发诏书布告国中知晓,明告"匈奴无入塞,汉无出塞,犯今约者杀之。"他希望与匈奴定约后严格约束汉朝边民出塞肇事,至少不给匈奴以入塞的借口,从而能长期维持双方的息战状态。

也许这次的和亲息战本来能维持更长的时间,但两年后老上单于去世,新继位的军臣单于在数年后又两路犯汉,汉朝被迫进行了一次大规模的防御,终使匈奴退兵。事过不久,汉朝新继位的刘启又与匈奴和亲,开放边境市场,恢复了刘恒时的两国旧约,之后十多年间虽有小盗不时入边,但无大寇侵犯。

刘恒与匈奴和好的策略多是以和亲为手段,实行这一手段时也发生过一些意外的波折。前174年老上单于新立,刘恒选宗室女送为单于阏氏,同时派宦者中行说随去辅导公主。也许是看重辅导者的才能吧,在中行说不愿意时朝廷强迫其前往。中行说去后即投降匈奴,深得老上单于的亲幸,他教给匈奴人计数核算等文化知识,同时教给他们对付汉人的办法。他与汉使者论辩,对中原的文化优越感及汉天子的尊严进行挑战,一时构成双方正常交往的阻梗。但中行说的个人行为并未影响刘恒和好匈奴的大局,也许还在某种意义上有助于汉人对匈奴生活方式作正面认识,促进了双方的文化认同。

刘恒执政期间几次发生过与匈奴的军事冲突,引起冲突的责任究竟归于哪方,可能是一个永远说不清的事情,但无论如何,作为汉朝最高执政的刘恒总是比较坚定地实行对匈奴的和好方针,他在匈奴入侵时积极抗敌,在对方退归后则立即着手恢复双方的和好,不使大政摇摆。每次冲突后他都主张屏弃旧恶,面向未来,主张把双方关系再次纳入兄弟和睦的轨道,以便能惠及万民。这些主张和措施均表现了一位政治家应有的远见和成熟。

刘恒也清醒地认识到,每次匈奴退归都是汉朝军事防守的结果,相互和好只是一种妥协求稳之策,最终的结局还是要靠双方的军事实力来决定,因此他在与匈奴和好的同时从来没有忘记整军备武。史家班固评说其时汉朝对匈奴的方针说:"是以文帝中年,赫然发愤,遂躬戎服,亲御鞍马,从六郡良家材力之士,驰射上林,讲习战阵,聚天下精兵,军于广武,顾问冯唐,与论将帅,喟然叹息,思古名臣。"他认为刘恒实际在军事上做了积极地准备,表明刘恒在与匈奴的求和中其实保留着军事对抗的一手。

在驱逐老上单于时的萧关之战中,陇西人李广为中郎,他善于骑射,有冲锋陷阵、突破险阻、格杀猛兽之勇,刘恒称赞李广说:"可惜你没有碰到好时机,如果你处在高帝时代,受封万户侯不成问题。"刘恒是善于把握全局和发现人才的高手,一方面他看到了李广作战当世无匹,是难得的人才;另一方面也深知自己的时代并不能进行大规模的用兵,他为李广生不逢时而惋惜。事实上,李广后来在刘彻的时代率兵征战,声威大显,成为一代名将,也可见刘恒的识人之深。防御军臣单于的那场军事行动中,刘恒派三支部队驻扎长安附近,并亲自前去视察。在刘礼为将军的霸上之军和徐历为将军的棘门之军,刘恒驰车而入,将军以下的骑兵都来迎送;而他进入周亚夫为将军的细柳之军时却遇到了军门都尉的阻拦,在周亚夫传令后刘恒才得从营门而入,又得遵守"军中不得驰车"的规定。刘恒视察完毕离开后感叹说:"这才是真正的将军啊! 前面霸上和棘门之军像玩儿戏一样,其将军可以受袭被俘。至于周亚夫,谁能冒犯他呢?"刘恒在比较中发现了周亚夫的整军严明,他把周亚夫称赞了好久,认定其为治军之才,次年临终前又专门告诫太子刘启:"如果军事上有危急之事,周亚夫可任将军。"刘恒这一临终交代表明了他对军事用兵问题的特别看重,也表明了对自己识辨将才的自信。三年后,吴楚七国叛乱,正是周亚夫率兵平定,这也证明了刘恒识辨将才之准。刘恒对将才的精深识辨是他内心关注军事武备的一种反映,只有看重和揣摩军备,才会有识将之深。刘恒始终对匈奴持求和的策略,但却一直不忘武备,这正显示了一代明君弱势处邻时的应有态度。

为人深情,养宠伤政

刘恒是一位充满爱心的君主,他对自己的臣民,包括罪错之人都具有极大的慈悲和同情,生活中是一位极有性情之人。

刘恒六岁时被立为代王,在代地生活生长十七年,入京为帝后他一直对代国有着深深的眷恋。前177年他派灌婴率军击逐匈奴后曾随军至高奴(今陕西延安东北)视察,之后专程回到太原,召见代国群臣,按等级全都给了赐赏,并免除了晋阳、中都(今山西平遥西南)两地百姓三年的赋税,在当地停留十多天。刘恒不是代地人,但代地是他少年成长之地,晋阳、中都曾先后为代国都城,这里有他青少年时的美好记忆,他虽已贵为天子,但对这里的人物和山水依然充满热爱。在京城政权稳固后他旧地重游,不能不表达自己的一腔情怀。另外,刘恒在长安遇到代地的在朝官员,总是给予更多的关注。如他有次路过中郎官署,谈话间听说署长冯唐早先为代地之人,就极有兴致地与其议论代地古将,由此还引出了对当朝任将得失的评价。有一名叫卫绾的人,来自代地,以在车上表演杂技为郎,他除了忠厚谨慎外再无其他长处,刘恒一直把他提拔为统率宫中侍卫的中郎将,临终前又嘱咐太子刘启善待卫绾。刘恒有四个儿子,当初将刘启立为太子后不久,他将代国之地作了划分,分别立儿子刘武、刘参为代王和太原王。四年后刘武徙往他地受封,他又将两处属地归并,改封刘参为代王。刘参在前162年去世后刘恒再封其子刘登为代王。代地地处汉朝北疆,不是富庶之地,又常受匈奴侵扰,但刘恒始终乐意让自己的亲儿孙受封此处而不变更,就是他把代地视作自己的发迹处,对其有着浓厚的感情。刘恒生前把自己的坟墓选在地处今西安市东北的霸陵,他有一次带着宠妃慎夫人一行,坐在霸陵上面向北远眺,指着下面一条道路说:"这是通往邯郸的道路。"慎夫人是邯郸人,去代地也必由此路。他让慎夫人弹瑟,自己和声歌唱,情意凄凉悲伤。刘恒站在自己的归宿之所,一定是抚今追昔,触景生情,感慨万端,这里有对未来的伤感,也有对往昔的追念,一条北行之道所以能引发强烈的感念,就是因为刘恒心中始终有一条向往早年故地的通道,是内心的故代情结一时被外在的通代之路所触发。

刘恒待人恭谦、处事稳重,但也是一位喜好游乐之人。他下诏征求直言,颍川人贾山就在《至言》之谏中说刘恒"选其贤者使为常侍诸吏,与之驰驱射猎,一日再三出。"又说:"今从豪俊之臣,方正之士,直与日日猎射,击兔伐狐,以伤大业,绝天下之望,臣窃悼之。"贾谊也在奏书中提到:"夫射猎之娱,与安危之机熟急?"又说:"今不猎猛敌而猎田彘,不搏反寇而搏畜菟,玩细娱而不图大患,非所以为安也。"贾山和贾谊的谏言不会是无的放矢,由此也可看到刘恒的生活所好,只不过他的射猎爱好没有影响到对朝政的治理,而且这些谏言都是在刘恒三十岁之前,相信是针对刘恒执政前期的行为。

在刘恒执政后期的前165年,有一个叫新垣平的赵国占星之人对刘恒说:"长安东北有神气,成五采"。建议在渭阳作五帝之庙,以求瑞祥。刘恒按其要求在今陕西咸阳市东北建庙,这年夏天又亲往朝拜,还尊新垣平为上大夫,赏赐累计千金。次年新垣平连续向刘恒报告多种符瑞:一是说"宫门前有宝玉气来临。"不久真的有人来献玉杯,上面刻着"人主延寿"四字;其二说他观察太阳会再次当顶,据说有一天太阳偏西后果然又后退当顶。其三是说他观察当年沉没周朝宝鼎的泗水某处之上有金宝之气,这是周鼎再现的征兆,不迎接就不会到来。刘恒于是在汾阴(今山西万荣县西南)之南临近黄河之处修建祠庙,希望祭出周鼎,迎来大吉。

刘恒对新垣平前两个符瑞的应验大喜过望,大概以为天下从此将除旧布新,进入一个新的时代,他决定将下一年自己执政的第十七个年头(前163年)

改为元年,以表示划时代的转变。一直倡导节俭的刘恒还破例让臣民们举行盛大的聚会饮宴,以庆祝新时代的到来。但在改元后不久,有人告发新垣平所说的云气和神灵之事全是诈骗,骗术被揭穿后刘恒将新垣平交给法官处治,最后斩杀了新垣平,并灭其三族。

新垣平关于太阳再次当顶的预见,可能是用了魔术般的障眼法求得应验;关于宝玉气来临的符瑞应验则具有明显的欺骗嫌疑,但刘恒的头脑可能被十多年的社会升平气象一时所冲昏,或者是他太希望自己所治理的社会气象更新了,故而感情冲动、把握不准,竟然被新垣平的拙劣骗术所迷惑。我们自然无法苛求刘恒不该有对星气之灵的迷信,这位怜爱万民、勤勉求功的执政者盼治世有起色,见"异征"而心喜,反倒是合乎逻辑的,人们也由此能够看到刘恒富有冲动,极具情感的一面。新垣平的骗局历时不长,刘恒也不久就从某种梦幻中觉醒了过来,这次受惑并没有给他的治政带来多大的实际损害。

给治政带来较大伤害的是他对邓通等人的宠幸。邓通是蜀郡南安(今四川省乐山)人,因会划桨行船而掌管宫中船舶行驶,这种职员头戴黄帽,被称为黄头郎。刘恒执政开初几年中,有次做梦想要上天却上不去,一位黄头郎从后面推他上了天,他回头看见那人的衣背缝在腰带下穿了个洞。醒来后他到未央宫沧池中四面环水的渐台上,按梦中情景私下察寻推他上天的黄头郎,看见邓通的衣后缝穿了个洞,正是梦中所见的人,即召邓通来询问姓名,自此非常喜欢他,尊宠日加。邓通是一位老实谨慎的人,不与外人交往,即使赐给他假期,也不外出,刘恒益发喜爱这样的人,十多次赏赐给邓通几万钱,升他为上大夫,还经常去邓通家游玩。刘恒曾经患了痈疽,这是一种毒疮,邓通给他吮脓。刘恒心里不适,从容问邓通说:"天下谁最爱我呢?"邓通回答:"应当无人比得上太子。"刘启进来探问病情时,刘恒让他为自己吮脓,刘启吸脓时面有难色,刘恒大概由此以为邓通是最爱自己的人。他有一次派人给邓通看相,相者说邓通"会因贫而饿死"。刘恒说:"能让邓通富足的人是我,他怎么会贫穷呢?"于是把蜀郡严道(今四川荥经县)的铜山赏赐给邓通,准其自己铸钱,当时"邓氏钱"流行天下,其富抵过诸侯王。

司马迁讲,邓通没有其他才能,也不能推荐什么人才,只能为人谨慎讨好君上而已。刘恒在相处接触中觉得邓通深爱自己,赐其钱财,在当时也许未尝不可,但却封给官职,甚至准其私家铸钱,这种宠爱就超出了应有的范围。先前刘邦执政时禁止民间铸钱,刘恒进行币制改革,用刻字为"半两"的四铢钱取代薄小益轻的荚钱,允许民间自铸。当时贾谊等人提出反对意见,主张由国家掌握制币这一重要的经济活动,避免民间为此逐利而起奸。刘恒没有采纳这一谏言,还给邓通铸钱以特别关照。在这里,刘恒允许民间铸钱也许有让利于民等更多的考虑,但如果这一政策是为邓通而特意制定,或者是受该目的的影响而制定,那就是极不合适的。刘恒很少拒绝贾谊的谏言,这次却反常拒谏。后来刘启执政时禁止民间铸钱,再后来刘彻则把铸币权完全收归中央政府,可见禁止私人铸钱不是一时的权宜之策,而是朝廷的长远之计。刘恒在这里破例违谏,给民间铸钱网开一口,很难说其中不包含对邓通的特别扶持。他要让天下最爱自己的人富足一生,不想使其在饥饿中死去,这也许正体现着刘恒一时的真实性情。

丞相申屠嘉有次感到邓通在朝堂对他有怠慢之礼,退朝后遂将邓通招来丞相府准备作些惩罚,刘恒知道后允许邓通前去接受训斥,而在邓通正受困窘时,即派人持节将其召回,并向丞相解释:"这是供我戏弄的小臣。"希望给予谅解。他既使申屠嘉的怨恨得到宣泄,又保护了自己的宠臣。汉人应劭的《风俗通义》中记录了刘向之言,说太中大夫贾谊与邓通同在朝廷,职位相当,贾谊因厌恶邓通的为人,多次在朝堂对其讥讽,由此遭到刘恒疏远,被迁为长沙王太傅。贾谊在渡过湘水时书吊屈原,其实是自伤为邓通等人所谗。我们不能断定这一传说毫无根据。贾谊自然有为人上的严重不足,但如果刘恒在执政之初就因邓通而贬才,为宠一人而伤国事,其治政的瑕疵就无法避讳。申屠嘉为相是刘恒执政后期之事,刘恒此时处理牵连邓通的朝中冲突时手法更加圆通些,但对其宠幸始终未变。

刘恒所以如此宠幸邓通,自然与邓通的谨慎与媚上有关,但这主要缘起于一次梦的联想。古人常把升天、登天视作生命的极致,也特指人的去世。刘恒梦见自己登天时多亏有人相助,他次日在渐台暗寻该人,正表明他对此事极为看重。当他把这位相助者锁定为邓通时,一定以为邓通会对自己一生具有莫大的助益,或者以为邓通将是自己临终宾天时的依靠之人,这种联想自然使他对邓通有一种发自内心的钟爱。当听说自己的所爱之人和依靠之人将会贫穷饿死,刘恒即赐给他铸钱的各种条件,想使他富抵王侯。邓通谨慎对上,受到无比宠幸时,想尽个人所能报答君上的相知之恩,无论两人间的关系最终对朝政造成了怎样的伤害,这都不是邓通的错,最主要的责任应由刘恒来负。

　　除邓通之外,刘恒还对宦者赵谈、北宫伯子宠幸有加,那位北宫氏是因爱护人、性格忠厚而受宠,这倒无可厚非。赵谈懂得占星望气,常为刘恒陪乘。一段时间赵谈常在宫中说中郎将袁盎的坏话,袁盎有一次等到刘恒坐车出行时伏在车前,当着赵谈的面请刘恒应与豪杰为伴,不要和受过宫刑之人同载。他当面折辱赵谈,请求刘恒表态。刘恒看着直言不讳的袁盎发笑,让赵谈下了车了事。而他对赵谈的宠幸也并未引起其他的朝政波折。

　　刘恒贵为天子,为人情深。他怀恋自己少年生长之地,具有自己的生活爱好,也曾被星象者玩弄的符瑞所迷惑,这些为性情所致,其中有些已造成朝政的偏失,但宫中养宠给朝政带来的伤害却是较为明显的。

　　四十六岁的刘恒在西汉社会蒸蒸日上的时候去世了。他受举于危急存亡之后,执政于万象凋敝之时。在一个最具权力的位置上他以大仁之心广济万民,给饱受战乱和历经苦难的百姓以优厚的对待,他在最能奢华的位置上躬行节俭,最大限度地挤压政府运作成本,把社会财富尽可能地留给创造者自身。他以自己的聪明和智慧成功化解了朝廷内外的重大矛盾,控制了与外冲突的深广程度,保持了政治上的多年安定,为社会争取到了一个能够充足恢复和发展的大好时期,他也以自身的治政成功彰显了道德政治的力量。刘恒不是一个完美无缺的圣人,但民众在他的时代不觉负重,社会在他的治理下企稳飞腾;他的时代总被人们所怀恋,他的处事和风范为后世君主立下了一个没有封顶而不易超越的道德标杆。

大器早成的贾谊

刘恒执政的朝中出了一位年轻才俊贾谊,他思想敏锐,抱负远大,对当朝政治及其发展趋势都有透彻的见解。他的许多建议对当时及后来的政治发展都产生了极大的影响。

贾谊生于公元前 200 年,洛阳人,十八岁时即通百家之书,以文才知名于所在的河南郡。当时的吴郡守听说贾谊才学优异,就将他请到官署中办事,非常器重。刘恒即位后的前 179 年,听说河南郡守吴公的政绩为全国第一,还听说吴公与李斯同乡,曾经跟李斯学习过,就调任他担任廷尉。吴廷尉赴朝任职后向刘恒极力荐举贾谊,贾谊遂被刘恒任为博士,当年即被越级提拔为太中大夫。此后十一年间,他为当朝政治建设贡献了不小的聪明才智。

洞悉政局,忧国献策

刘恒一上台后就躬行节俭安民的方针,前 178 年,他借一次日食引伸自责,下诏征求谏言,当时的颍川人贾山、晁错都有切中时弊的上书。贾谊上书认为,当时国用不足的原因在于过多的人"背本而趋末",导致"生之者甚少而靡(奢费)之者甚多。"这种现象极易造成"勇力者聚徒"的社会动乱,因而他提出政府应"驱民而归之农"的主张,以实现"粟多而财有余"的效果。刘恒对贾谊的看法深以为然,不到两月就下了籍田令,并亲自耕作以劝勉百姓。贾谊又提出让列侯离开长安,就食封地的建议,也被刘恒所采纳。刘恒让周勃免相就国,为众列侯起带头示范作用,就是这一背景下的事情。

贾谊认为汉朝建立已二十多年,天下太平和顺,应当改正朔、易服色,立制度、定官名、兴礼乐,按五行理论崇尚土德和黄色,将秦代的旧制作彻底的变革。即位不久的刘恒并未否定他的意见,但表示顾不及做这些事情。十余年后,鲁人公孙臣再言汉为土德,提出变更正朔、服色和制度之事。经过充分酝酿,刘恒于前164年大部分地采纳了这一建议,这实际上也是对贾谊此议的肯定和实施。

前173年,贾谊向刘恒上了被后世称为《治安策》的奏书,深刻分析了汉朝当时面临的内外形势,对国家治理作了许多富有前瞻性的建议。其主要内容有:(1)认为大国的诸侯王年龄尚小,朝廷为其安置的太傅、丞相掌其国政,而数年之后,诸侯王长大,血气方刚,他们若自设相尉,将对朝廷形成威胁。贾谊提出"众建诸侯而少其力"的办法,建议将诸侯王的土地不断分封给他的许多子孙,"地尽而止",最终削弱他们的力量。使其无法与朝廷抗衡。(2)主张用"仁义恩厚"与"权势法制"这软硬两手来对付诸侯和大臣,以此确立中央的权威,避免皇帝对朝廷和地方的某些失控,及"疏者或制大权以逼天子"的不正常现象。他对朝廷一直实行的无为方针也表示了一定的非议。(3)建议对匈奴采取强硬政策。贾谊以为汉帝对于匈奴单于应是主臣关系,汉朝的卑辱与受祸是不可取的,应该努力达到"系单于之颈而制其命"、"举匈奴之众唯上之令"的效果。(4)针对上俭而下奢的某些社会现象,贾谊提出了移风易俗、树礼仪之风的主张,希望在民众心中确立起上下有等、礼义廉耻的观念。(5)认为"天下之命,悬于太子","太子正而天下定",提出了对太子"早谕教与选左右"的主张,希望以此实现国家的长治久安。(6)鉴于对故相周勃的冤狱之误,提出对犯罪官员"赐死而不戮辱","刑戮之罪不加其身",主张对官员以尊宠换取忠诚。

刘恒执政时一般被认为是社会安定时期,但贾谊认为,这种安定其实只是抱火置之柴堆之下而躺于其上,是火未烧身前的暂时状态,安定的背后其实存在着极大的危险。他认为自己的奏书正是要把柴薪之下的火苗指给大家,以便能合力扑灭,求得真正的长久之安。贾谊的治安策也的确是瞻望国家日后之危局,发众人目今之未见,具有政治上的预察和洞见性。除对制服匈奴没有提出具体有效的办法外,其他问题也都有相应的解决措施。

对贾谊提出的诸多问题和相应的政治措施,朝廷给予了高度重视,并根据不同情况分先后予以实施。如刘恒在执政后期就本着"众建诸侯而少其力"的思路,把齐国划分给刘肥的六个子弟,把淮南国划分给刘长的三个儿子,刘恒之孙刘彻二十余年后的"推恩令"更是这一策略的政策化推行。刘恒本着谕教太子的想法,让饱受学教的晁错为太子家令,又让贾谊亲自担任他所钟爱的儿子梁王刘揖的老师;贾谊关于不对有罪高官加以刑戮的主张也被刘恒采纳,不久他的母舅薄昭犯罪,刘恒就是采用丧服哭吊的方式软逼其自尽而未施刑。关于对匈奴的强硬政策、施政中法制与仁义的并用、礼仪教化的提倡,以及无为而治方针的终结,在后来刘彻执政时代都被全部采用。贾谊的许多政治思想无疑是超前的,而他所在的时代还未达到对其思想可以全部采纳的程度,那些暂未被采纳的思想,仍然对后来几代的政治家给予了前行的指引。

贾谊自然懂得,削弱诸侯的政治措施影响重大,在实施中会受制于各种条件,不能一蹴而就,因而在朝廷无法全面实施这一措施时,他又向刘恒建议,让把当朝皇子刘武由淮阳王迁调为梁王,并增加淮阳城邑,他认为"梁足以御齐、赵,淮阳足以禁吴、楚。"使亲子弟占有梁国这一战略要地,可以为朝廷屏障。贾谊明确地告诉刘恒,"此二世之利也。"这只是两世得益的权宜之计,是无法实施长久之策时的暂时应急办法。刘恒采纳了这一建议,立即将自己的儿子淮阳王刘武迁为梁王,增加大县四十余城,北倚泰山,西至高阳(今河南杞县西南)。十五年后,在刘恒儿子刘启执政期间发生吴楚七国之乱,梁国果然顶住了吴军的攻势,对稳定大势和平定叛乱起了重要作用。从贾谊此策对后来天下政局的积极影响上,可见他对时局变化的精确预见和深刻把握,不能不令人叹服。

贾谊曾有两项谏言没有被刘恒听从,一是前175年,刘恒实行币制改革,用刻字为"半两"的四铢钱取代薄小益轻的荚钱,并取消了刘邦时对民间铸钱的禁令,允许民间自铸四铢钱。贾谊提出反对意见,主要是认为国家应该掌管这一重要的经济形式,避免民间为此逐利而起奸,时人贾山也有另外的劝谏。刘恒不知是出于让利民间、藏富于民的想法还是另有其他考虑,总之坚持颁布了除盗铸钱令,他还赐给自己的宠幸之臣邓通蜀地严道铜山(在今四川荥经北),以方便其铸钱。吴王刘濞有豫章铜山,也大量铸钱。不久吴、邓之钱全国流行,刘濞后来自恃国富而终于走上带头反叛之路。贾谊的另一项谏言是在前172年他反对刘恒对刘长的三个儿子封王。淮南王刘长是刘恒的同父弟,两年前因罪受贬,绝食而死。贾谊认为这些儿子长大后不会忘掉父亲,必然怨恨朝廷,对他们立王封地是授予敌人兵器、为虎添翼,所谓"假贼兵为虎翼者也。"刘恒大概是感到对弟弟刘长心有负疚,又想消除人们对于他兄不容弟的不良看法,坚持封了淮南、衡阳、庐江三王,后来淮南王刘安果然一直没有放弃怨恨朝廷的反叛之心,至刘彻执政时的前122年才被揭露出来。两件事情的最终结果从反面说明了贾谊谏言的正确预见性,也促使后来的执政者刘启和刘彻在相关问题上高度警觉。刘启后曾下令禁止民间铸钱,刘彻则把铸币权收归中央,并且较彻底地解决了诸侯分立的问题。

贾谊曾为给当朝执政者提供治世的历史借鉴和战略思想,写了《过秦论》一文,其中发挥了自己的政治主张,认为秦朝二世而亡的原因在于"仁义不施",不知"攻守之术异",启发汉政府采取有效的治国方针,文章思想深刻、笔锋犀利,当时对前史的总结无过其右。司马迁在《史记》中将其作为秦纪与陈涉世家的附篇反复引用,近人鲁迅称之为"西汉鸿文,沾溉后人,其泽甚远",文中的思想和主张对当朝政治的影响自然不能低估。

人生沉浮,自性悲戚

贾谊作为一名年轻早熟的政治思想家,他对汉朝政治发展的影响,尤其对刘恒施政的积极作用都是显而易见的,然而他个人的一生却宦海起伏、历经坎坷,充满着感伤色彩。

贾谊早年以文才出名,二十岁左右在河南郡府用事,二十一岁时入朝为博士。博士是朝中隶属九卿之一太常的学官,可以入侍宫禁,常备皇帝国事问对,秩卑而职尊。在刘恒当时的所设博士中,贾谊最年轻。刘恒每次交付的讨论事项,许多老先生说不出什么,贾谊则能一一对答,大家都感到说出了他们想说的意思。博士们都觉得贾谊才能超群,自料不如。正因为这样,贾谊才在当年升为太中大夫,这是一种备为皇帝顾问和执掌议论的机密之职,级别已大大提高。

在太中大夫的位置上,贾谊写出了意气风发的《过秦论》,提出了驱民归农和列侯就国的主张,又设定了改正朔、易服色、更法制的系列方案。刘恒没有全部采纳,但非常高兴,他和大臣们商议,准备把贾谊任用为公卿,这是贾谊人生历程上最为顺利的时候。但在商议时,丞相周勃、太尉灌婴、御史大夫冯敬等元老级重臣却提出强烈的反对意见,说贾谊"年少学浅、专欲擅权,搞乱了许多事情。"刘恒只好作罢,前176年任贾谊去作长沙王吴差的太傅。

长沙国是刘邦于前202年对功臣吴芮的封国,治所在临湘(今湖南长沙),远离长安,是邻近南越的偏远之地,吴差是吴芮的四世孙。不清楚刘恒对自己颇为赏识的年轻才俊为什么突然要打发到如此极不起眼的职位上。是朝中元老们对贾谊的弹劾攻讦动摇了刘恒的信任,同时有一种压力使他必须做出重用老臣的姿态,还是边远处的长沙国有什么重大事态需要朝廷的治世能臣去参与掌管,应该是前一种可能性更大些。看来刘恒当时并没有对贾谊作其职务变动的解释工作,是以疏远的姿态改任其职的。二十四岁的贾谊没有得到公卿之位,反要远行长沙,他是带着受贬谪的心态离京南行的。

可能是受当时某种既成观念的影响,贾谊认为居处在低洼潮湿的长沙,自己的寿命不会长久,加之怀着受贬的心态,难免心气抑郁,他在渡过湘江时,想起了当年楚国被流放而投江的屈原,感其与自己此时同样的命运,所以借屈原的身世而写赋,抒发心中的一腔悲情。其中写道:"卑庸尊显啊,谄谀得志;圣贤遭罪啊,方正倒立;世谓伯夷为贪,而谓盗跖清廉;莫邪被视为钝啊,以铅刀为锋利;委弃周鼎啊,以瓦器为宝。"贾谊的《吊屈原赋》明显包含对时政的讥讽,因个人仕途受挫,他认为当朝政治是黑白颠倒、善恶倒置的环境,对其充满极为消极的评价,内心悲愤之情也溢于言表。

贾谊在长沙期间,曾上书朝廷,建议刘恒不要取消对民间铸钱的禁令,未被采纳。因为地僻路远,通信不便,更因为他对朝政心灰意冷、悲情在胸,这时期的上书谏言极少。

在长沙的第三年,前174年四月的一天,太阳已经西斜,有一只被称作鵩的猫头鹰飞进贾谊屋内,停在座位之旁。当地人将此视为不祥之鸟,贾谊时常总以为自己寿不得长,此时鵩鸟入屋,他怀疑必有什么征兆,就打开卦书占了一课,得出的结果是:"野鸟入舍,主人将去。"但贾谊仍不知自己会到哪里去,也不知道是吉是凶,于是就向这只不祥的鵩鸟发问,鵩鸟抬头举翅,口不能言,有叹息之状。贾谊伤感之际,写赋记此,并代鵩鸟为自己作答,其中有:

万物变化啊,本不停息。流动变迁啊,推移而返。形气转承啊,蜕化衍生。精微无穷啊,难以尽言。祸兮福所倚,福兮祸所伏。忧喜相聚啊,吉凶同在。祸与福啊,同于绳绞。命不可说啊,谁知究竟?

况且天地为炉啊,造化为工;阴阳为炭啊,万物为铜。聚散消长啊,难有常则。千变万化啊,没有终极……活着如寄浮于世啊,死去就像长休。至德之人无挂碍啊,知命不忧。

该赋是贾谊当时内心情感的曲折表达,它试图以天地一体、生死无别的豁达之气来平抚自己伤感的心情。由前次吊赋屈原时的世情悲愤到这时"同生死,轻去就"的爽然心态之生成,可以想象两年多时间中,贾谊的心灵经受了怎样艰难的煎熬和磨砺,他的心灵在痛苦的磨炼中走向成熟。

清人杨季鸾曾在长沙贾谊故宅濯锦坊前写《贾太傅祠》一诗,感叹贾谊写赋时的悲伤之情,对弹劾贾谊的绛侯周勃也有公开的责备:

一篇鹏鸟叹文章,濯锦坊前吊夕阳。

闻道绛侯高冢上,于今秋草亦荒凉。

贾谊在长沙又挨过一年多,前173年时刘恒想到了贾谊,征召他入京,贾谊来见时,刘恒正在祭祀后虔诚地接受神的降福,就在未央宫的正殿宣室接见了贾谊。刘恒当时对鬼神正有兴致,就询问鬼神的本原,贾谊对此作了详细解释。席地而坐的刘恒听得入神,不觉前移靠近,一直谈到深夜。谈话结束时刘恒说:"我许久没见到贾生,自以为超过了他,现在看来还是赶不上。"唐人李商隐为此写《贾生》一诗云:

宣室求贤访逐臣,贾生才调更无伦。

可怜夜半虚前席,不问苍生问鬼神。

他认为刘恒这次垂询贾谊,只问无关民生的鬼神之事,是极可惜的,暗责刘恒空有求贤之名。

刘恒这次会见贾谊后不久,封他为梁王刘揖的太傅。刘揖又称刘胜,为刘恒的少子,喜好《诗》《书》,为刘恒所爱。刘恒有意让贾谊教导刘揖,实有用心栽培之意。

身为梁王太傅的贾谊针对匈奴侵边,诸侯渐大及国家面临的许多潜在危机,向刘恒上奏了《治安策》,他还多次对答刘恒对政事得失的咨询。对刘长三子的封侯和立王,对诸侯势力的抑裁,贾谊均提出了自己的看法。

前169年,梁王刘揖骑马时坠落而死,贾谊建议为无子的刘揖选兄弟之子立后,又建议徙淮阳王刘武为梁王,扩大梁国封地。贾谊的本意是要以梁国为朝廷屏障,防止吴、楚变乱,但其为刘揖之死作补偿的一片苦忠也是很明显的。贾谊一直觉得自己没有做好梁王太傅之事,为刘揖之死哭泣了一年多,终在悲伤中逝去,年仅三十三岁。

贾谊早逝,自然是由他人生的坎坷经历和个人遭际造成,但也应该说,这与他的心性促狭不无关系。贾谊对政治与生活都有着纯粹的理想化设定,而没有留下容纳非理想事情的空间。对那些不合理想的现象他如沙充眼,既敏感,又难容。从个人经历上讲,他二十四岁之前的人生太顺利了,辉煌的前程已是伸手触摸,对个人政治前途的过分理想化期待,使他无法接受长沙之任,以至陷入极度的消极和消沉,甚至无缘由地怀疑自己因此而会寿不得长,形成积郁多年的短寿情结,造成对自身的心理摧残。

客观地讲来,被贾谊意指为谄谀得志之人的周勃、灌婴等元老大臣其实并非奸邪之辈,他们联合弹劾贾谊,很可能是因为贾谊的年少得志侵犯了他们久处的尊宠地位,同时贾谊关于列侯就国等建议,使大批公卿必须离开长安,伤害了他们的自身利益。这些都可属于代表不同利益集团的政见分歧。元老旧臣和年轻新贵的政见之争在大多数朝廷都是存在的,缺少政治经验的贾谊没有提防众多对手而被打败受贬,对他自是意料之外的事情,但如果能以稍微平静的心态来对待,伺机寻找反手的机会,或者干脆保持气力、修身养性、默默等待自然规律的淘汰,他的政治前景仍然会一片看好。然而,狷狭的心性却使贾谊对人生的坎坷之难充满悲戚而无法解脱,导致一种莫名的自我摧残。贾谊曾在《鵩鸟赋》中透露出一种可贵的超然豁达之气,但在刘揖坠马死后又悲哭不止,看来先前那种"同生死,轻去就"的爽然之气仅是他用于自我宽慰的临时药剂,远不是他自我心性的超越和内变,促狭悲戚的心性使他在现实世界难以经受超出理想的变故,逐渐将他导入人生的悲剧。

一个政治人物,他的思想和主张被当朝最高执政大部分看重和采纳,并对后来的政治演变产生有效指引,他无论如何该属幸运之人。一生未至国家高位的贾谊正是这种少有的幸运者。班固曾说贾谊"虽不至公卿,未为不遇也。"正是在这样的意义上,宋人王安石认为贾谊比历史上爵高位重的无数公卿更为有幸,他写《贾生》诗云:

> 一时谋议略施行,谁道君王薄贾生?
>
> 爵位自高言尽废,古来何啻万公卿!

年轻才俊贾谊像一颗耀眼的流星,在西汉政治舞台上闪烁了十一年。这颗过早陨落的明星,它的思想辉光久存,其运行轨迹也给人们留下无尽的教益。

诚朴守职的张释之

张释之,字季,南阳堵阳(今河南方城县东六里)人。刘恒执政时纳钱补为骑郎,多年未得升调,后由中郎将袁盎推荐,补缺为掌管诏令传达的谒者,因刘恒的赏识而不断被提升,先后任谒者仆射(púyè 即首领之意)、公车令、中大夫、中郎将和掌管国家刑狱的廷尉。刘启执政后,他被任为淮南王刘安的丞相,逝于任上。

张释之从朝中最底层的职位做起,由于他的质朴和机遇连续升迁,官至公卿高位。他曾以执法公正和处事纯朴而知名,体现了一种优良的从政风格。

公允执法,不阿尊贵

张释之任职较多,他的执法是在公车令和廷尉的职位上。

公车令又称公车司马令,掌管殿门、司马门,负责夜间宫中巡逻,转达天下贡物等。司马门是皇宫外门,朝廷的制度是凡出入宫禁者到此都得下车步行。张释之任公车令不久,太子刘启和梁王刘武两位亲兄弟同车入朝,经过司马门时没有下车。张释之立即追上去制止两人进入殿门,并且弹劾他们的不敬之罪。奏书呈上后惊动了刘启的奶奶薄太后,刘恒向太后免冠谢罪,表示自己"教儿不严",太后派使者传令赦免了刘启和刘武,两人才得以进宫。

刘启和刘武进入皇宫去见自己父母和奶奶,大概就像回自己家中一样随便,也许此前就形成了乘车过门的习惯,但这次偏偏碰上了执令较真的张释之,将他们追而阻止。按照汉令,过司马门不下车者罚金四两,这本是两位皇子能够承受、极易了结的处罚,但不知什么原因,张释之却将这次的事情闹得很大,一定是两位皇子拒绝受罚,双方各不相让,僵持不能了结,才有后面张释之的上书弹劾和薄太后的派使赦免之事。从刘恒对薄太后的表态可见,后续事态的扩大,曲在皇子。张释之敢于依法阻止两位皇子的违规行为,并在他们拒绝受罚时毫不相让,理直气壮地上奏其罪,的确表现了不避尊贵的无畏勇气。刘恒通过这件事感到张释之为官与众不同,更加敬重。

张释之担任廷尉不久,接手了一件皇帝交办的案子,事情是有次刘恒经过长安城北的中渭桥,有一人从桥下跑出来,刘恒乘车的马受了惊。卫士们将那人逮捕,交给廷尉治罪。那人对审问的张释之说:"我是长安县的乡下人,过桥时听到清道戒严,就藏到桥下。过了好久,以为皇帝已经过去,就走出来,看见车马仪仗还在面前,赶快就跑。"张释之查清事实,对那人判以罚金。刘恒听说后发怒问道:"这人惊了我的车马,多亏马脾性温和,假若是别的马,早把我摔坏了,可你廷尉却只处以罚金!"张释之回答说:"法律是天子与天下人共同遵守的,现在法律规定了却要加重处罚,会使法律不能取信于民。如果您当时让人立即把他杀掉也就罢了,既然交给了廷尉,廷尉体现着天下的公平,一有倾斜,天下用法者就会随意轻重,民众就不知道该怎样做事。"过了好久,刘恒表示说:"廷尉的判决是对的。"

从事情的经过看,这位乡下人惊动皇帝舆马并无主观故意,但事虽偶然,行为后果却比较严重,几乎导致对当朝皇帝的人身伤害。事态因马性温和才免于伤人,有惊无险。受到惊吓的刘恒一定非常恼怒,他把肇事者逮捕后交给廷尉,意在提高审判的等级,大概是希望能给予严厉处置。当廷尉张释之判以罚金惩处后,满有期待的刘恒大失所望,不禁加以质问和责备。

张释之并非不明白刘恒让他接办此案的本意,但却宁愿按法律的规定给其应有的处罚,甚至在刘恒责问时也坚持原则。他向刘恒解释了自己做出判决和维持判决的两条原则,一是:"法者,天子所与天下公共也。"二是:"廷尉,天下之平也"。前者表达了天子与庶民在遵法上的平等,这是法律取信于民的关键,后者表明了执法的公正。张释之把廷尉视作执法公正的示范人和维护公正的最后堤防,从而也赋予自我职位以更为神圣的性质。事实上,汉宣帝时曾设有廷尉平之职,属廷尉,又称廷评或廷平。《后汉书》注廷尉曰:"掌平狱"。唐人颜师古为"廷尉"作注云:"廷,平也。治狱贵平,故以为号。"都与张释之的解释相通。张释之将这一公平含义明确表达出来,一定对后来之人有不少的启发。

张释之在为自己的判决作了解释后也告诉刘恒,当时如果将惊马之人就地杀掉,也就罢了,但如交廷尉决断,就必定要依照法律公平地处罚。他实际是在告诉刘恒,罚金之处是他作为廷尉的公正决判,如果非要更改加重,倒还不如不要交给廷尉,皇帝去自行处理,免得亵渎廷尉的职分。刘恒经过平心静气地考虑,终也认定张释之的处理是恰当的。

其后又有一案,有人盗走了刘邦庙内神座前的玉环而被捕,刘恒大怒,交给廷尉治罪。张释之按照法律中偷盗宗庙服饰器物的条文,奏请判处斩首,刘恒见状发怒,认为按其罪行应该灭族,否则不能表达他对先人的敬奉。张释之解释说,判决的轻重应根据犯罪的程度不同而有差别。如果偷盗宗庙器物就被灭族,那万一有人偷掘坟墓,该怎样加重刑罚呢?他认为这一案子判为斩首,按照律令已到极限了。面对盛怒责问的刘恒,张释之免冠顿首致歉,但对判决的结果依然坚持不变。过了许久,刘恒和薄太后谈论此事,批准了廷尉的判决。

张释之的这次判决依然按照相应的法律条文来衡量,他撇开了皇帝的主观感情,尽力追求司法审判的独立性,在后来的解释中也表达了某种量刑对等的原则,体现出了审判的公正。

廷尉张释之审判的狱案自然不止上述两件,但通过对这些涉及皇家、极难处断的关键性案子的判决,却充分显示了他不阿尊贵、执法公允的精神,这种精神使他赢得了天下民众的称道,由此声名大振。同朝的周亚夫、王恬等人见其行事公允,也都与他结为密友。

倡导淳朴,潜化政风

刘恒执政的朝廷有一种尊厚淳朴之风,这是刘恒刻意提倡所致,也与张释之等一批朝臣的着力推动有关。

张释之任谒者仆射时常随刘恒出行,有一次刘恒到上林苑临观虎圈,问上林尉各类禽兽的登记情况,问了十多个问题,这位主管左顾右盼,都回答不上来。管理虎圈的啬夫(分管各类政务的官吏)从旁代答,非常详细,有意显示自己对答敏捷。刘恒对上林尉非常不满,就让张释之宣布啬夫为上林令。张释之过了许久上前说:"陛下以为绛侯周勃是什么样的人?"刘恒回答:"是忠厚之人。"又问:"东阳侯张相如是怎样的人?"刘恒又答:"是忠厚之人。"张释之接着说:"周勃、张相如为忠厚长者,可他们有时连话也说不出,哪像这位啬夫滔滔不绝、口齿伶俐!现在陛下因啬夫对答如流就越级提拔他,我担心天下人会随风附和,争比口才而无其实。况且下之效上,快于影之随形,朝中办事应该慎重才行。"张释之还指出了秦朝任用刀笔吏,以办事快捷为风尚,导致流弊盛行,终于败亡的史实。刘恒赞成他的说法,最后终止了对啬夫的任命。

张释之自任谒者起就常与刘恒议论秦亡汉兴的历史,这里所说的秦用书吏致亡的史实并不确实,然而却表达了张释之推崇质朴、不尚虚华的用人意向,他也希望通过朝廷的尚朴行为带动并形成全国的淳厚政风。

谒者仆射只能传达皇帝之令,并无劝阻皇帝发令的职责。张释之在接到刘恒提任啬夫之令后并未直接劝谏,而是搁置了一段时间,然后去见刘恒,谈论不大相关的人物评价。他刻意以周勃、张相如两位几乎可以盖棺定论的老臣为谈论对象,引导刘恒得出忠厚有德者不善言辞的结论,然后讲到秦朝用人的弊端,指出看重口才会对政风的不良影响,促使刘恒自己放弃啬夫的任用。这一过程包含了张释之对刘恒策略而机智的劝谏。

事实上,张释之为刘恒所列举的两位老臣只是一种特殊的情况。现实中,忠厚有德者未必全无敏捷辩才,口齿伶俐者也并非必无德行,口拙与德淳之间没有必然联系,任何时候人们也都能找到善辩又有德的人物实例来。但张释之的劝谏和刘恒的认同却无疑表明了他们杜绝虚华、看重淳朴、追求以质胜文的政治意向。

张释之为中郎将时,有一次随刘恒到了今西安市东北的霸陵,视察陵墓工地,这是刘恒为自己建筑的陵墓。一行人坐在霸陵之上的北边远眺,刘恒望着北去赵代的道路,抚今追昔,感慨万端,他对身边人讲:"以北山之石为椁,剁麻绵塞缝,再用漆黏合,棺材难道还能打开么!"大家都迎合称好。张释之上前说道:"假使墓中有人们贪求的东西,虽锢南山犹有隙;假如其中没有人们贪求之物,即便没有石椁,也不用担心被人打开。"刘恒称赞他说得对。后来霸陵之中皆以瓦器陪葬,不用金银铜锡作装饰,也许与张释之的这次谏言及刘恒的认同不无关系。霸陵治器不仅是财富的节俭,而其体现了皇朝对豪华的拒绝和对质朴的崇尚,其对社会风气及政风的潜在影响是巨大的。

甘受廷辱,避祸贬职

张释之当是刘恒的得意之臣,他的公允执法和推崇质朴都是在刘恒认可下才得以实现的,他自己也由此闻名天下。前157年刘恒去世后太子刘启继位,张释之立刻陷入了深深的恐惧之中,他先前为公车司马令时曾对过门而不下车的刘启兄弟阻拦、弹劾,事情闹得很大。也许是从刘启对先朝幸臣邓通的惩处中,张释之看到了刘启强烈的报复心,预感到了自身的危机,他托病请假,有心辞职离去,担心会招来更重的刑罚;有心入宫当面谢罪,又不知怎样施行,真是心恐不安,无计可施,直到碰上了一位王先生。

王先生擅长黄老之术,隐居不仕,他被召进廷中,当时三公九卿都在场站立,这位老先生突然说:"我的袜带松了。"回头看着张释之道:"你为我系好袜子!"身为廷尉的张释之于是跪下为他绑袜。事后有人对王先生廷辱张释之的行为感到不解,王先生解释说:"我年老又且卑贱,帮不了张廷尉什么,他现在是天下名臣,我姑且廷辱他,让他跪下系袜带,以此加重他的名望。"众公卿听说此言,都称道王先生,同时也更敬重张释之。

廷尉张释之本来不会为任何人当众跪而系袜,但他当时正处在辞职无由、谢罪无门的心理恐慌之际,王先生在廷中的系袜要求正好提供了他自贬显卑、走出高贵的机会,张释之借此表现了自己的恭谦、弱小,甚至卑贱,使刘启一时无法加怒和施罚。王先生是超于世俗的贤达,正为朝中贵宾,又年老为尊,为他系袜似又不拘礼俗。张释之当时的困局也许已被明眼人看到,有心帮助他走出困境的王先生瞅准机会,为其搭建了走下尊贵的台阶,张释之则见阶即下,当众完成了脱壳为卑的蜕变,并由此而显示了他敬贤尊老、恭逊为人的另一重美德。他们两人在入廷前并未刻意商定,但却不乏心灵上的默契相应。

张释之在此后也找到了一次向刘启当面道歉的机会,刘启当时没有责备他。在刘启朝中一年多后,他被派往淮南国任相,职位降低,还是因为以前与刘启的过节。不久在淮南相的职位上去世。

张释之当年对刘启的处置和弹劾无疑是忠于职守的正确行为,当时就赢得了刘恒的内心敬佩。事过多年,他为什么却要向刘启当面道歉、承认过错呢?一是它惧怕刘启的反手报复。他乐于职守,但不愿为此搭上自己的性命。当年意气强争,有明君刘恒作后台,现在失去了这一后台,他自然万分心虚。二是刘启的地位由太子变为君主后,张释之对他的认识和对待发生了根本的转变。比如制度要求群臣过司马门必须下车,太子当然不能例外,但制度对皇帝却未必会有这样的要求。因而刘启为帝后,过门乘车已经不是什么问题了,阻拦他乘车过门反而成了问题,为此还对其奏表弹劾更成了一重罪过。是制度对皇帝的例外把张释之置于了前是后非的处境中,他既然认可和维护这种制度,就自然会认先前正确的行为为罪过。

张释之其实也是一位讲求实际的人。早年他为骑郎时,与哥哥一同生活,因郎官须自备车马服饰,他在此位上俸禄不高又很久不能升职,自感长此以往会耗减哥哥的家产,就准备辞职回家,只是被袁盎荐补为谒者后才打消了辞归念头。他在刘恒朝中谏言、行事和谈史,都体现着淳朴实在的特质,刘启为帝后,君臣关系和任职环境发生了根本性变化,生存免诛成了最紧要的问题,他不能不根据变化了的情况来调整自己一贯的处世方式,曾多次执法抗尊的张释之一变而成为甘受廷辱、惧祸自保的朝官,这是他求实风格的另一种表现,也显示了传统政治体制下公允守法者所难于逾越的最后界限。张释之的儿子张挚在父死后官至大夫,因不能讨好权贵被免职,后来终身不仕,也落得了耿直之人的必然结局。

在不断变换的多种职位上,张释之质朴待事,忠于职守,他以自己特有的处政方式推动了刘恒朝廷的执法公允和政风优良。一代贤臣与优良的政治环境相互成就、休戚相关。

走进漩涡的晁错

文景时代与贾谊齐名的政治战略家是晁错。他曾以自己洞察时局的远见卓识为王朝发展做出了杰出贡献。

晁错,生于前200年,与贾谊同庚。颍川(今河南禹县)人,早年师从轵县(今河南济源东南)的张恢先生学申不害、商鞅的刑名之术,这是一种尊崇法家的思想体系和治国方式。刘恒执政初,晁错以文学出众被举为太常掌故,太常为九卿之首,掌宗庙礼仪,兼管文化教育,包括培养和录用博士弟子等,太常掌故是太常的属官。当时天下研究《尚书》的人几乎绝迹,只听说齐国有个原秦朝博士伏胜先生精通《尚书》,年已九十多岁,不能征召入朝。刘恒下令让太常派人前往学习,太常遂遣晁错前往齐地向伏先生学习《尚书》。《尚书》相传是经孔丘编纂过的儒家经典,伏生时为今文《尚书》的最早传授人。晁错受学回朝后上书便国利民之事,总是征引《尚书》,刘恒先后下诏任用他为太子舍人、门大夫、博士和太子家令,多为太子刘启的属官。他因善于分析论辩,深得器重,太子家中称他为"智囊"。

晁错因建言献策高明,前165年被刘恒调任为中大夫。刘启即位后升任掌治京畿的内史,次年迁为御史大夫。前154年吴王刘濞发动几位诸侯叛乱,事变中晁错被朝廷误杀。这位杰出的政治家为当朝政治贡献了一生的才智,并最终为其殉身。

心忧国家,献策救弊

晁错兼通儒法之道,又为当朝天子和太子所看重,他利用这种特殊的优越地位,对国家的政治经济建设提出了许多极有价值的建议。

他在升为博士后不久,给刘恒上了一封被称为《言太子知术数疏》的奏书,认为君主治国有临治群臣、听言受事、安利万民、忠孝事上四件大事,都应要一定的方法和策略,他说皇太子读书较多,才智过人,但尚未掌握这些治国的方法与策略,建议刘恒选择有效的治国方法教给刘启,并不时做出考察。这一建议与贾谊两年前写的《治安策》中关于用心培养太子的那条提议异曲同工,不谋而合。刘恒于是拜晁错为太子家令,掌管太子的汤沐邑、谷仓饮食等。此前晁错就曾担任过负责太子东宫更值宿卫的太子舍人和掌管护卫的太子门大夫,对刘启知之稍多,也许是考虑到晁错此项建议的重要及他对刘启的熟知情况,刘恒旋任刚升为博士的晁错为太子家令,大概是希望晁错能以自己的学识和才能对刘启产生更多的影响。

当时匈奴数次侵入汉朝边界,朝廷曾发兵设防。晁错于前 169 年上书专奏兵事,被称为《言兵事疏》,他针对性地分析了地形、兵卒与武器的关系,指出了步兵、车骑、弓弩、长戟、矛鋋(yán)、剑楯在不同地形中的优长,对汉军与匈奴的战术优劣作了比较,提出了调集优势兵力,与已降汉朝的义渠之兵相互配合共击匈奴的主张。为了促使刘恒采纳他的建议,晁错还在这封奏书的结尾引用了"狂夫之言,而明主择焉"的古语,希望刘恒对他的建言给予重视。

不想烦扰百姓的刘恒并不准备对匈奴大规模用兵,他写信答复晁错说:"你的奏书上说'狂夫之言,而明主择焉。'现在恰好不是这样,言者不狂,而择者不明,国之大患,故在于此。使不明择于不狂,是以万听而万不当也。"刘恒明确地表示建言者并不为狂,只是自己这位抉择者失于英明,所以再听多少遍也做不好。刘恒婉拒了晁错的用兵谏言,自我承担了拒谏会引起的不良后果,但对晁错的论说却给予了极好的评价。他亲写复信,盖以玉玺,也以此表示了对晁错的嘉奖与尊宠。

晁错见刘恒非常看重自己的建议,而国家又不能大规模用兵,于是当年又提出了一项极好的对策。他总结了以往对付匈奴功效不大的症结在于,救边患时发兵少则不够用,发兵多,汉军方至,匈奴已去。众多军队聚边不返则耗费甚大,罢兵返回则匈奴复入。针对匈奴这种连年不断的骚扰和朝廷的无奈,晁错提出了徙民实边的主张,建议招募犯罪者、免刑者、家府奴婢及亡夫之女,让其徙居边塞之地,为他们筑城开路,安排家庭与生活,使徙居者且耕且战,以御匈奴。晁错还设想徙居之民若夺得匈奴所掳畜产,政府以半价赎之,送还给原主,以保障徙民利益并鼓励与匈奴作战。他认为徙民们若世代居此,会图其财而勇于赴战,战斗中又父子兄弟相救助,远胜过朝廷派出的"不习地势而心畏胡"的远征部队。

刘恒对晁错上述建议立即采纳,募民徙居塞下,汉朝北塞自此渐为充实。募民之策开始实行后,晁错又针对徙民的居住、生活、医疗、祭祀、婚丧和基层组织与管理训练提出了具体的建议,希望以此促使他们安居乐业。

针对朝廷经济状况并未彻底好转的状况,晁错于前168年向刘恒提交了被称为《论贵粟疏》的奏书,他认为"不足生于不农",国家积蓄不足的原因在于重视农业不够,他提出"明君贵五谷而贱金玉"的观点,主张从法律和政策上同时实行重农抑商。他同时还提出了入粟受爵的办法,主张入粟者可以拜爵、免罪。他设想以粮食作为民众获得爵位赏赐的重要筹码,借此达到主用足、民赋少、劝农功的目的。

刘恒同样采纳了这个建议,下令人们可以向边塞纳粟,并规定了纳粟多少与拜爵等级的对应标准,实行粟多者爵高,各有差等的办法。这项政策实行后,边塞的粮食很快就充足有余,晁错于是又向刘恒建议,边塞够五年之粮,可令向所在郡、县入粟;郡县若够一年的粮食支出,可以考虑免去农民田租,使"恩泽加于万民。"刘恒依次办理,使地方政府的粮食很快增加,他当年下诏免去农民租税之半,此后十二年间则全部免去土地租税。晁错的入粟受爵法实际上是让政府用无尽的爵位与民间的粮食相交换,双方各得所需,以此刺激民间投身农业和生产粮食的积极性,国家的积蓄在这个过程中迅速增加,以至获得了能够施惠万民的物质条件。这一办法对当时社会经济发展的推动作用是极其明显的。

显著的社会效益表明了晁错几项建言的巨大成功,他可能成了当时炙手可热的朝臣,不久刘恒下令征招贤良文学之士,晁错即被平阳侯曹窋、汝阴侯夏侯灶、颍阴侯灌何、廷尉宜昌和陇西太守昆邪联名荐举。汉朝的"贤良"是对才干出众、德高望重的策对高第官员的尊称,晁错被荐此列后,刘恒曾于前165年底亲自向"能直言极谏者"下诏策问关于"朕之不德、吏之不平、政之不宜、民之不宁"四方面的缺失。晁错以历史上五帝、三王和五伯的治国为佐证,说明了施恩德、顺人情、明法令的重要性;他以秦时状况作比较,对刘恒十六年的治国给予了极高的评价。认为刘恒成就了以往难及之功,给黎民百姓带来幸运。晁错在对策中还从历史经验中引申出了对刘恒的一种期求。他说五帝时的大臣比不上君主,君主就亲自做事;三王君臣都很贤良,他们就相互配合做事;五伯时君主赶不上群臣,君主就把事情交给臣子。晁错认为刘恒的德才不下五帝,身边的大臣们望尘莫及,因此许多事情就不能期待大臣,只有自己亲自去做,才能达到民富境安。

当时贾谊已经去世,参加这次对策的有百余人,只有晁错的对策为优等,称为"高策",由此他被升为中大夫。晁错在对策中对历史经验的总结自有一些牵强之处,但他把儒家和法家的治国思想借此而隐略地表达出来,对习惯于无为之治的当朝执政者自然不无启发。他对当朝社会政治状况的褒扬也许有些许溢美,但无疑表达了对当朝执政方针的充分肯定。他希望刘恒能甩开群臣,在政治舞台上更为主动地自显身手,表达了他对当朝皇帝的信任,也显示了他对朝中同僚的内心轻视和某种不睦关系。晁错的策对论说明显带有韩非关于论辩说服的文体特色。

升任中大夫的晁错在郎中令属下专掌议论,他向刘恒提出了削夺诸侯,及修改法令之事,为此上书三十多次,刘恒没有采纳,但很欣赏他的才能。削夺诸侯是当时最为敏感和最具风险的政治问题,刘恒认为他的主张是好的,但不愿马上采取措施,晁错却对自己认准的事情作锲而不舍的推动,由此走进了当朝政治的漩涡。

不避激流,陷身漩涡

诸侯王的存在是有历史原因的。当年刘邦消灭了异姓王后,为了镇抚各方,就分封了自己的几位亲族子弟为王,并派相、傅辅佐之。但过了约三十年后,当时年幼的诸侯王已经长大,有些诸侯王已经换代,他们与当朝皇帝的血亲关系有所疏远,均有挣脱朝廷相傅控制而自主的倾向,加之各地经济和政治势力长期发展形成的不平衡状况,及各国执政者追求自身利益最大化的内在冲动,故与中央政府形成了不同程度的矛盾。西汉政府并没有形成与诸侯国实行权力分割的明确界限,涉及双方利益的处置均带有随意性、主观性和功利性。血缘关系曾是立国时双方信任的基础,但随着血亲关系的渐次疏远,双方自然会沦于一种相互戒备和提防的状态。吕雉处政时的自私与随意加深了这一危机,刘恒靠他的厚德与策略对此有所弥合,他也坚信自己这一方针的继续有效性,不准备施行任何会加深这一危机的措施。因此他虽然欣赏晁错观察问题的敏锐性,但并不愿意实施其主张,他对晁错的三十多次奏书搁置起来,并且不加张扬,就表明了一个十分坚定的态度。

　　但晁错削夺诸侯的主张深得太子刘启的赞赏。在晁错升任中大夫六年之后刘恒去世，刘启继位为帝，晁错被调任为掌治京畿的内史，可谓权倾京城。他先前曾多年为太子刘启的属官，与刘启有相知之谊，任内史后多次请求与刘启单独谈论政事，每每被听从，其受宠幸在朝中的九卿之上，朝廷的法令多被他修改。

　　在刘恒执政时，许多功臣就不喜欢他，如大臣袁盎就常不愿与他同座，两人已闹到了你坐我去，不能同堂说话的地步。晁错在刘启之朝恃宠更改法令，更引起了许多大臣的不满。当时的丞相申屠嘉无力制止晁错，一直在等待机会，当时内史府建在太上皇（刘邦父亲）之庙围墙里的空地上，门向东开，出入不便，晁错向南开了两门，凿开了太上庙的围墙。申屠嘉准备以此为罪，奏请诛杀晁错。晁错听到消息，连夜求见刘启，原原本本地说知了此事。申屠嘉上朝奏事时说到晁错擅凿庙墙之罪，请求把他依法交给廷尉处死。刘启回答说："那不是庙墙，是外面空地上的围墙，不牵扯法律。"申屠嘉无奈地道谢退朝。这件事情表明了刘启对晁错的保护和信赖，使晁错更为显贵。

　　次年，晁错升为执掌监察和执法的御史大夫，他再向刘启提出削夺诸侯之事。他认为这些诸侯王"削之亦反，不削之亦反。削之，其反急，祸小；不削，反迟，祸大。"他采取的办法是搜罗诸侯王罪过，借罪削地，先从其边缘上的郡下手。他把目标首先对准了势力较大、枝属稍远的诸侯王。吴王刘濞自前朝就称病不朝，又铸钱煮盐，引诱天下逃亡之人，谋图作乱，拟罚削其豫章郡、会稽郡。又过了一年，楚王刘戊入京朝见，晁错提出刘戊去年给薄太后服丧期间，在服丧处所奸淫犯罪，请求处死，刘启下诏赦免，罚削东海郡；赵王刘遂两年前有罪，削去常山郡；胶西王刘卬卖爵有罪，削其六县。晁错将这一方案整套上奏，刘启让公卿列侯宗室集会讨论，没有谁敢诘难，只有窦婴与之争论，窦婴是刘启生母窦太后的堂侄，是深得信任的皇戚，自此两人产生隔阂。晁错同时还修改法令三十多章，连同他的削地方案传出后，诸侯一片喧哗和震恐，都痛恨晁错不已。

　　刘启执政的第三年，刘濞担心朝廷无休止地削地，已暗中联络几位诸侯王起事，朝臣们对晁错的主张并不完全认可，而晁错在刘启的默许与配合下正积极地推行他削夺诸侯的方案，并不失时机地对反对派实行打击。袁盎一度曾任吴国丞相，晁错便以御史大夫身份派员核查其接受刘濞财物之事，袁盎受贿案核实后，刘启下诏对袁盎免予刑罚，同时免除一切职务，降为平民。

　　晁错的父亲风闻儿子在朝内外惹起的怨恨，他从家乡颍川赶到京城劝阻晁错说："皇帝即位不久,你掌权用事,却侵削诸侯,疏远人家骨肉之亲,人们都议论怨恨你,你这样做究竟为什么呢?"晁错回答:"他们恨我是正常的。我不这样做,天子不会尊贵,国家不得安宁。"父亲告诉他:"刘家安宁了,而晁家却危险了。"他见晁错不听劝阻,于是回到家中服毒自杀,临死前说:"我不忍看到大祸临身。"

晁错之父死后十多天,吴楚七国公开反叛,他们以诛晁错、清君侧为名,发兵攻向长安,晁错听到这一消息后对身边的丞史说:"袁盎曾说刘濞不会反叛,他是受了吴国金钱专替人家掩饰,我想请求惩治袁盎的知反不报之罪。"丞史回答说:"惩治袁盎对平定叛乱没有什么用处,且袁盎未必知道他们的谋划。"丞史是御史大夫的辅佐官,为晁错的办事助手,听了丞史的话,晁错也感到没有袁盎知情的真凭实据,因此犹豫未决。为了对付吴楚之军,晁错向刘启建议说:"把百万军队交给臣下率领是不可靠的。陛下不如亲自领军迎敌,由我居守关中。"他还与刘启初步商议了迎战中在军事上予取先予的一些策略。

袁盎听说晁错想追究自己知反不报之罪,非常惶恐,连夜去见相好的窦婴,就自己与吴国反叛无关之事,表示愿去刘启面前对质说清。经窦婴进宫联系,刘启召袁盎入见,袁盎进宫时,刘启正和晁错筹划调拨军粮,刘启向袁盎询问了吴国的情况后向他征询平叛之策。袁盎请求屏退左右,单独对刘启讲:"吴楚各国传信,说高祖皇帝立子弟为王,各有封地,贼臣晁错擅自削夺封地,他们发兵西攻只是为了诛杀晁错,恢复失地。现在的办法只有斩掉晁错,派使者赦免吴楚七国,还归削地,则可以兵不血刃而平息乱局。"刘启听罢默然良久,最后说道:"果真这样吗?为了安定天下,我不会吝惜,看来只有舍掉一个人,而向天下人致歉。"他拜袁盎为太常,让秘密准备行装,等候出发。

过了十多天,刘启让丞相陶青、中尉嘉、廷尉张欧奏书弹劾晁错,罪名是让皇帝领兵出征,自己居守,使皇上与群臣百姓疏远,又准备把一些城邑送给吴军。奏书认为晁错无臣子之礼,大逆不道,提出:"错当腰斩,父母妻子兄弟无论老少一律处死示众。"奏书立即被刘启批准。晁错全然不知,刘启让负责京城治安的中尉召晁错,骗他说同车去巡视长安刑场东市,晁错身穿朝衣随行,到东市后即被斩杀。

晁错死后,袁盎奉命去见刘濞,劝其退兵,遭到刘濞拒绝。吴楚之乱最终还是靠军事手段平定的,可惜晁错已成了吴楚反叛的无味牺牲品,他为自己一手拨弄起的政治冲突而殉身。

削夺诸侯是一项极具政治风险的事情。当时的诸侯国具有一定军事功能,如果朝廷拥有足以镇压或威慑诸侯联军的军事势力,以强制手段削其封地也未尝不可。刘恒执政时正是考虑到这一条件的缺失,才一味拒绝对抗,示恩求和,最多是通过扩大亲子弟梁王刘武封地,作些屏障防御的措施而已。他对晁错削夺诸侯的三十多次奏书搁置不理,不是没有道理的。刘启继位为帝后,晁错利用自己对新帝的长期影响力,立即推动了朝廷对诸侯的削夺。44 岁的晁错大概觉得时不我待,急切地想在新朝的政治领域大干一场。

单从专制朝廷的立场上考虑,削夺诸侯能实现集权和自身利益的最大化,自然是最高执政集团所热衷的事情,当时西汉前期的各代执政都有此愿望,不只是刘启的朝廷才如此,然而实现愿望必须以恰当而可行的方式。贾谊在十六年前就提出"众建诸侯而少其力"的办法,刘恒后期已开始个别施行。后来的刘彻朝中公开实施"推恩令",都不失为渐次达到目的的稳妥方法。但晁错不屑于采取那些渐进的方式,他希望借助朝廷的权威,对诸侯找借口强制削夺,想以直线型的路径直达目标,这一方式急进、短促,但在匈奴外患未除的情况下,却把国家引到了内部对抗的风险之地。这位以"晁错"自名的宠臣一操控政权,果然就把国家政治"朝错"的方向引领。

在具体实施的策略上,晁错还连续出现了不少的失误:其一,他以御史大夫的身份追究诸侯的过失以行削夺,但他不是把打击的矛头对准一个目标,而是同时打击四位诸侯;追究的又非现行罪过,而是在他任御史大夫前的往昔过错,使人们明显地领悟到事情的真正目的。他修改了三十多章法令,应该是配合这一方案,对诸侯的行为提出了更严苛的要求,这些连续性措施造成所有诸侯的恐慌,促使其中的许多人实现了同气相求的联合,聚结成可与中央对抗的力量。其二,他的主张在朝中并没有得到多少同僚的认可,窦婴、袁盎是公开的反对者,公卿列侯宗室集会讨论中没有人敢诘难,自然有认识不明难于表态的,也有揣测帝意不愿作难的,但绝不表明他们对方案的赞同。晁错曾想让丞史搜集整理袁盎知反不报的罪行材料,遭到婉辞,可见身边的助手对他也无十分积极地配合,反而可能是袁盎的同情者。晁错在朝中没有获得多少真正的支持者,仅仅想依靠皇帝的信任来独行其事,这种情况即使没有来自诸侯的风险,其方案成功的概率也大打折扣。其三,吴楚等国公开反叛后,军事对抗已被提上议事日程,晁错不是努力弥合朝廷内部的纷争,以战争相动员,让大家同仇敌忾,赴敌讨逆,反而没有根据地追究某些反对派的个人责任,以致把袁盎逼到了兔急咬手的地步。尤其愚蠢的是,他在军事部署中提出让刘启带兵赴敌,由他自己在后方居守,这使刘启进入自感危险的境地,又对他的居心产生疑问。晁错自然没有任何野心,他的确是考虑到统率众军的责任之大才作这种部署的,但时年三十出头的刘启是一直生长于深宫之中的贵族青年,对赴沙场统军既无经验,又无勇气,心中必有畏惧。当年刘邦为帝后多次亲征诸侯,因为刘邦是征战出身;前166年刘恒曾想亲征匈奴,最终被薄太后和大臣们劝阻。以皇帝之尊而被劝免赴敌,体现着来自亲近之人的爱护与珍重。晁错大概自感缺乏统兵帅将的才能,不能掌军平叛,为主分忧,出于对所有朝臣的不信任,就让刘启统兵赴敌。面对这样的安排,心惧征战的刘启必会怀疑晁错对自己的关爱与珍重,同时也会对他系列政治方案的实际价值产生疑问。此外,晁错的方案未曾实施就被诸侯们知晓而哗然;他对袁盎的调查追究尚在犹豫即被对方获知而反手进谗,其活动进程中的守密不严也加重了他的处境危机。晁错一手挑起了诸侯对朝廷的联合对抗,把国家政治推向险流,又在朝廷内部不惜与众臣们相对立,自己独身站在了政治风浪的漩涡之中,父亲正是看到了这种危险才来劝阻他的。当他拒绝了父亲的劝阻一意孤行,并按自己的思想逻辑准备把刘启拉进险境时,终于失去了主上的信任而被唯一的援手者所抛弃。

晁错的确是本着尊贵天子的目的去行事的,他给父亲的解释不失为心底之言。然而,天子还不尊贵吗?究竟到了什么程度才算尊贵?说到底,晁错是带着战国末期法家的那种思想意识看待眼前社会的,他对君主"无为"的状况倍感失落,是想追求一种天子独尊的社会秩序,他要通过对诸侯的"督责之术"、严罚手段达到尊君的目的,这本质上是秦朝后期胡亥与赵高治政方式的变种,只是施行对象由朝臣变为了有实力反抗的诸侯,导致冲突的可能性大大增加。他让刘启对大臣们持以戒备的心态,也是某种权术思想的体现。晁错早年接受过法家刑名之术的教育,后来虽赴齐地受学儒家治国经典,看来始终没有超脱法家的思想体系。

当晁错在一个具体的文职岗位上观察时政并献策建言时,他的许多思想是深刻的,往往能切中要害、匡救时弊;而当他在刘启朝中掌控了国家的政柄时,其治国方式上的缺陷就立刻显示了出来。司马迁认为晁错苛刻严峻,以权术施展才能,曾把他列入酷吏之列,对他的正面评价并不高;班固也仅仅是肯定了他的对君之忠。晁错曾是以高人救世自居的,他在政治和人生上的双重失败实际上再次表明了纯粹法家思想在现实中的破产。

直道而行的袁盎

　　袁盎，《汉书》又作爰盎，字丝，楚地人，他的父亲曾与人为盗，迁居惠帝刘盈的葬地安陵（今陕西省咸阳市东北）。袁盎在吕雉之执政时曾为吕禄家臣，在刘恒即位后，他被朝中任职的兄长袁哙保举为郎中，担任宿卫侍从之职，开始参与朝政。

　　袁盎是刘恒刘启两朝的大臣，他的职位不高，且变动频繁，但他临事有数，喜好直谏，以自己的行为和风格影响朝政，成为一时名臣。

方正做人，直谏事君

　　袁盎受任郎中，一有机会接触刘恒，就开始了对当朝皇帝的直言相谏。

　　刘恒刚任皇帝时，对丞相周勃执理甚恭，周勃退朝时意气自得，刘恒常亲自送他出门。袁盎上前问刘恒说："陛下以为丞相是怎样的人？"刘恒回答："是国家重臣。"袁盎纠正说："丞相只是功臣，并非国家重臣。所谓国家重臣，能与主上祸福与共，存亡一体。当年诸吕掌权，刘氏危机时，周勃身为太尉，执掌兵权，他不能匡正扶救。吕后去世，大臣们共同诛吕，周勃因为掌兵权，就乘势立了功劳，所以他是功臣，不是国家重臣。如果丞相上朝在君主面前有骄傲之色，而您又恭敬谦让，那臣子和君主都违背了礼节，我认为是不应该的。"刘恒听了此言，自后在朝上庄重严肃，周勃逐渐畏惧，后来周勃知道了袁盎的进言，怨恨地对袁盎说："我与你哥哥是相好，现在你小子却在君主面前毁谤我。"但袁盎并不向周勃道歉认错。

　　不久周勃被免相回到自己封地，当地有人上书告他谋反，朝廷将其囚禁入狱。当时皇族和朝中公卿都不敢替周勃说话，只有袁盎公开说周勃不会有谋反之罪。周勃能获得释放与袁盎不无关系，周勃于是和袁盎深相结交。

有一次刘恒带着窦皇后和宠妃慎夫人一行去上林苑游猎,侍卫官布置座席时准备像在宫禁中一样让两眷属同席坐地,袁盎把慎夫人的座席拉向后面,慎夫人生气,不肯坐,刘恒也生气地起身进入了内室。袁盎跟进去向刘恒解释说:"我听说尊卑有序才能上下和睦。现在你已立皇后,慎夫人是妾,妾与主怎能同席而坐呢!这会失去尊卑之序。您如果宠爱慎夫人,就厚赐给她,这种不计尊卑的做法会给他带来灾祸,难道您不记得'人彘'吗?"刘恒听此高兴起来,他叫来慎夫人,将袁盎的话告诉她,慎夫人后来为此赐给袁盎五十斤黄金。

刘恒有次从霸陵上山,返回时想从西边纵马驰车而下,袁盎骑着马上前,挽住马车的缰绳加以制止,刘恒问他是否胆怯,袁盎回答说:"我听说家有千金,坐不近檐;家有百金,不骑栏杆。明主不危中冒险而侥幸。您现在要放纵这六匹马,驰下山坡,如果马受惊毁坏车辆,即使您看轻自身,但怎么能对得起高祖和太后呢?"刘恒遂中止了驰奔。袁盎认为,身有一定资本的人理当看重生命,绝不在生活中冒险。身为皇帝的刘恒应该以社稷之托和母后之爱为重,而驰车行险是与这一要求不相合的。刘恒只是想纵马为乐,也许并不认为驰车下山有多大的危险,但他认同了袁盎所讲的道理,想到了自己所担负的巨大责任,也就宁可听从劝谏,放弃一时之乐。

袁盎按照礼制的规范看待皇宫中的君臣行为,发现了刘恒行为中的不合规矩之处,立即予以指出和纠正。由于他的劝谏牵扯到某些人际关系的匡正,因而总会引起人们的不满和怨恨,如周勃与慎夫人均是这样;但袁盎对礼制的合理性深信不疑,认为其中的要求对所有当事人都能带来长远的益处,正因为这样,他的劝谏即便会伤及现任丞相和皇帝宠妃,他也勇为而不辞。袁盎的长处在于能对自己的劝谏做出有理有据的充分论证,并无所保留地说给事情的主导者,利用皇帝的权威,使自己的劝谏发生实效。另一方面,袁盎的谏言不包含个人感情因素的影响,完全是根据事情本身的正误直率而为,对周勃反叛之罪的否认更证实了这一点。一旦当事人理解了袁盎的正直谏言对自己的长远好处时,不禁会对他生出由衷的敬重。

淮南王刘长椎杀朝臣审食其,在封国举止骄横,袁盎对刘恒说:"诸侯太骄必生患。"建议对其削地制裁,刘恒没有采纳。后来柴奇谋反之事又牵连到刘长,刘恒怀着极复杂的心态处置仅存的这位异母弟,在丞相张苍等人的连续奏请下决定免其死罪,以槛车送往蜀地流放。时为中郎将的袁盎对刘恒说:"您向来骄纵刘长,未加一点限制,以至到达这种程度,现在又突然用摧折的办法。刘长为人刚烈,如在路上出了意外,您会背上不能容人的杀弟之名。"刘长在去蜀途中绝食自杀,刘恒对未听袁盎之谏非常后悔,询问善后之方,袁盎献策说:"刘长有三个儿子,全看你的安排了。"刘恒于是顶住不少大臣的反对意见,将刘长三子封立为王。袁盎为刘恒名声考虑,建议对亡故诸侯做出补偿,也是属于一种毫无个人因素的直谏,他由此名重朝廷。

宦官赵谈受到刘恒宠幸,他时常中伤袁盎,袁盎想当众羞辱他。有一次刘恒出行时赵谈陪车同乘,袁盎跪拜车前对刘恒说:"我听说陪同天子乘坐的,应是天下豪杰,现在汉朝即使没有人才,您也不至于要与受过宫刑的人同车共载。"刘恒听了这话不禁发笑,即让赵谈下车,赵谈哭着下车离去。

自认方正的袁盎也很看重自己的尊严。他在出任吴相之后回到京城,路遇现任丞相申屠嘉,于是下车行礼,不想对方只在车上表示了道谢。袁盎觉得丞相失礼,使自己在下属面前很无脸面,于是去丞相府送上名帖求见。申屠嘉很久才召见他。袁盎请屏去外人,单独会谈,遭到辞绝,于是站起来问道:"你身为丞相,自己觉得比起陈平、周勃怎么样?"申屠嘉说:"我不如他们。"袁盎说:"你的评价很对。陈平和周勃辅佐高帝平定天下,担任将相,诛灭吕氏而维护社稷。您只是个脚踏强弓的骑射武士,升任队长,积功被任为淮阳郡守,并没有出谋划策和攻城夺地的功劳。况且,我们的君主每次上朝,对郎官送上的条陈和报告无不停车接受,对他们的意见不能用就搁下,能用的就采纳,但总是给予赞许。就是想用这种办法招引天下贤才,他因此也增加自己的所闻所知,日益圣智。你的行为却是封闭天下人之口,使自己日益愚蠢。若以圣主来责求愚相,您受祸的日子就不远了。"申屠嘉闻言拜谢说:"我是个粗人,不明智,幸亏将军指教。"招呼袁盎入内室同坐,作为贵客相待。

袁盎劝刘恒不要与赵谈同车乘坐,既是对刘恒的某种劝谏,同时又是想借此把自己与赵谈的私人冲突公开化,使刘恒明确他们间的私情之恶,以后对赵谈的中伤之言不致过分相信。尤其是他想通过对赵谈的公开羞辱,表明自己对中伤者的无畏勇气,显示自己的凛然气概,对赵谈形成内心的震撼。当袁盎遭到丞相申屠嘉的无理对待后,他在报复和劝谏的复杂心态下去求见,会谈中袁盎一是把对方与陈平、周勃等前任官员作比较,让对方明白自己没有骄人的功劳资本;二是把对方与当朝君主的待人方式作比较,他列举了刘恒待人的诚恳和礼貌,让对方感到自己的鄙陋和愚蠢。尤其是袁盎关于"圣主责愚相"之语,更是申屠嘉感到了肇受灾祸的现实可能,不得不接受袁盎的刻意指责和劝谏,承认自己的无理并立即予以改正。袁盎也因而挽回了自己的面子,且成了当朝丞相的器重之人。

刘启执政期间,他的生母窦太后主张让皇弟刘武将来继承皇位,这事情牵扯到皇家内部的骨肉亲情,许多朝臣不愿表态。闲居在家的袁盎建议刘启遵守常规之道,不要采纳这一提议,并主动请缨去说服窦太后。他见面后询问说:"太后让立梁王刘武继位,那刘武之后又让谁来继位?"太后说:"我再让刘启的儿子继位。"袁盎对他讲了春秋时宋宣公的例子。宋宣公传位给弟弟宋穆公,宋穆公临死前又传位给宣公之子与夷,而让自己的儿子公子冯出居郑国,以避冲突。但公子冯自以为应该继父之位为君,因而与宋殇公与夷争夺君位,策划政变,刺杀了与夷,使国家祸乱不断。袁盎认为这就是不立嫡长子的恶果,提醒太后小处不忍会伤害大义。太后无言以对,她的提议遂被放弃,刘启最终选择了皇子刘彻继位。

袁盎对皇帝、丞相和太后等人的劝谏常以礼制为准绳,能做出引经据典般的论证,对自己的观点无所隐晦,率直表达,论说中慷慨激昂,显示了自身的刚正和方直,因而多会被对方所接受,使他的谏言对事情本身及朝政之风都能产生不同程度的影响。

是非分明,宽以待人

袁盎深明大义,有自己的是非标准,故而对刘恒、刘启、申屠嘉、窦太后等人的各种处事行为能立刻形成应有的是非判断,并对有违礼制的不当行为给予率直的劝谏,持礼说服对方接受,由此形成他与许多朝臣无所见地或一味逢迎所不同的从政风格。他被两朝君主所看重,一直名重朝廷,就是因为他有主见,敢直言,其在朝中的特殊作用无人代替。除此之外,袁盎还具有待人上的宽容心态,他能理解和宽容别人,善为他人着想,故能被人们所接纳。

刘恒未听从袁盎之谏,将弟弟刘长贬往蜀地,意在惩戒,听说刘长绝食死于途中后,他悲伤而哭,难过得吃不下饭。袁盎在这时进入宫中,对刘恒叩头请罪。刘恒说:"因为没用你的意见,以至如此。"袁盎说:"您有三件高出世人的行为，这事不足以毁坏您的名声。"刘恒询问自己有哪三件高世之行，袁盎一一列举了这些事情：一是，刘恒为代王时，在薄太后患病的三年时间里寝不解衣，精心侍候，汤药亲口尝罢才献给太后。袁盎认为孔子高足曾参作为平民尚难做到这些，而刘恒作为诸侯王却实行了，在尽孝方面远超过曾参。二是，诸吕专权时，大臣夺政，刘恒从代国乘坐驿站马车驶向福祸难测的是非京都。袁盎认为即使是古代孟贲、夏育那样的勇士，也不会如此勇敢。三是，刘恒到达京城代国官邸后，面朝西两次辞让天子之位，面南后又三次辞让天子之位。袁盎认为尧帝时的许由受让天下推辞了一次，而刘恒有五次推让，超过许由四次了。列举了刘恒的三件高世之行并予赞扬后，袁盎宽慰说："您放逐刘长，是想通过苦其心志使他改过，因为护卫不谨慎才致病死。"听了这些话，刘恒顿感宽解，袁盎又提议封立刘长的儿子，进一步为解除刘恒的内疚出谋划策。

在刘长受贬前袁盎曾有谏言，刘恒未听谏言而致刘长自杀，事后不禁深感内疚，同时也担心落下以兄杀弟的不良名声，他为此悔恨和哀伤。前有谏言的袁盎不是幸灾乐祸，而是主动地去宽慰刘恒。他向刘恒表明往事不可追悔，但可弥补，并有弥补之策进献；同时告诉刘恒他的许多高世之行已被人们所知，不必为自己的名声过分担心。袁盎所列举的三件事情均有夸大其词和牵强附会之处，如三年中寝不解衣是否能真的做到，自代赴京即位是否可算勇敢，五让天下而继位的刘恒与一让天下而逃奔的许由是否可以以辞让次数相比贤，等等，但那些事情刘恒确曾经历和实际做过，袁盎把它们归纳出来，概括起来，按照当时人们普遍认可的价值观去发掘和拔高，形成足可称道的人格闪光点，命之以"高世之行"，并着意以曾参、孟贲、许由等传说中的品格出众人物作陪衬和比较，以此来解除刘恒对自己名声受损的担忧。刘恒自然对袁盎的溢美赞颂未必全信，但他却由此感到了自己以前许多行为的正确及其已经赢得的口碑，在悲伤无助中感到了来自下属的体谅和温暖，不能不获得真正的宽慰。

袁盎曾被刘启因故贬为平民，闲居在家，但刘启派人来征询筹策，他并无怨恨之情，总是认真对待，设身处地地为其着想。他从汉家天下顺利承传的角度出发，让刘启立子继位，公开反对传位皇弟刘武的做法，为此引起身杀之祸也在所不辞。

袁盎为吴相时，有个随从侍官与他身边的婢女私通，袁盎知道这事后没有泄露，像往常一样对待侍官。有人告诉侍官说："丞相知道你与侍女私通。"侍官吓得逃跑了。袁盎亲自驾车追上侍官,将婢女赐给他,仍旧让其从事原来工作。侍官与侍女私通,必有不当之处,作为主上的袁盎并不准备追究,当侍官知道事情泄露,惧而逃跑时,袁盎干脆将侍女送给侍官,显示了非同一般的气度和容量。

当时的社会上有一种游侠之士,他们言必信,行必果,救患难而助困窘,在民间颇有影响,也颇受上流社会的非议,袁盎对这些人物常有极大的同情与爱护之心。以勇气闻名于关中的季心杀人后逃往吴国,时任吴相的袁盎将其藏于家中,使他躲过一劫。袁盎病回安陵期间,洛阳游侠剧孟去他家拜访,受到热情款待,村中有富人对袁盎说:"听说剧孟是个赌徒,您何必与他往来?"袁盎回答说:"剧孟虽是赌徒,但他母亲死后,有一千多辆车的客人前来送葬,这就是他的过人之处。人一旦有急事来求,季心和剧孟不以双亲还在而推脱,不以自身的生存而辞却,他们所以能赢得人望。现在你身后常有几位骑士跟随,一旦有急事,难道能依靠吗?"不知什么具体原因,袁盎为此还斥责这位富人,甚至不与他往来。对颇受非议的游侠,袁盎能以下层民众的心态理解他们,能容忍他们的短处,看到他们的长处,不仅给予他们所需要的保护和对待,而且为他们的生存生活作辩解,由此也可以看到袁盎独特的思维方式,知道他所以受到不少人推崇的原因。

行直路曲,舍生不惧

凡照直而行的人难免碰壁,当他的命运由外部力量所决定时,就必然表现为一条曲折的人生路线。袁盎大体也是这样的状况。

袁盎对刘恒多次直言劝谏,想必对同朝大臣也是如此,他因此而不能长久地留在朝廷,被调任至陇西郡(今甘肃省东南部,治所在临洮县南)担任掌管全郡军事的都尉。他在职位上表现出色,升任齐国丞相(治所在今山东淄博市东北),不久又改任为吴国丞相(治所在今江苏扬州市),为吴王刘濞的助手。

当时吴国为势力较大的诸侯国,它与中央政府在经济和政治上的矛盾不时发生,刘恒一直采用调和妥协的手法来化解。不知是朝廷想让忠直的袁盎去监督和劝导刘濞,还是有意要将袁盎置于一个是非之地,总之这是一个艰难而具风险的职事。袁盎辞行前,他的侄子袁种进言说:"刘濞骄横已久,国中不安本分的人多,你去后如果想弹劾惩治,那些人就会上书控告你,或者用利剑刺杀你。南方卑湿之地,你照顾好自己,什么事也别干,时时劝说刘濞不要反叛就行了。"袁种是要让袁盎不要对吴国的具体事务参与太深,身处是非之地而超脱是非,仅做些朝廷最希望的劝导刘濞的要紧职分即可。袁盎去吴国后真的按这种办法去做事,果然也未出现大的波折,刘濞对他也很优待。

袁盎刚自吴相之任回朝廷后,就与丞相申屠嘉在交手后结交。他曾直谏申屠嘉的失礼相待,被尊为贵客。但他与太子家令晁错却总难相和,两人闹到了不能同席而坐、不曾同堂说话的地步。前157年太子刘启继位为帝,晁错不久升为御史大夫,他派人查核袁盎为吴相时接受刘濞财物之事,决定给予惩罚,刘启下诏免去刑罚,将袁盎降为平民。

晁错推动朝廷削夺诸侯封地,激化了与刘濞等诸侯原有的矛盾,吴楚七国于前154年起兵叛乱。晁错认为袁盎接受刘濞金钱,为其掩盖反情,想要追究袁盎的知情不报之罪。袁盎闻讯后,通过相好的皇戚窦婴面见刘启,提出杀掉晁错、向诸侯道歉,使其退兵的主张,刘启采纳了他的意见,斩杀了晁错后派他以太常身份去与刘濞讲和。没想到以诛杀晁错为出兵理由的刘濞这时却拒绝退兵,并强使袁盎为他带兵。袁盎拒绝为吴国带兵,遂被刘濞派五百人监禁,准备择日杀掉。在性命不保的关头,那位曾被袁盎赐给婢女的相府侍从,利用自己校尉司马的现职便利,冒死报答营救,袁盎怀揣节符,拄杖步行,乘晚逃脱,终于历受大难而不死。

吴楚反叛被平定后,刘启让袁盎担任楚国丞相,袁盎几次上书向新封的楚王刘礼言事,未被采纳,于是借口有病,辞职回到家乡安陵,在乡村过起了斗鸡遛狗的世俗生活。

朝廷对刘启的继承人问题难以决断,刘启派人征询袁盎意见,袁盎主张让皇子继位,公开反对选定皇弟刘武,他为此甚至去面见窦太后直言谏争。袁盎推动朝廷否决了以兄传弟的做法,但却引来了梁王刘武的满腹怨恨,从而又把自己置于了是非搅缠的险地。

失去继位可能的刘武回到梁国,以为袁盎阻挡了自己的继位称帝之路,对其恨之入骨,派人前去刺杀袁盎。刺客到了关中,打听袁盎,所问之人对袁盎赞不绝口。刺客去见袁盎说:"我接受梁王的金钱来刺杀您,您是受尊敬的人,我不忍下手,但后面对您行刺的人还很多,请您多加提防。"袁盎闻言心中不乐,恰好家中又多次出现奇怪的事情,他就到一位姓棓的算卦先生那里去占问吉凶。返回时,随后来的梁国刺客在安陵郭门之外拦住了他。据说袁盎面对刺客说:"我就是人们所说的袁将军,你该不会弄错吧?"刺客说:"错不了!"一剑刺于袁盎之身,夺路逃跑,袁盎中剑而亡。袁盎似乎对自己遭遇不祥有所察觉,他不愿轻易就死,但厄运临头时也无半点畏惧,他似乎早就准备着对自己忠直为国的行为承担一切后果。

自前 179 年被初登帝位的刘恒见用,到前 148 年受刺被杀,袁盎在汉初政治舞台上活动了三十多年,是当时参政时间最长的大臣。他一直没有获得过公卿之位,似乎也没有人生辉煌的时刻,但他方正、坦直、忠诚,且有主见,他以此彰显自身,为君看重,赢得盛名,又因此而遭受曲折,数经厄难,肇祸丧生。直道而行的品格成就了一代名臣,这位名臣也为自己的行为选择垫付出了沉重的代价。

功高受诬的周亚夫

绛侯周勃的太子周胜之在前 169 年继承父爵,六年后因杀人罪被废除爵位和封地。第二年刘恒在周勃的儿子中选定贤者周亚夫封为条侯,封地在今河北景县南,使他作为周勃的继承人。周亚夫此前已为河内郡太守三年,自封侯后开始参与朝中事务。

严于治军,为国靖难

前 158 年,匈奴军臣单于大举入侵,汉朝安排了两线防御措施,其中在霸上(今西安市东霸水以西的高原)、棘门(今陕西咸阳市东北)、细柳三处驻扎了保卫长安的二线防御,周亚夫以河内守为将军,受命驻扎细柳(今陕西咸阳市西南渭水北岸)。刘恒亲自去慰劳长安近郊的这三支驻军,在霸上和棘门之军,刘恒驰车径直驰入,将军以下的官员都骑马迎送,到细柳之军时,全体将士都身穿铠甲,手执锐器,张满弓弩。军营都尉挡住了刘恒车乘的前驱,明知皇帝将至,反而告诉前驱说:"我们的将军有令说:'军中只听将军命令,不听天子诏令。'"刘恒随后到了军门,仍然不得进入,他让使者持节符告诉周亚夫要慰劳军队,周亚夫受诏后传令打开军门,守营门的军官向刘恒随从交代说:"将军规定,军营中不得驰车。"刘恒于是让勒着马缰徐行。到了中军营帐,周亚夫带着兵器向刘恒拱手施礼说:"穿甲戴盔的武士不行拜礼,请以军礼参见。"刘恒深为所动,面色严峻,站立在车上向军队致礼,并让人向周亚夫郑重地致意称谢。劳军仪式结束后出了营门,刘恒仍然对周亚夫称赞不已。

周亚夫细柳治军的最大特色是严整,他把严明的军纪军规落实到军队活动的每一个环节当中,从主将到士兵无不严肃对待,即使皇帝临军入营,也不得有违军规和马虎行事。刘恒从三支部队的比较中看到了细柳之军的严整,从如此严整的风格中看到了该部队的军事素质。当慰劳巡视军队时,刘恒最渴望的是看到军队的战斗力,这种渴望只有在细柳军中才真正得到了,因而他即便在入营前受到过阻拦,入营后受到过某种限制,在中军帐中也未得到寻常的跪拜迎接,但他在这里终于发现了一支能够抵御匈奴的坚强部队,其内心是受震撼和极满意的,因而对主将当场表达了深沉的谢意。刘恒也同时感到了其主将非同寻常的治军才能。一个多月后,匈奴退归塞外,各路驻军撤防,刘恒改任周亚夫为掌管京城治安的中尉。次年临终时他又专门告诫即将继位的刘启:"国家如有急难,周亚夫可以任将带兵。"刘启即位后即遵父嘱,拜周亚夫为车骑将军,这是地位仅次于上卿的高级将领。

前154年,吴王刘濞串通楚、胶西等七国举兵反叛,在朝廷的和解方案被刘濞拒绝后,刘启任周亚夫为太尉,让其率军迎击叛军,周亚夫在此周密部署,一战成功,解除了国家的厄难。

周亚夫受命出发前,与父亲周勃早年的门客邓都尉商议迎敌之策,邓都尉建议说:"吴兵战斗力强,难与争锋;楚兵轻浮,不能持久,您可自荥阳领兵往东北的昌邑(今山东巨野县东南)驻扎,让吴军与梁国守军消耗,您则坚守阵地派精锐断绝吴国后方运粮通道,待吴军粮尽兵疲时将其一举消灭。"这是一个断其粮草、以逸待劳,欲取先予、后发制人的完整思路,周亚夫赞同这一方案,并报告给刘启,征得同意后周亚夫即赴荥阳领军。

从长安往荥阳,一般要经过崤山至渑池之间的险要地带,周亚夫的部将赵涉认为,刘濞多年在收买和搜罗亡命之徒,这次有可能派勇士埋伏在险要之处突袭朝廷所派的将军。周亚夫于是乘普通的驿站马车,隐瞒身份,出长安后绕道向右,经蓝田、武关一路到达洛阳。虽然比崤山一路多用了两天时间,但途中不为人所知,到达后大出敌方预料。他掌军后派人至崤山与渑池之间搜索,果然抓获了吴国的伏兵。当时洛阳有一个名叫剧孟的游侠,在地方上很有势力,周亚夫在洛阳见到了剧孟,他高兴地说:"七国叛乱,我坐普通的乘车,没想到能安全到达。我认为对方会拉剧孟入伙,现剧孟没什么情况,那我据守荥阳,东面就没有什么可忧虑的。"看来周亚夫这次用兵,既要讲究军事上迅速布局,出其不意,又很忌讳吴军与地方势力的联系。他要保证在敌方毫无觉察的情况下断其粮草,并想断得干干净净。

周亚夫到荥阳掌军后的军事行动是按既定部署进行的。当时吴军向西进攻梁国,梁国是刘启亲弟刘武的封国,刘恒执政时期曾有意增大刘武封地,加强梁国势力,使其成为朝廷的屏障。尽管这样,梁国仍然难于抵挡吴军的进攻,受敌时急忙向太尉周亚夫求救,后来又上书朝廷,请哥哥刘启下诏书催促周亚夫发兵救援。周亚夫按照自己的计划领兵至昌邑,深沟高垒,坚壁防守,始终没有向梁地发派一兵一卒。在吴军与梁军激烈鏖战的关头,他派韩颓当率领一支轻骑抢占了泗淮口(今江苏淮阴西南),这是古泗水流入淮河的汇合口,为吴军的运粮通道。吴军在作战中断了粮草,士卒饥饿,因向西攻梁不下,又返折回来与周亚夫决战。两军相拒于下邑(今安徽砀山县)。吴军多次挑战,周亚夫坚壁不出。后来吴军奔袭城邑东南角,周亚夫让军士戒备西北角,不久吴军精兵果然强攻西北,被守御有备的汉军击退。吴军攻取不得,又饥饿难战,只好全师撤退,周亚夫派精兵追击,大获全胜。刘濞慌乱中丢弃部队,与几千名士兵逃至今江苏镇江市东面紧靠长江南岸的丹徒镇喘息。汉军乘胜追击,吴军残兵全部被俘,刘濞逃至东越,月余后被越人斩首以献。

汉军平叛是在几个战场上进行的,而周亚夫与吴军的决战是最具决定意义的较量,周亚夫在作战中首先是"谋定而后动"。《孙子兵法》云:"夫未战而庙算胜者,得算多也。"(《计篇》)提倡开战前筹划周密,使胜利的条件更加充分。周亚夫制定了断敌粮草、以逸待劳的战略方针,作战中对此毫不动摇,即使在刘启下诏书要求救援危急的梁国时,他也坚持"君命有所不受"(《九变篇》)的原则,使战争的大致进程始终不脱离汉军事先的谋划。汉军的战斗力可能并不比吴军过分强盛,具体的战场交锋中也会有多种变数出现,但当汉军按筹划在后方抢占了泗淮口,断了吴军粮道时,吴军的失败就已成了定局。周亚夫在作战中还能识破敌人的诡诈之计,做到知己知彼。当两军在下邑对峙,吴军进攻东南时,他能察觉其声东击西之谋,让军士严守西北,采取"实而备之"(《计篇》)的方针,终以有备之军击退吴军进攻,真正做到了"先为不可胜,以待敌之可胜。"(《形篇》)此外,周亚夫平素的严整治军在关键时刻也起到了重要作用。吴军在下邑城进攻的当晚,汉军中发生了一次惊乱,不知什么原因,汉军当时互相攻扰,甚至喧闹到了中军营帐之下,而周亚夫始终高卧不起,表现了极度的镇定,营中不久就恢复了平静。"以治待乱,以静待哗,此治心者也。"(《军争篇》)周亚夫对自己的治军及其成效有高度自信,他以自己的安静从容表达了一种明确的意向,注重人心的安定,以极高的功效化解了一场危机,使当晚对吴军的拒击不致在事前节外生枝,保证了战斗和整个战役的胜利。

兵法有云:"军无辎重则亡,无粮食则亡,无委积则亡。"(《军争篇》)总而言之,周亚夫在对吴作战中利用对方远离后方的特点,紧紧抓住这一兵法原则而不动摇,在每一战术环节上密切配合,从而以与敌相当的兵力而牢牢掌握了战场的主导权,最终击败了凶悍狡诈的吴军。当时各路将军对周亚夫的筹谋是有所保留的,但后来在三月间平定了七国叛乱,众将才不得不佩服他的用兵才干。"故知兵之将,生民之司命,国家安危之主也。"(《作战篇》)吴楚七国的反叛当时声势颇大,朝廷为之震动,年轻的刘启也曾慌乱无措,极具用兵之才的周亚夫统军后三月败敌,荡平叛乱,的确一时成为主宰了万民命运和国家安全的功臣。

不知变通,耿直为人

汉朝在刘恒执政第三年撤销太尉之职不设,吴楚反叛时又专封周亚夫为太尉,之后此职仍由周亚夫担任,到了第五年,周亚夫升任丞相后太尉之职再次撤而不设。太尉是全国军政首脑,与丞相、御史大夫并称三公,朝廷大概是觉得舍此职不足以尊显周亚夫的军功吧,因而为他重设了五年,直到他升任丞相为止。

升任丞相的周亚夫因几件事情很快陷入了与刘启和窦太后的矛盾不睦之中:一是,他在平定七国叛乱时拒绝援救梁国,梁王刘武非常怨恨,常与母亲窦太后在朝上说周亚夫的不是。二是,刘启因种种原因下决心废掉刘荣的太子之位,周亚夫坚决反对,最终没有劝阻得下,刘启反而疏远了他。三是,窦太后提议为王皇后的兄长王信封侯,时王皇后正得宠于刘启,刘启谦让说:"当年父皇生前没有立皇后兄弟窦长君、窦广国为侯,我也不能封王信为侯。"窦太后强调做君主要根据现实情况办事,坚持自己意见。刘启遂表示要再听听丞相意见。周亚夫闻知此事后说:"高祖皇帝有约:'非刘氏不得封王,非有功不得封侯。不守此约,天下共击之。'王信虽是皇后之兄,但无功劳,如果封侯,就是不守约。"刘启默然不语,搁置了此事。四是,匈奴王唯徐卢等五人来投降汉朝,刘启准备给他们封侯以鼓励后来者,周亚夫反对说:"这些人背叛他们的君主来降汉朝,如果对他们封侯,那怎么来责备不守忠贞之节的臣子呢?"刘启公开表态说:"丞相的意见不可采用。"于是将唯徐卢等人全部封为列侯。发生了这些事情后,周亚夫自称有病,他于前147年任相四年时被免职。

作为朝中首辅的丞相面对许多军国难事,在不断与皇帝及其周围人打交道时没有矛盾冲突是不可能的,但一个成功的丞相所处理的多数事情,总要在富有远见和忠顺君主两者中至少占有一项,也会在无关紧要的事情上不断修复与交往之人的关系。周亚夫为相四年,有记载的上述四件事情却都表现出了明显的失误。平叛时没有出兵救梁,这是作战大局的要求,刘武对此有些误解,最好的方法是事后作些解释,甚或可以向太后请求谅解。周亚夫始终没有作这些"善后"的事情,致使安定刘家江山的出色行为反而招致刘家重要参政者的怨恨。刘启改换太子之事牵扯到皇家后宫间的复杂关系,刘启已经痛下决心,数年后又借他事究罪逼死了刘荣,可见当时废黜太子已到了无法挽回的地步。周亚夫力保刘荣的太子之位,并没有阻止刘启的充分理由和绝对把握,反而把自己放置到了与刘启和新太子对立的地步,为久后任相埋下了极大的隐患。窦太后提议封王信为侯,是对王氏兄妹曾经保护过刘武之情的报答,也是笼络皇帝与皇后的手段;刘启没有立即接受,其一是顾忌朝臣们的议论,他心有许诺而故作谦让,提出与丞相商议决定,是想让周亚夫代替自己首肯,避免舆论对自己的非议,其二是王信为新太子刘彻的母舅,周亚夫在改立太子一事上已与刘彻形成芥蒂,在刘彻已为太子时,刘启大概是想给周亚夫一个推举王信、靠拢刘彻和消除隔阂的机会,抑或他想借此再观察周亚夫对太子刘彻的态度。周亚夫几年前不赞成刘彻为太子,这次又对王信封侯之事一口拒绝,并搬出刘邦四十多年前的口头约定作理由,似乎封王信为侯是违背祖宗旧规之行,这使事情没有了任何回旋的余地,刘启只好默然搁置此议。在周亚夫去世后,刘启立即封王信为盖侯,可见分封这位内兄是他早有的打算。他是要通过提升王信来加强太子在宫中的势力,当周亚夫反对这一提议时,他感到了太子势力的单薄,更坚定了为王信封侯的决心。周亚夫要么是迟钝得看不到刘启的用意,要么是隐约感到了但讨厌太子势力的扩张,但无论如何都是丞相之位上的严重差失。事实上选谁为太子和是否封皇戚为侯,都是皇家内部的权力和利益分割,与天下百姓并无多大干系,与朝中百官也无过多的直接利害,周亚夫本来只要把持住为民造福、稳定政局就足可以了,他对皇家内部诸多事务干涉过多,并且不顾君上的既成抉择,与当朝太子相抵牾,实际是把自己放在了一种危险的地位上。

唯徐卢等匈奴五王来降,这必是由匈奴内部的矛盾所致,对汉朝是莫大的幸事,汉朝对这类事情当然是只嫌其少,不嫌其多。刘启对他们以封侯方式鼓励,是想引诱匈奴更多的高层人员来降,无疑是正确而具远见的措施。身为丞相的周亚夫看不透其中的利害,却以为这种措施鼓励了人臣二心待君,这其实是一种是非不清的表现。当年刘邦刚立国时,楚将丁公前来投靠,丁公之前在为项羽部将时私下放走了战败逃命的刘邦,刘邦认为奖励丁公就是鼓励为人臣的不忠,因而将其斩杀示众。刘邦的行为是极其明智的,对汉军将士有极大的教育意义,周亚夫大概是想效仿刘邦所为。事实上,匈奴之王降汉与丁公来降根本不同,一是丁公放走刘邦时仍是楚将身份,他当时并无降汉打算,最多是想给自己多留条后路而已;唯徐卢五人则是想真正改换成汉将的身份。二是,楚汉之争是中原华夏族内部的矛盾争夺,双方没有种族隔阂,其将卒的交互流动是频繁的,而汉与匈奴当时属不同种族间的冲突,大多汉人对匈奴有一种以华视狄的鄙夷,除非极特殊情况,没有哪位汉人愿去匈奴升官为王,奖励唯徐卢等人不会引起汉将反投匈奴之事。三是,丁公来降时楚汉战争已经结束,汉与楚已无争战之虞,刘邦一统天下,看重对天下人的教育;而唯徐卢等人来降时,汉与匈奴的对抗尚遥遥无期,对匈奴的分化瓦解是必须看重的方面。周亚夫看不到当时汉朝与匈奴的种族隔膜,又想用对君忠贞的道德评判取代现实的是非利害评判,表现了一种迂阔之气。刘启否定周亚夫的意见是对的,但他将这种否定公开表达,则表现了对丞相的厌烦已经到了不及忍耐的地步。周亚夫大概已经明显地感到了来自君上的厌倦和与此伴随的自己在朝威信的跌落,这个丞相干不下去了,只好借病辞职。

周亚夫因军功而任相,但在丞相之位上他居功自矜、性格耿直,缺乏变通思维,仅仅几件事情就造成了与最高执政者刘启、窦太后及新太子等人的严重隔阂。尤其是他作为善于用兵之人,与太子及其在朝势力的不合作态度自然会成为最高执政者的极度心忌之处。

受诬不屈,命有定数

周亚夫被免相不久,刘启大概是要对他的为臣心态进行再一次的试探,有一次专门召他进宫赏赐食物。周亚夫的席上放了一大块未切开的肉,没有碎肉和筷子,见到此状的周亚夫心中愠怒,转身叫主管酒席的人取筷子。刘启看着他笑着问道:"眼前这些您不满足吗?"周亚夫免冠谢罪,被刘启请起来,遂之快步离开。刘启目送他出去,说道:"如此怏怏不快的人不会做太子之臣的。"

过了不久,周亚夫的儿子为父亲置买了五百件殉葬用的铠甲盾牌,搬取甲盾的雇工吃了很多苦却领不到工钱,他知道这些东西是从制作尚方器物的工官所偷购的皇家专用殉葬品,便怒而上书告发周亚夫儿子有谋反之意。事情牵连到条侯周亚夫,刘启交给有关官吏处置。官吏按文书所列罪状审问,周亚夫拒不答话。刘启听了发怒说:"我不任用他了。"下诏令将周亚夫交给廷尉治罪。廷尉责问道:"你是想造反吗?"周亚夫解释说:"我所买的兵器是殉葬品,怎么能说是造反?"参与审问的官吏说:"你即使不在地上造反,也是想在地下造反。"官吏审讯越发紧急,周亚夫绝食五天,吐血身亡。

在刘启的心中,周亚夫既然不能心悦诚服地拥戴太子,那就应甘作一个满足所予、逆来顺受,而绝无抗拒之心的臣子。他给周亚夫送上大肉块而不置筷子,是有所赐而不足的状态,周亚夫照理应该满足谢恩才对,但却心中不平,有所表露,要求主管人配足所缺。由此看来,周亚夫是以自己的需要来要求宫中的配置,而绝不是以宫中的所赐和配置来限制自己的需要;对君主的给予感到不满足时,他可以以无所忌讳的行为来表达,这就绝不是一种顺从的态度。周亚夫虽曾谢罪,但被请起后即快步离去,看来是没有食用,这种对赐赏的拒绝更是表现了一种怏怏怨恨之心。赐食之事发生在刘启为帝的第十四年,两年后刘启去世。在朝廷的交班问题愈益紧迫的情况下,从太子接班的角度考虑,刘启不希望把一位心有不满而又不知克己的用兵能手留给下一代。周亚夫本人自然没有想到一次不置筷子的赐食背后有如此深奥的玄机,耿直之性决定了他略为直率地行为,但个人心性的表露已经说明了他在下代朝廷中特殊情况下的必有选择,他已成了刘启离世前最不放心的人物。

个人行为招致君王的严重顾虑,这一点已决定了他的最终命运,搬运工的告发正好提供了周亚夫被治罪的借口。不清楚周家为什么对下过苦力的雇工不付工钱,也不清楚一个雇工何以会把一项经济纠纷曲变为政治案件而上告朝廷。胸有成数的刘启利用雇工的上书,知错故为,将周亚夫交给狱吏。他明确表示以后再不任用周亚夫,以此解除审讯人的顾虑。周亚夫曾以沉默来对付狱吏的审罪,他大概以为小小的狱吏没有资格审讯曾任丞相的列侯,或者以为这种诬告是不值得自己尊口申辩;而当廷尉重审时,他才知道了事情的严重性,自然要据实以辩;但当廷尉的从人斥责周亚夫购买殉葬兵器是想在地下造反时,他真正明白了所谓欲加之罪,何患无辞,他也许已经想到了事情的前因与后果。当初狱吏前来系捕时,周亚夫不甘受辱,准备自尽,经夫人劝阻,他放弃死念而去受审,大概以为事情终究会真相大白,但这时他知道了自己的受诬已无处申辩,于是彻底放弃了生的打算。狱中已无任由自尽的条件,他不得已以绝食求得自毙。

当年周亚夫为河内郡守时,有一位叫许负的看相妇对他说:"您三年后被封侯,封侯八年时为将相,掌国家大权,为群臣中首屈一指的贵重之人,再过九年您会饿死。"周亚夫笑着说:"我的兄长已继承了父亲的侯爵,即使兄长去世了,他的儿子会继承,我怎么能封侯呢?如果我真的显贵到像你所说的那样,又怎么会饿死呢?请你指点。"这位许负指着周亚夫的口说:"您脸上有竖纹进入口中,这是饿死的法相。"果然过了三年,周亚夫的哥哥周胜之因杀人罪被免爵除封,刘恒选择周勃儿子中贤能的人继爵,周亚夫遂被封侯,一切果如许负所言,他也最终因饿身亡。

史书的作者事后作传,特记上许负之言,是在表明周亚夫的生死荣辱早有定数。其实,周亚夫生于太尉周勃之家,身受家父家风的熏染,他通晓军事,为人秉直,在国家危急的时候能够抗敌靖乱,一战成功,建立起人生的辉煌业绩;而在和平年代,当他在国家高层职位上执掌权力时,与乃父相似的质朴、耿直之性决定了他既不能如最高当权者期望的那样受逆而忠顺,也不能在最高当权者的意志下受屈而韬讳,他自恃才高功大,但逊于时务意识与变通意识。越是在功劳与职务的高位上越不得善终,这反倒是真正的命运定数。早先用兵建功,接着以功任相,不久相职被免,后来受诬入狱。周亚夫的经历与父亲周勃何其相似!周亚夫受荫封将,在朝时短,没有父亲那样的开国勋功与朝中根基,又处在一个朝代交接前的特殊时期,故而其最后的结局更惨些。但虽然时代不同,环境不同,却是相同的才具和性格决定了相同的命运,其中的定数则不难理清。

周亚夫是以绝食来表示自己对命运的不屈与抗争,但命运是因自己某种性格因素而早就具有的定数。周亚夫的人生,其最终结果的酿成,和他对结果的最后抗争,其实都没有摆脱这早有的定数。

恃宠生事的刘武（梁孝王）

刘武是刘恒的儿子、刘启唯一的同母弟，刘恒即位次年被立为王。因父亲和哥哥先后为皇帝，刘武因而是文景时期最为亲贵的诸侯王，他对刘启执政时的朝廷政治有着不小的影响。

徙为梁王，为汉屏障

刘武最早被立为代王，受封父亲为帝前的地盘，二年后改任淮阳王，掌控淮阳十年之久。当时贾谊见自己所提"众建诸侯而少其力"的建议一时难以完全实现，鉴于某些诸侯有坐大之势，遂向刘恒提出加强亲子弟实力的建议，认为这可收到两世之利。根据贾谊此议，在梁怀王刘揖坠马死后，刘恒于前 168 年改徙刘武为梁王，并扩大地盘，增其城邑，使梁国有大县四十余城。刘恒的深意在于要使势力加强的梁国能够成为朝廷的屏障，他是把刘武作为与远方诸侯相对抗时有利朝廷的筹码来安排的。

刘启执政第三年，七国诸侯反叛，刘濞亲率吴楚之军击破了梁国的棘壁，杀数万人，一时气势颇盛。刘武率军队守御睢阳，他曾派出六位将军应战吴军，两位战败退归，紧急情况下他多次派人向周亚夫的大军求援，遭拒绝后又通过哥哥刘启发令，让周亚夫派兵救梁，在求援无望时，他派出韩安国、张羽两位将军抵御叛军。不清楚刘武御敌的具体部署如何，但吴楚之军始终没有越过梁国的防线，据后来统计，当时梁国所斩获的叛军与朝廷军队的斩获大体相当，可见该战场的惨烈程度。梁国在与叛军的冲突鏖战中的确充当了朝廷的屏障，梁国将士的英勇作战保卫了京城安全，稳定了人心，并对汉军消灭叛军主力作了有力配合。

平叛结束后，许多诸侯国受到削夺，势力大为减弱，而梁国则因功得到很多赏赐,势力反而有所增强。梁国与朝廷最亲,又居肥沃富饶之地,特殊的地位使其成为天下显赫的诸侯国。当时济北王刘志本欲参与反叛,因受本国郎中令强制看守而未参加行动,事后他生怕朝廷追究自己欲反之罪,非常恐慌,臣属公孙获就想到通过刘武向朝廷求情,公孙获去梁国向刘武说明情况,为刘志开脱,强调说:现在能直接给太后、皇帝建议并能受到重视的,就只有您了。刘武接受了刘志之托,上书派人送至京城,刘志果然没有受到惩治,被徙封于淄川。由此可见刘武当时说话的分量。抗击吴楚使梁国真正发挥了朝廷屏障的作用,极大地提高了刘武在朝廷的地位。

骄纵失宠,难续旧情

身为梁王的刘武几乎连年入京朝见皇帝,有时会住于京城到次年才返国。他每当听到母后生病,总是口不能食、居不安寝,常在京城侍候,因而深得母后的疼爱。他早年常与太子刘启一同出入皇宫,也很要好,当年太子刘启乘车被张释之阻拦于宫门之外,就有刘武同车而行。刘启为帝后对刘武宠爱有加,他与刘武宴饮中开玩笑说:"我身后把皇位传给你。"刘武客气地推辞,虽然知道这不是真心之言,但内心非常喜欢,母亲窦太后听到此话也很高兴。平叛立功后,刘武得到的赏赐不可胜计,朝廷还赠予他天子旗帜。此后第四年刘武入朝,刘启派使者持符节驾着驷马高车,到函谷关迎候,刘武朝见之后留住京城,他与刘启一同坐辇车入宫,又一同驾车游猎。梁国的随行人员都在宫中登记名册,可以从宫殿禁门通行出入,与朝廷宦官没有区别。刘武的宠幸此时达到了顶点。

刘武终究是一个不善于把握自己的人,他在受宠幸和极显赫的地位上把持不住,骄纵失度,最终造成了与朝廷的隔阂。首先是,刘武把睢阳城扩大到七十里,在其中大兴宫殿,建造空中通道,从宫中连接平台三十里,并建成了方圆三百里的东苑。梁国府库贮藏的金钱将近一百亿,珠玉宝器超过了京师,刘武凭此招揽四方豪杰之士,包括吴人枚乘、严忌,蜀人司马相如,齐人羊胜、公孙诡等,早先为刘濞宾客的邹阳也投奔刘武之门。刘武初见公孙诡就赐给他一千斤金,官至掌管都城治安的中尉。据说关中之外的游说之士一时都到过梁国。梁国还制造弩、弓、矛等兵器十万件,尤其是,刘武本人出入要清道警戒,随从有千车万马,驱车打猎时,仪仗规格拟于天子。这种僭越之行传到京师,刘启听到后很不高兴。窦太后见刘启对刘武心有不满,则迁怒梁国使者,拒绝与他们会面,并对刘武查问责备。

另一件严重的事情是,刘武谋求继承兄长皇位,愿望落空后竟然发泄怨恨,刺杀朝臣,一手制造了针对朝廷的血案。刘启在执政第四年曾立栗妃所生的儿子刘荣为太子,三年后又因故将其废掉。窦太后一心想让刘武嗣其皇位,因有刘启先前的传位之言,在太子刘荣被废后她又向刘启提起让刘武为嗣之事,刘启一时没有表态,而一些耿直的朝臣却公开表示反对,离职在家的袁盎甚至去面见太后,陈说利害,迫使窦太后放弃此议,刘启不久立刘彻为太子,立嗣之事遂尘埃落定。

刘武因求嗣之念落空,非常恼恨,遂与他的宾客羊胜、公孙诡等人商议,派人去关中刺杀袁盎等人,当时袁盎是梁国派来的第二批刺客刺中身亡的,刺客在袁盎家乡安陵的郭门之外刺中袁盎,未及拔剑,夺路而逃。人们从袁盎身上取出那把新铸的剑,审问长安城中制作该刀剑的人,制剑人供认这是梁国的一位郎官定造,审查的官员顺藤摸瓜,最后发现刺客为梁国所派,牵扯到刘武的几位门客。刘启也猜测此事与刘武有关,及调查清楚后,即派人去梁国查办追捕涉案的公孙诡、羊胜等人,朝廷的使者络绎不绝地到梁国催办,对梁国高级官员严厉责备。刘武把两人藏在他的后宫,国中搜查月余无法捉到。后来梁相轩丘豹和内史韩安国听说两人藏在王宫,遂向刘武流泪进谏,深剖利害,刘武见难以搪塞此事,只好让羊胜和公孙诡自杀,把他们交了出来,刘启自此对刘武心生怨恨。

也许刘启还想有更进一步的动作,他派大臣田叔去梁国调查审办。刘武没想到事情会到如此糟糕的地步,非常惊慌,他的手下人也积极活动,疏通朝中关节。先是梁内史韩安国入长安见到刘武的姐姐、长公主刘嫖,向她重述刘武抗击吴楚之军时的艰难,说到刘武当时心念母后和皇兄在京,他是跪着送将军出战,流着泪托付战事的;说到刘武在梁国使用天子旗帜,那是皇兄所赐,刘武是为了向诸侯和天下夸耀来自皇兄的宠爱;又说刘武现在已经知道了自己的过错,日夜哭泣反思,想得到太后的怜念。刘嫖将这些话告诉了母亲窦太后,太后高兴地让再转告刘启,刘启听了这些话后方才心有开释。

刘武的门客邹阳是有名的文学才士,朝廷在梁国查办袁盎一案时,他受刘武千金之托谋求解脱之策,后来在一位八十多岁的王老先生的指点下,他去京城找到皇妃王美人的兄长王信,当时王美人正在宫中得宠,邹阳向王信讲了《春秋》兄不怨弟的亲亲之道,求他通过妹妹的枕边风说给刘启,以宽宥刘武,并且明确告诉王信,这样做会得到太后对王家的爱幸。王氏兄妹出于讨好太后的心理,把邹阳所说的亲亲之道顺次转说给刘启,刘启最终决定宽释刘武。

当时赴梁国调查此事的田叔已查清了刘武之罪,但他设身处地地为刘启着想,结束审查回朝时走到今西安市东北的霸昌厩,他将案件一火烧之,回来向刘启汇报说梁王是有罪的,但朝廷最好不要追究,因为"王不伏诛,是汉法不行;伏法,而太后食不甘味,卧不安席,终究还是陛下您的麻烦。"刘启对此深以为然,最后让田叔报告太后说:"谋杀袁盎之事,全是羊胜、公孙诡等人所为,梁王并不知情。"刘武的骄纵致法之事就这样在某种力量的作用之下和各种势力的相互妥协中不了了之。

刘武的显赫地位是因来自朝廷的宠幸及双方的良好关系而有的,他的僭越行为和谋刺行为实事上却成了对朝廷的挑战。刘启曾经深爱自己的弟弟,但他绝不允许王朝有一位坐大了的诸侯留患后世。父亲刘恒二十六年前就曾稍未手软地惩治过他自己的亲弟淮南王刘长,以制裁手段平息诸侯对朝廷的挑战也是刘启争回朝廷尊严、维护政治秩序的需要。当刘武的犯禁行为超出了一定限度时,始终疼爱着他的窦太后也失去了保护的借口,一时心有怨怒。刘武是在失去了朝廷的宠幸后才感到了它对自己的珍贵,他千方百计地恢复这种关系,利用母后的影响和所熟知的宫廷内情,终也避免了沦为审讯案犯的结局。

与当朝的关系缓和后,刘武上书请求朝见,到了函谷关关前,他听从属下茅兰的建议,换上了白布作帷的丧车,以示畏罪,带着两位随从悄悄进入长安,躲藏在姐姐刘嫖的花园。朝廷派使迎接,见车骑尽在关外,刘武却不知何处。窦太后闻知此讯,哭着抱怨,刘启深感忧恐。刘武这时来到宫门前,卧伏在被称为斧锧的刑具上谢罪,太后和刘启见之大喜,相对而泣,大家又像从前一样,又召刘武的随从人员全部入关。刘武这次策划朝见,是要利用与刘启尚存的同胞温情,采取欲喜先悲、以悲垫喜的手法。他一开始把刘启先置于骤然失弟的悲痛中,让其对此产生一定的悲情感受,从而能产生见面的喜悦,同时又做出服罪的表示,希望能得到兄长的怜悯和宽恕。他的策划无疑是达到了应有的效果,但刘启这次还是与刘武有些疏远,不再与他同车共辇。

前144年冬,已是上次来京六年之后,刘武再来朝见,他上疏想留住长安,刘启没有答应,刘武回国后心中闷闷不乐。他北上梁山射猎,有人献来一头牛,脚从背上长出来,刘武一想起就恶心,六月中旬,他得了暑症,六天后身亡。窦太后闻讯,悲痛万分,不思饮食,刘启与刘嫖商议,在梁国之地上封刘武的五个儿子为王,他的五个女儿也封给食邑,太后听说后悲情稍解。

　　刘武在世时财产亿万计,及去世后,藏在府库中的黄金尚有四十多万斤,还有价值与此相当的其他财物。刘武收藏有一个价值千金的罍樽,为青铜制的壶形酒器,盖上刻有黄金装饰的云雷图像,他生前告诫后世要妥善保存,不得送给他人。十七年后他的夫人李太后与孙媳任王后争夺此樽,闹得不可开交,又引出了宫中不少的淫行丑闻,这恐怕是刘武万万没有想到的憾事。

宏大父业的刘启（汉景帝）

刘启是汉文帝刘恒的嫡长子，公元前 157 年，在刘恒去世后登基为帝，他继承了父亲的基业，并基本保持了朝廷原有的治国方略，使国家的内外政策在他执掌朝政的 16 年间得以延续，社会也有了进一步的发展。但专制权力体系中最高执政者的更替，毕竟会使执政集团内部的权力关系发生改变，因而会使国家政治表现为不同的态势。刘启是在一种新的政治关系中经受磨炼、走向成熟和宏大汉业的。

纨绔之性，报怨做君

刘启做太子 22 年之久，但对国家治理一直未见有多少参与的表现。诸事有父亲做主，他乐得享有不任事的清闲。贾谊和晁错都曾向刘恒明确表示了谕教太子的重要性，事情的提出正好说明了刘启当时治政心机的缺失已成了朝臣们担心的问题。刘恒让极具政治才能的晁错担任太子舍人、门大夫，后来又将升为博士的晁错再任为太子家令，这表现了他对刘启的厚望所系。

大臣和父亲的担心不是没有缘由的。刘启在为太子期间的确有一些行为失当之事。有一次，他和弟弟刘武一同乘车入朝，经过宫廷外面的司马门时没有按规定下车，掌管殿门的张释之追上阻挡，后来还上书弹劾两人的不敬之罪，闹到薄太后出面过问，刘恒主动承担了"教子不严"的责任，刘启才得以被赦免。过司马门不下车，在当时属违规行为，本来按规定罚金四两即可，但张释之不得不上书弹劾，使后来的事情闹得很大，一定是刘启拒绝受罚、骄横失礼所致。有一年，吴王刘濞的太子入京朝见，与刘启一同饮酒下棋，两人在棋局上发生争执，刘启就拿起棋盘砸向对方，致使吴太子毙命。刘濞是刘恒的堂兄，掌控富庶之地，为当朝势力较大的诸侯，刘启打杀其太子，引发了吴国与朝廷的深层隔阁,刘恒用怀柔示恩之心、赐给刘濞几杖允其不朝的手段,才勉强化解了双方的政治对抗。在这里,吴太子可能也有轻躁强悍的习性,而少有恭谦之心,但身为皇太子的刘启既不知用结谊和睦的政治心态对待吴太子,也不能用同宗之爱的热忱厚待远来的族兄弟,竟使一场博弈娱乐转化成恶劣的政治事件,看来也是骄恣放纵、轻藐他人,表现出了一种富贵子弟的纨绔之性。

奶奶薄太后做主为刘启娶薄家族女为妃,但刘启并不相爱,他不久娶来了一位姓王的有夫之妇立为美人,非常宠爱,后来生有三女一男。这位王美人已嫁给民间金王孙为妻,生有一女,只因她的母亲臧儿占卜后获知女儿将为大贵之人,就让其离开金家,金家怒而不允,臧儿则将女儿强行领走,送入刘启的太子宫中。按说皇家对入宫的女子常有资格和身体的审查制度,如其后百余年的大司马王凤就因把自己已嫁他人的妾妹荐给汉成帝为张美人而遭到京兆尹王章的上疏弹劾。刘启的嫔妃不少,他的姐姐刘嫖经常向他引荐一些侍御的女人,看来刘启多不遵守皇家的审查制度,属一种纵欲而为的浪荡习性。如果刘启知道这位王美人的前婚之事,那就也有强占民妻之嫌。

史书所载刘启早期的事情不多,仅有的几件的确有失人望。晁错在对刘恒的谏章中说道:"人臣之议或曰皇太子无以知事为也,臣之愚,诚以为不然。……"刘启的行为引起了朝臣关于他不知事理的议论,他已到了需要近臣对其能力才智作辩解的程度。但刘恒是一位极宽容和极有耐心的父亲,他心中始终没有对刘启的太子之位发生动摇。刘恒共生有七个儿子,先前在代地时,王后所生的三个儿子已陆续夭折,后来少子刘揖坠马身亡,剩下刘启、刘武、刘参三位,刘启为窦皇后所生的长子,太子之位本来就没有多少选择的余地,何况其他两位未必就比刘启更好。其实刘启本身缺乏的不是才质,而是对国事的投入、应有的政治责任心以及掌控国政的方法和经验。晁错就曾提出从治众、受事、安民和忠孝四个方面谕教刘启的方案。刘恒特意安排晁错长期在刘启身边任职,也表现了他想要提升刘启政治才能的一种急切之心。

为帝后的刘启并没有立即成为一名成熟的政治家,他一开始纠缠于往昔的睚眦之怨,利用权力实施报复,表现了政治上的低俗之气。

时任廷尉的张释之曾经弹劾过太子刘启,在刘启上台后他即称病准备辞职,终日惶恐不安,尽管后来他在廷中为一位王先生跪而系袜,当众求辱,自示卑小,但刘启年余后还是把他贬为淮南王相,作为对当初弹劾自己的清算。刘恒当年身患痈疮,必须有人吮脓,刘启入宫看望,吮脓时面有难色,他后来知道上大夫邓通常为父亲吮脓,心中顿然惭愧,由此也对邓通非常怨恨。邓通是刘恒的宠幸之臣,被赐以铜山,能自铸钱币,富过王公,刘启为帝后立即免掉了邓通的上大夫之职,不久就有人告发邓通偷在境外铸钱,刘启让法官审问,情况属实,定案后没收了其全部家产,还欠债数亿万。刘恒的女儿刘嫖不忍看到邓通贫困潦倒,让人送给财物和衣食,刘启总是派官吏全部没收,连一只簪子也不给留下,邓通身边不名一文,在别人家寄食,最终饿死。刘启惩治邓通,在效果上有壮大国库和规范铸币的作用,但其最初的动机则是一种挟权报复。因为他也听说,正是邓通在为父亲吮脓时说到太子是最爱皇帝之人,才促使父亲让他吮脓,把自己置于了异常窘困的境地。刘启为太子时曾召刘恒身边的人饮酒,有一位叫卫绾的中郎将称病未去,刘启为帝后有次去上林苑,点名要卫绾陪乘,在车上他问道:"我为太子时召你来,你为什么不肯来呢?"看来对当年卫绾的召而不来大有芥蒂,卫绾说自己当时确实是生病了。刘启大概拿不出卫绾其时没有生病的证据,后来又发现卫绾是一位极诚实的人,加之刘恒临终前对来自代地的卫绾有专门嘱托,刘启才未对其有所追究。

刘启为太子时的太傅开始为元老功臣张相如,后来张相如被免此职,石奋继做太傅。石奋十五岁随刘邦征战,为中涓侍从,他的姐姐曾为刘邦美人,石奋本人其时已积功至太中大夫,他以恭敬有礼、家教严谨而闻名,齐鲁之地的儒生都自以为不及。在石奋家中,他自己及教育出的四个儿子共五人都官至二千石,被号为万石君,人臣尊宠集于家门,看来其品德和教育都是出色的。石奋做太子太傅多年,刘启为帝后,让他担任九卿之职,但因石奋之职接近朝廷,刘启感到畏惧,遂改任石奋为诸侯相,把他调离了京城。石奋一直辅佐刘启到登基为帝,应该说太傅的工作做得不错,为帝后的刘启心想抬举他,却忍受不了这位恭敬严谨的长者给自己造成的心理压力,最终将其远徙他处。刘启既对石奋的管教感恩,又对其过分的严谨心存怨望,要想法摆脱这种管教的阴影,表现出的是思想成长过程中的一种徘徊心态。刘启为帝之初对弟弟刘武不经意地说道:"身后把皇位传给你。"这一玩笑曾引发了朝中不小动荡,也表现了他当时未曾脱净的稚气。

削藩惹祸,慌张应付

太子刘启的身边被刘恒安排了一批道德之君和治国能臣,对刘启政治意识影响最大的当属晁错。太子家称晁错为"智囊",可见对晁错的看重和信赖。刘启为帝后提升晁错为掌治京畿的内史,常常私下征询他对政事的意见,并乐于听从。晁错的宠幸一时超过九卿,一年后又被提升为御史大夫。

晁错曾经向刘恒提出削夺诸侯的建议,为此先后上书三十多次,而刘恒始终采取柔化示恩手段缓和与诸侯的矛盾,故对晁错的上书一直搁置未理,但该提议一直为刘启所赞赏。刘启执政后,晁错的政治主张被系统实施。但朝廷对诸侯的削夺立刻催生了吴楚七国反叛,导致了西汉建国以来最严重的一场内乱。事情的引发和处理均表现了刘启初掌国权时的诸多偏失。

刘启首先是不理解先朝处置诸侯的政治大略,他对朝廷并不能完全控制的诸侯,改用惩罚、削夺的方式对待,激化了双方的矛盾,最终导致了坏的结果。刘邦在世时,已消灭了除长沙王吴芮以外的异姓诸侯,基本实现了王者同姓、天下一家。大臣诛吕时铲除了后封的吕姓之王,但同姓诸侯王对王朝的新执政者血亲渐疏,他们几十年的发展也力量渐强,使朝廷感到了其尾大不掉之势。刘恒在执政后期采纳了贾谊关于"众建诸侯而少其力"的意见,乘某些诸侯王换代时在其领地上多封诸侯,分散其力。如淮南王刘长死后封其子刘安为淮南王,刘勃为衡山王,刘赐为庐江王;齐王刘则(刘肥之孙、刘襄之子)在前164年死后无子,朝廷于次年封刘肥尚在的六位儿子为王:刘将闾为齐王,刘志为济北王,刘贤为淄川王,刘雄渠为胶东王,刘卬为胶西王,刘辟光为济南王。刘恒在调整封地时还封了自己的儿子刘武为梁王,刘参为代王。这些调整和改封虽很复杂,但思路非常清楚,就是分化诸侯国的势力。采取这种方法的巧妙处在于,一方面使原有诸侯的领地被大块分割,其势力迅速减弱,基本丧失了与中央抗衡的资本;另一方面,中央政府并没有收缴诸侯领地,没有获取诸侯国的任何利益,是处身利益之外作安排,没有把自己摆在与诸侯直接冲突的地位。另外,这种分割是选择在诸侯换代之际,大版图的诸侯王已经离世,任何一位新的诸侯王在封立后都是一种个人利益的获得,而不是利益的丧失,他们也没有与中央对抗的必要。吴姓长沙王就因无嗣而被自然地除掉国号,这更是一种特殊的情况。按照上述思路进行下去,赵王刘遂、燕王刘嘉(刘泽之子)、吴王刘濞、楚王刘戊(刘邦弟刘交之孙)在本代或下几代人逝交班之际都会面临同样的情况,他们的封地渐次划小,最终将失去与朝廷相对抗的任何可能。

晁错主事后采取了另外一种不同的方法,他专门寻找诸侯的过错,以削地作为惩罚。他在出任主管监察、执法的御史大夫后,追究楚王刘戊往年为薄太后服丧期间在住所奸淫之罪,削去东海郡;胶西王刘卬卖爵有罪,削去六县;赵王刘遂因两年前的一件罪错,削去河间郡;吴王刘濞许多年来诈病不朝,收罗逃亡之人谋图作乱,削去豫章、会稽两郡。晁错的削地方案改变了前朝的弱藩方略,在王公大臣集会讨论时支持的人不多。这一方案将所削之地收归朝廷,扩大了中央政府的势力,故而深得刘启的赞同;但该方案使朝廷从诸侯国的罪错受罚中得到了好处,则将朝廷直接摆在了与诸侯国相对立的地位。同时这一做法使朝廷在双方的对立关系中既是利益的获得方,又充当诸侯罪错的裁决者,而判罪的法律多是晁错新近主持修改过的,这在程序和机制上有明显的不公正之处。如果诸侯已经弱小到没有多少反抗的实力,那他们只好听凭朝廷的摆布与宰割;但在若干诸侯尚有与朝廷对抗之力、许多诸侯对削地心有不服的情况下,这一方案自然包含了极大的风险。即位不久的刘启缺乏父亲刘恒那样深长的政治眼光,掌政主见不足,又对晁错过分信任和倚重,最终酿成了一场来势迅猛的内战。

当时吴国属势力最大的诸侯国,吴王刘濞掌国约四十年,他利用本国雄厚的经济实力广施恩惠,极能用众。刘濞自吴太子被打杀于长安后就与朝廷产生隔阂,因为刘恒的怀柔示恩手段才未得发作。打杀太子的刘启作了皇帝,刘濞本就心有不平,及晁错追究往事,要削夺吴之两郡,刘濞料到这种无端的削夺将没完没了,于是多年的宿怨终于一朝爆发。他与众多有削夺之虞的诸侯同气相投,暗中联络了胶西、胶东、淄川、济南、楚、赵等六个国家,于前154年公开举兵反叛,他们以诛晁错的名义分三路行动,向长安进逼,一时京师不安,天下震恐,汉王朝处在了一种遭受颠覆的危险境地。

七国反叛的消息传到京城,主政者刘启在处置这一突发事件时一开始惊慌无措,他试图用一种简单儿戏的方式去平息事态,显示了其政治上的不成熟。刘启一面组织军队准备迎击,一面与晁错商议用兵与筹粮计划。他曾对人说:"吴王以铸币制盐之富引诱天下豪杰,熬到白头老年才起事,他的计划不是万全不会发难。"表现了对叛军的高估与恐惧。晁错认为把国家几十万大军交给其他朝臣太危险,提议由自己居守长安,让刘启亲自统兵出征,并考虑为保证重点防御先给叛军让出一些城邑。筹划未定时,免职在家的袁盎求见刘启,认为诸侯是为晁错而起兵,现只要斩杀晁错,向诸侯谢过,归还削地,则诸侯军队可不战而撤兵。刘启对晁错的行动方案本来就心存疑虑,他自己又无统兵出征的能力和勇气,听到袁盎的建议,以为这是解决问题的简捷方式,于是将晁错骗斩于刑场,之后派袁盎等人去与刘濞和谈,劝其退兵。袁盎曾作过吴国之相,与刘濞有相识关系,刘启让袁盎和谈时奉宗庙象征物,以祖宗的名义前往,又让朝中掌管皇族事务的宗正以亲属的身份同往。刘启按刘濞起兵的目标要求杀了晁错,以为这样就消除了对方反叛的理由,使其失去了进军的借口;他大概料到使吴国如此轻易退兵并无把握,又搬出祖宗、亲属的关系,让其相识的故交前去相劝。他把一场严峻的政治对立试图纳入亲族范畴来化解,幻想以私人间的相亲相识来消除你死我活的军事对抗,表现了某种政治上的幼稚。

　　袁盎等人到了吴军时,吴军正在进攻梁国。身为族亲的宗正先行入见刘濞,让他行礼接受诏书,刘濞笑着回答道:"我已作了东方皇帝,还向谁行礼?"他拒绝会见袁盎,后来把袁盎扣留在军营,准备另行处理。袁盎多亏有一位旧日的相知舍命相救,许多天后才自吴军逃归。事实上,刘濞其时根本没有与朝廷和谈退兵的打算,诛杀晁错只是他当初用众起兵的一个借口,他向外界显示自己起兵只是要追究削夺诸侯、为非行事的直接责任人,以此回避了犯上作乱的名声,而其真正的意图则是要推翻现朝廷,取刘启而代之。在事未发作之时,双方都可以妥协周旋,但当大军已起之后,反叛的一方已没有撤军回旋的余地。刘濞是老于世故之人,他深明其中的道理,拒绝受诏当是他应有的选择,而这却是刘启所不能想到的。

　　刘启送走前去和谈的袁盎后,在京城等待吴楚退兵的消息,有一位叫邓公的将官自前线归来向他汇报战况,刘启急问:"听到晁错的死讯,吴楚退兵没有?"邓公回答说:"吴王谋反已有几十年了,因朝廷削地而发作,他以诛灭晁错为名,其本意不在晁错。"邓公又告诉刘启:"晁错忧虑诸侯强大不可制服,故请削地以壮大朝廷,这是万世之利。计划刚开始实行,竟遭受杀戮,对内堵塞了忠臣之口,对外替诸侯报仇,我认为这样做是不可取的。"邓公原担任朝中郎中令属下的谒者仆射,为皇帝身边之臣,当与刘启早有直接接触,双方可能不乏相互间的信赖关系,邓公向刘启毫无隐讳地指出了刘濞起兵的真正目的和朝廷诛杀晁错的失策。刘启从吴军拒不退兵的事实中有所觉悟,又被邓公的中肯言辞所提醒,开始意识到了事情的严重性。他面对邓公,默然良久,说道:"你说得很对,我也悔恨先前的处理。"晁错多年来一直为太子之臣,为朝廷提出过不少治国良策,对刘启的思想成长也影响颇大,在刘启执政后成为皇帝身边的股肱之臣,他甘舍身家性命于不顾,倾心于尊王室、安朝廷的工作,表现了对刘启极大的忠诚,而刘启却让他最终落了个身遭杀戮的下场,当刘启明白这一处置是帮助对手削除自己的左臂右膀时,其悔恨之言当是由衷的。

在刘启的朝廷,晁错曾为推行自己的政治方案得罪了一大批王公大臣,许多人在寻找晁错过失,必欲置其于死地。晁错担任内史时为改换内史大门的出入方位而凿开了太上皇之庙的外墙,丞相申屠嘉就为此写下奏章,准备借此定罪,请求斩杀晁错。晁错闻讯,连夜求见刘启说明此事,申屠嘉上朝奏事,请求将晁错依法惩办,刘启回答说:"内史府凿开的不是庙墙,是庙外空地的围墙,不牵扯到法律。"对晁错给予了明确的保护。应该说,刘启自为太子起就对晁错尊崇有加,为帝后更是不乏重用与保护,他之所以在吴楚反叛的关键时候把晁错抛出去,是轻信了对方起兵的虚假宣传,相信刘濞是专咬晁错的猛虎,以为只要投去晁错,这只猛虎就会饱食而归,因而病急乱求药,甘愿采纳袁盎的退敌方案。同时刘启也是被吴楚叛军汹汹张开的血盆大口所惊怔,他一时慌张无主,对晁错的迎敌方案心存顾忌,甚至对晁错曾经力主的削藩之策产生了怀疑与动摇。在刘启看来,七国反叛起始于削藩,让肇祸的晁错承担责任,让责任人去抵除这一无法消弭的祸患,并不是行事无由,这样自己免去了统兵出征之难,朝廷也免去了遭受颠覆之灾。应该说,刘启在采纳袁盎的退敌之策时也不是没有考虑,只是急促惊恐时的考虑会模糊事情的本质,其中多含侥幸之求。

从亲族求和的迷幻中惊醒过来后,刘启回到了军事平乱的方案上。父亲临终前曾经交代:"国家如有急难,周亚夫可以为将军。"遵照此意,刘启任周亚夫为太尉,让他统领三十六位将军的部队去迎击吴楚之军;让将军栾布率兵往齐国,迎战胶西、胶东、淄川、济南四国军队;让将军郦寄往击赵国叛军;另外派大将军窦婴驻兵荥阳,作为机动部队,并监督齐、赵两线之军。吴楚部队是叛军主力,周亚夫采取坚壁避战、断其粮草的战术,三月内就将其击垮,刘濞败逃后被东越人斩杀,栾布和郦寄两支部队也在其后不久取得了平叛的胜利。由于叛军的种种用兵失误以及周亚夫等各位将军的战场成功,颇具声势的七国叛乱在不到半年时间内即被荡平。

朝廷原本没有以武力削夺诸侯的打算,但军事平叛的成功却使诸侯的势力大为削弱,朝廷取得了与诸侯作政治较量的绝对优势。此后数年间,刘启在吴、楚、赵、齐四国的地盘上陆续封十三位皇子为诸侯王,既收到了以亲易疏之效,又迅速实现了先朝确定的"众建诸侯而少其力"的计划。前145年时刘启下诏令:"诸侯王不得复治国,天子为置吏"。这实际上取消了诸侯王干预封国政务的权力,其封国内的官员也一律由朝廷任免,朝廷同时还大量缩减诸侯国的官员。这些措施都大大降低了诸侯王的地位,使他们只能从封国取得衣食租税,基本上失去了与朝廷相抗衡的力量。

经过一场政治斗争的严酷磨炼,刘启的思想也开始走向成熟。三年前执政之初他挟权报怨,治政上依赖过多;七国反叛时他慌张无主、侥幸以求;派周亚夫出征时他同意其坚壁避战、断敌粮草的用兵方案,但在梁王刘武受敌求援时,他又下诏令让周亚夫出兵救梁,表现了对原定方案的不自信和用兵部署上的随意性。平叛事件中他处在政治斗争的核心地位,许多事情无可推诿,且要求不得一再错失,朝廷成败主要责任人的角色使他在事件中经受了一次思想与人格的痛彻洗礼,各种正反方面的经验对他都成为深刻的教育。这位不乏纨绔之性的君主从血与火的磨难中挺身走出、迅速成长,开始表现出了一种政治家的应有胸怀和眼光。周亚夫在军中没有奉诏救梁,事后刘启并未追究其违令之责,反而让周亚夫长任太尉,后来又将他升为丞相,给予少有的敬重。参加反叛的几十万部队几乎都是来自诸侯国的下层官吏和平民,平叛结束的当月,刘启就下诏宣布:"吴王刘濞等人反叛作逆,胁迫和欺骗吏民,参加的吏民都是不得已。现刘濞等人已被诛灭,凡参与刘濞等人的起兵以及逃亡的士兵,一律赦免无罪。"当时除过对参与反叛的骨干分子刘艺开除其族籍外,并没有对多少人实行惩治,这些赦罪之令和宽大措施极大地安定了人心,对平叛后保持全国局势的稳定起了重要作用。平叛后几年,刘启在吴、楚、齐、赵的地盘上大封亲子弟为诸侯王,朝廷平叛的军事胜利意外地获得了对诸侯国的政治优势,对诸侯王权力的削夺就可以来得更直接些。

沿袭旧政,少有调整

刘启为帝后,除对诸侯的方针改用晁错多年的主张外,其他大政大都沿袭了刘恒时的既成做法。但新帝执政,客观情况和执政者的观察认识有变,具体的实施程度和推行方式都有一些不同的表现。

刘启一上台,就明确地肯定了父亲之前的治政功绩,赞扬了其开通关隘而不隔绝藩邦、废除诽谤罪和取消肉刑、赏赐老者、收恤孤独、节俭开支和不受贡献等善政,认为这是"德厚同天地,利泽施四海"。对先朝功德的赞颂,实际上是向天下昭告自己施政的基本方向。按照先朝倡导实行的大政方针,刘启的朝廷继续实行了惠及百姓的政策,这包括:

其一,经济上宽以待民。刘启执政第一年下诏允许百姓可以自由迁徙到地土宽大之处,这是针对当时连年歉收、民多乏食,而有些郡国又限制百姓迁徙的情况做出的决定。他后来还进一步推行刘恒早年提出的列侯就国之策,以减少其封地之民的输粮之苦。刘启执政后期为促进农耕和纺织之事再下诏令,提倡务本和节俭。他说:"我亲自耕种,皇后亲自采桑,以供给宗庙的祭食和祭服,为天下人做出表率。"宣布减少皇家库存和民众的徭赋,使人们更致力于农桑和蓄积,以备灾害。针对社会上的一些奢靡现象,朝廷对列侯的丧事规格及治坟人数作了限制,还对官吏出行的车驾和服饰做出了一些规定性要求。刘启甚至在临终前数月还要求各郡国务劝农桑,广种树木,以资衣食。认为连年歉收的原因在于工商者众而为农者少,提出要对发动百姓从事黄金珠玉等末业的官员论罪行处。许多设想中的惠民政策也许在现实中未必能全部落实,但刘启的诏令代表了最高执政者所倡导的基本思路,会营造出一种积极的舆论环境,给严苛待民的官吏形成震恐和压力。

其二,吏治上提倡清廉。当时的官吏队伍中出现了接受下属吃请和收受财物,贱买贵卖的现象,这大概是刘恒执政时期没有出现或尚未发现的情况,刘启执政之初在诏书中揭出这些现象,让廷尉和丞相等官员商议处置之策,朝中高级官员商议后决定:官员接受下属请吃的,清退饮食费,免予追究;对下属财物贱买贵卖的,按盗窃罪,将财物没收入官库,对其官员削夺官爵和职务,无爵者罚金二斤;对送财物的下属迁徙或罢免;有能检举报告这些情况的,将其财物相送。刘启后来还针对有些官员借职权渔夺百姓的现象提出了制裁意见,并提出对二千石以上高级官员的违规者由丞相亲治其罪。

从朝廷所颁布的某些诏令中可以窥见,当时官吏的借权谋利现象已在蔓延并向高级职位上伸展,在朝廷提出了一些制裁的对策后,刘启还作了些必要的思想引导,他在临逝前一年曾下诏书说:"人不患其不知,患其伪诈也;不患其不勇,患其为暴也;不患其不富,患其无厌也。"他希望官员忠诚做人,不要贪得无厌,为此还把做官的财产资格由过去的十算(十万钱)降至四算,重申有市籍之商贾不得为官,试图引导和强化人们的清廉意识。

其三,提出"治狱者务先宽"的司法理念。按照先朝废除若干酷刑的思路,刘启对人们讲:审案关系到人的生命,因死者不可复生,故须慎重对待。他提出了一种将疑难案件提交上级审理的制度,称为谳(yán)。如果按条律应当受法但心有不服者,可以提交上级审议,其程序是:"狱疑者谳有司,有司所不能决,移廷尉。"还规定即使谳案者最后被判定是有罪的,但谳案本身不为过失。对该规定我们今天自然不能评价过高,但这却是在当时的司法制度下,较大程度地保护了受案人的利益,体现了宽厚待人的思想和尽可能防止冤错的意旨。朝廷还在前148年发令,把残裂肢体的磔(zhé)刑改为一般的弃市(处死),宣布以后不再使用磔刑。当时有一种用竹板或荆条抽打刑犯背部或臀部的笞(chī)刑,刘启认为笞人过多,即使不致人死,也难生存,下令将笞五百改为笞三百,笞三百改为笞二百。后来他发现受笞刑者,有时人已死了而鞭笞还未完毕,又将笞三百改为笞二百,笞二百改为笞一百。当时丞相和御史大夫受命商定笞刑的方式,最后规定了刑箠(鞭子)的尺寸和薄厚,要求竹片要平,鞭子要打向臀部,中间不得换人。据说自此以后没有因鞭笞而导致死亡或身残的受刑者。这些都体现着司法及刑罚制度上的一些渐进性调整。

刘启执政之初,开始征收停止了十二年之久的田租,按三十而税一实行;次年将男子的服役年龄由二十三岁提前至二十岁,这使民众的负担比前朝有所增加。然而这些调整幅度不大,基本在生产者可以承受的范围内,并非国家政策取向的变化。

另外,刘启执政初年还继续执行了与匈奴和亲的政策,他即位前五年间至少有两次送族女嫁于匈奴单于。吴楚反叛时,赵王刘遂暗约匈奴入汉,后来叛军失利,匈奴并未出兵,不久又接受了汉朝事后的和亲之议。前148年匈奴侵入燕地,汉朝遂中止了和亲。前144年和前142年,匈奴两次进入雁门(今山西西北部及内蒙古相邻之地,治所在今山西右玉南的善无),为寇深入,双方有过一定的交战,太守冯敬亦战死疆场,但尚无先朝时那种稍有规模的攻掠。两次战前的前147年,匈奴曾有唯徐卢等两王率众来降,朝廷皆封为列侯,这年自匈奴来降被封王的共有七位,可见在与匈奴的对峙中汉朝并非总居劣势。匈奴对汉朝虽无真正的和好诚意,但也不敢恣意侵掠,汉朝则以和与战的两手谋求双方关系的和缓,任何手段都是被作为一种权宜策略来使用,也少有刘恒时期的那种外交忠诚。

家事缠身,周旋母后

刘启执政后碰到的一个难题是选立太子,为此引发了本家内部的许多矛盾冲突,并波及整个朝廷,这使刘启曾长期陷入了一个乱事缠身的境地。

刘启的嫔妃极多,单后来封王的皇子就有十三位。他的第一位皇后薄氏没有生子,这就必须在众位嫔妃的生子中选立太子,大概是选择的余地太大了,反而一时不好确定,不像父皇刘恒当年即位数月即可定立太子。在平定了吴楚反叛后的次年,已是他执政四年之时,栗夫人的生子刘荣被立为太子,后被称为栗太子。但这位栗夫人生性嫉妒,对其他嫔妃及其生子不能相容,又与长公主刘嫖为儿女约婚之事相互怨恨,闹出了许多宫中的是非。刘启不能容忍栗夫人的心性之狭,加之他已另有所爱,在后来废掉薄皇后之后却拒绝立栗夫人为皇后,反而在执政第七年废栗太子为临江王,数月后封他宠爱的王美人为皇后,又立其生子刘彻为太子。

栗太子的太傅是大将军魏其侯窦婴,改立太子时,窦婴和丞相周亚夫坚决反对,窦婴甚至为此而称病,避居长安之外的蓝田山下数月,大概是以此表示抗议吧;周亚夫事后坚决拒绝对王美人的哥哥王信封侯,由此也表示了对改立之事的一种态度。而刘启为了稳固和壮大刘彻在朝中的地位,对颇有人望的窦婴采取压制的手段,对周亚夫则公开指斥,逼其离职,后又设局试探,将这位心怀怏怏的用兵能手最终借谮词而逼杀。刘彻继位的反对者被打压和处置了,刘启在许多年中为此付出的心力可想而知。

刘启在未立栗太子之前,曾在一家人宴饮时对自梁国来京朝见的弟弟刘武私下开玩笑说:"我身后把帝位传给你。"刘武与刘启为窦太后一母所生,作为少子的刘武最得母后宠爱。刘启开此玩笑,大概是想博取母后一欢,顺便想表示自己在家中内部并非是以天下为私的。刘武也料到这仅是一句戏言,但窦太后却被此言深深触动,她大概以为大家都是一家人,有骨肉之亲,这样做也未尝不可。当时在宴饮现场的窦婴听到刘启之言,曾对刘启进酒示罚说:"天下是高祖开创的,汉朝的规矩是父子相传,您凭什么能擅自传给梁王!"窦太后为此憎恨窦婴,逼使这位堂侄辞掉了主管皇后与太子家事的詹事一职,甚至除掉了他进出殿门的名籍,不让他参加春秋两季的朝请,可见窦太后对此事的较真程度。刘荣被立太子后,窦太后不得不打消此念;几年之后刘荣被废黜,窦太后大概不知刘启后面的打算,于是又向刘启正式提出了让刘武继嗣的事情。刘启当面含糊应诺,回过头去征求许多大臣的意见,有十多人提出反对意见,退职在家的袁盎甚至面见窦太后,陈述利害,持理抗争,窦太后只好收回自己的提议。刘启不久立胶东王刘彻为太子,刘彻的生母王美人稍前也被立为皇后,立嗣传位之事算是尘埃落定。

刘武曾在抗击吴楚叛军时有功于朝廷,被赐给天子的旌旗和很多财物。这位梁王不知自律,借母后和兄长的宠爱而恣意妄为,在国内大修宫室,招延四方豪杰,出行仪仗比拟天子,有种种僭越之行,刘启听到后极不高兴,但碍于母后的关系,只好隐忍。窦太后深知其中的微妙,一度拒绝会见梁国使者,大概是要向刘启表示出她对刘武之行径并未支持的姿态吧。后来梁国内使韩安国通过刘嫖向窦太后表达了刘武某些行为的原因及已悔过的心情,窦太后急让韩安国将这些情况说给刘启,她对少子的内心关爱不言自明。刘启听到韩安国所说的情况,对刘武的僭越行为心中也有所宽释。这是栗太子被立后不久的事情。

及刘彻改立为太子后,刘武感到自己继嗣为帝的希望落空,心中怨恨,就让身边的宾客羊胜、公孙诡等人组织刺客入关中刺杀了反对窦太后之议的袁盎,刘启料到这次谋杀案是梁国君臣策划,后来的调查果然证实了这一点,于是他派出多批使者,催逼梁国尽快捕捉涉案人。刘武将羊胜两人藏于自己的王宫,后来迫不得已之下让两人自杀,把他们交给了朝廷。但后来进一步的调查证明,事情牵扯到刘武本人,刘启对如何处置因而深感为难。

刘启为维护朝廷的尊严和天下的政治秩序,尤其为了给太子刘彻留下一个没有诸侯威胁的平稳帝位,就必须像父亲刘恒当年惩处刘长一样,对刘武做出制裁。但刘武是母后的至爱,对他的任何处罚,哪怕仅仅是封地的削夺,都将为母后所不忍;如果强行制裁,不仅会落下以兄害弟的名声,而且会引出母后生事,落下一个不孝的罪名。刘启这时候真正是左右为难。

窦太后的关系和影响始终是刘启行事中一时不能穿越的障碍。当时的外戚王信为了求得窦太后对王氏家族的关爱,出于讨好窦太后之意,让妹妹王皇后说服刘启宽释刘武。王皇后正得刘启宠幸,她以厚亲爱弟之道劝说刘启,刘启心已释然。不久,被派往梁国审查案件的老臣田叔也设身处地地为刘启着想,认为如果把事情闹得太后不宁,那终归是刘启的麻烦。这位以忠厚出名的长者在回长安的半路上已将案件的审查材料全部烧毁,他劝刘启不要再追究此事。在刘启的认可下,田叔去向窦太后报告说:"谋杀袁盎,全是羊胜、公孙诡等人所为,梁王并不知情。"刘启出于对母后的顾虑,对刘武刺杀大臣之罪就这样以自欺欺人的方式给予了宽释,这恐怕一半属于违背自我心意的不得已行为。

事情过后刘武请求入京朝见,他为了让兄长产生些悲情感受,在进入函谷关前留下随行车马,带两位随从悄悄进京。朝廷派使者在关外迎接,却不见了刘武。窦太后闻讯后哭着说:"皇帝杀了我儿子!"使刘启一时惊恐无措。后来刘武伏锧于宫前谢罪,一家人相见,方才喜极而泣。数年后刘武病逝于梁国。窦太后悲痛至极,饮食不进,哭着对人说:"皇帝果然杀了我的儿子!"刘启当年追查梁国罪案一事,尽管对刘武并未作任何伤害和处罚,但看来窦太后对此仍耿耿于怀,她认定刘武后期的负罪恐惧和郁闷致死都是刘启造成的,在两次失子的最悲痛时刻,她道出了平时忍而未发的心底之言,前次失子后幸有刘武重现眼前,悲极而喜;当刘武真的死后,窦太后认定刘启是刘武死去的责任人,刘启哀惧不已,有口难辩,不知如何是好。最后他与姐姐刘嫖商议,在梁国的地盘上封刘武的五个儿子为王,刘武的五个女儿也都封给私收税赋的汤沐邑。把这些事情报告给窦太后,太后的悲痛才稍微缓解,她日进一餐,作为对刘启孝心的认可。

刘启处在国家权力的高端,是朝廷真正的掌权人,但他也不敢违背传统礼义中孝的观念。无论自己处事的本意如何,他都要顾及母后的心思,关键时总要设方想法讨得她的欢心,至少不能违拗老人家的意愿。梁王刘武的任何行为其实都不难处置,最难应付的是刘武背后的太后。刘启自己废置国法、委曲宽宥，最后反被母后认定是以兄杀弟，落下许多不是，而自己又得去设法讨好她、劝慰她，其内心的苦楚自然欲诉无处。

在刘家江山的政权系统中，刘启作为执政之君，自然享有最高权力，但当太后以家事看待天下政事，表达自己的处置意见时，同样不失其最高的权威，这就有可能形成权力系统中的两个中心。母后与儿皇一般是相互倚重、彼此忠诚，双方在对待外部重大事务上会有高度的一致，历史上不乏精诚合作、互相支持之例。但在对待切身的家事上，尤其是牵扯到血亲关系人的有关利益时，由于双方的情缘和利益不同，则会有不同的认识和主张，因而会发生相互间的摩擦与冲突，最高权力的归属要由双方的势力对比和处事策略等因素来决定。吕雉执政时曾废黜并幽杀了刘盈之后的少帝刘恭，成为这种冲突的极端之例；窦太后主张刘启应传位给刘武，并为保护刘武而多次指斥刘启，也表现出了这样的倾向。刘启与父亲刘恒执政不同的是，他必须以更多的精力来与母后相周旋，在妥协和抗争中维护自己的最高权威。

其实刘启与窦太后的处政冲突还不止表现在对刘武的关系上。平定了吴楚七国之叛后，刘启准备让刘濞之弟刘德侯的儿子接续刘濞之嗣，让楚王刘戊的叔父刘礼（刘交之子）续楚国之嗣。窦太后反对说："吴王是老一辈的人，应当在宗室中守法效忠，现在却带头叛乱，为什么要给他续后呢？"按照这一意见，刘启封刘礼为楚王，没有给刘濞续嗣。刘濞是刘氏宗族中与刘启血亲关系稍远的诸侯王，反叛中又有首恶之罪，或许窦太后的意见更有利于刘启朝廷的江山一统，也有利于扬善抑恶，对此刘启应该不会不知，但真正的问题在于对刘德侯之子的封王，母子俩人有着根本不同的态度，刘启终向母后作了妥协。

窦婴是窦太后堂兄的儿子，曾因当面指责刘启关于传位刘武的戏言而为太后所憎恨，被取消了出入宫殿的门籍，他也辞去了詹事的朝职。吴楚反叛时，刘启在宗室中选定他统兵监督出征赵、齐的两路大军，当时窦婴借口生病，坚决推辞，刘启认为"国有急难，外戚不可推卸责任。"强行任命，窦太后因上次除其门籍之事感到惭愧，但也默许了这次任用。平叛之后，窦婴因功被封为魏其侯，刘启非常看重，每常讨论军国大事时，窦婴与周亚夫并列，窦婴接着又担任了栗太子的太傅，一时成为尊贵朝臣。窦婴在栗太子被废后与朝廷的关系有所变化。当时的丞相刘舍被免职后，窦太后几次推荐窦婴接任相位，刘启没有答应，大概是母后说得多了，刘启分辩说："太后难道以为我心有吝惜而不让魏其侯任相？

他这人常常沾沾自喜,轻率随便,难以担当重任。"最终任卫绾为丞相。在这里,当窦太后憎恨窦婴,除其门籍后,刘启千方百计地重用窦婴;而当窦太后多次推荐窦婴做丞相时,刘启又拒不任用,明显地表现出了与母后正相不同的任用取舍。当然,刘启选任窦婴任将,大概也是从其反对刘武继嗣一事上看到了他对皇朝的忠贞不贰;后来拒绝任窦婴为相,自与栗太子被废一事有所牵连。但反过来看,窦太后所以后来又转而器重窦婴,也正是从其反对更换太子一事上看到了这位堂侄对刘启有所保留的刚强态度,希望他为相后能增加窦家的在朝势力。窦婴是太后与刘启政治对弈棋盘上的一颗棋子,他走进一方的棋局中,必遭另一方打压,这是窦婴自身面临的窘困命运,但也反映了刘启处理朝政、对付母后的一种客观现实。

栗太子刘荣被贬为临江王时,刘启专门安排酷吏郅都来逮捕惩处刘荣的母舅栗卿等人;几年后刘荣因侵占宗庙余地罪被招入京,中尉郅都办理此案,他严厉审讯,且不准申诉,刘荣被逼自杀。窦太后听说了郅都的审案过程后非常生气,她按重法讼告郅都,使郅都免职回家。但刘启在郅都离京后却让使者带着符节任命其为雁门郡太守,并让他从家里直接去雁门赴任,不用去朝廷拜谢。郅都在边境防御匈奴,震慑敌胆,极有功劳,但窦太后仍用汉朝汉律中伤郅都,刘启回答她:"郅都是忠臣。"窦太后反问:"刘荣难道不是忠臣吗?"朝廷最终杀掉了郅都。郅都对栗氏的捕治和对刘荣的逼杀应该都不出刘启之意。大概刘启是要为刘彻的继位扫除一些看得见的潜在威胁。纵然郅都后来为此逼死了刘荣,受弹劾而丢职,刘启仍然对他重任以太守之职,他让郅都直接从家中去赴任,是想瞒过他人,避免来自太后的不必要麻烦。对郅都的看重和细心保护反映出刘启正是其行事的主使人和支持者。窦太后不能容忍自己的长孙被借故逼杀,她依据法律指出郅都之罪,使其免职回家,一时取得了表面的胜利。但当她后来知道这位免职回乡的罪臣仍然在雁门郡守的职位上做官建功,她一定料到了儿子对自己的欺瞒,旧恨加新恼,于是以不依不饶的坚定态度再次据法相论。也许郅都逼杀诸侯王确有明显的违犯汉法之处,刘启失去了对其作最后保护的依据,只好亮出郅都属于忠臣的盾牌作抵御,但忠臣的名分并不是其本身逃脱法律指控的根据,窦太后抛出被害人刘荣也是忠臣的底牌,终使郅都的行为失去了任何可以为之开脱的理由。郅都被斩杀,是窦太后对刘启政治对弈中的一次胜利,如果她已料到刘启曾是郅都审案背后的主使人,其追究郅都之罪的真正目的也就更为清楚了。

　　窦太后喜欢黄老之言,对《老子》一书情有独钟,她招齐人博士辕固生请教其中的学问,喜欢儒家《诗》、《书》的辕固生回答说:"这只是普通人的言论罢了。"窦太后发怒道:"难道比不上狱吏审判的书吗?"她命令辕固生入兽圈与野猪格斗。刘启见状,就交给辕固生很锋利的兵器,辕固生下圈刺猪,正中心窝,野猪随手倒地,太后默然无语,只好作罢。而刘启不久后则拜辕固生为皇子清河王刘乘的太傅。在这里,窦太后听到对道家经典有所非议的言论就欲惩罚其人,自然是偏激失当的做法,刘启暗中协助受罚人,救其于厄难之中,当属一种上好的善行。窦太后曾中年生病,双目失明,这当是刘启授给辕固生利器而能够瞒过母后的客观条件。联系刘启曾暗封郅都为雁门太守一事,已经可以看出,刘启自知在许多事情上说服不了母后,也无意与母后作过多地交流,他认为自己只要采取一些更加灵活的方式,力争瞒过母后,按照自己的意愿行事就够了。这已是他在长期与母后打交道过程中逐步摸索出来的应付之方。

　　当然,刘启毕竟是窦太后的儿子,窦太后也必须依靠刘启的皇帝之位来支持自己的太后身份,母子间固然有冲突和争执,但总是在维护汉家江山和相互认可的基础之上,属于持政方式和个性认识上的分歧,双方的争执对立大多也没有绝对的此是彼非或彼是此非之别。人们从中能看到的,仅仅是刘启执政期间遇到的一种特殊情况以及他解脱难题的不易。

无为治国,心尚法术

　　刘恒执政时实行了轻徭薄赋、减刑慎罚的清静安民之策,刘启基本上因袭了这一治政程式,后世因而认为他们两代实行的同是黄老思想指导下的无为治国方针。黄老之学是当时道家人物宣称的以黄帝、老子关于"道"的学说为中心的思想流派,以自然天道观为主,主张人们应按照"生而不有,为而不恃,长而不宰"等道的法则行事,政治上实行清静自然、无为而治的方针,当时主要与儒家学说形成明显对照。窦太后崇尚黄老之学,她对朝中配备的颇通《诗》《书》等儒家学说的博士官员刻意打压,甚至对儒士辕固生及后来的公卿赵绾、王臧等进行人身迫害。在这样的社会环境中,黄老之学与国家政治有了紧密的结合,双方互相支持,相得益彰,如果认为刘启执政遵循的是无为治国的方针,也未尝不可。

然而，从刘启具体的施政过程和某些处事方式上看，他则是更多地受到法家刑名之学的影响。法家曾把"刑名"和"法术"联系起来，把"名"引申为法令、名分、言论等，主张循名责实，慎赏明罚，强调政治治理中法、势、术的结合。这种思想被称为"刑名之学"或"刑名法术之学"。黄老学派在承传过程中曾吸收和夹杂了一些法术思想，但并非以此为主，刘启早年为太子时长期身受精通法家刑名之学的晁错的影响，在为帝后的施政中则更多地使用过权术手段，明显体现出了崇尚法术的倾向。

吴楚七国反叛之初，一时朝野震恐、袁盎曾建议诛杀晁错，向吴楚谢过而请其退兵，刘启出于平息事端的考虑，无奈而应诺。他让袁盎秘密准备行装，等候与吴王刘濞去和谈，然后安排了对晁错的处置：十多天后，朝中丞相，中尉和廷尉等高官联名奏书弹劾御史大夫晁错，罪名是他曾对皇帝说过，朝臣带兵平叛不可靠，必须皇帝自己带兵出征；又提出平叛中可以把部分城邑让给吴军。奏书认为晁错无臣子之礼，大逆不道，且使皇帝疏远群臣百姓，提出"错当腰斩"。联名奏书立即被刘启批准。在刘启的安排下，负责京城治安的中尉去邀请晁错一同巡视东市，那是京城长安处斩罪犯的刑场。晁错穿着上朝的衣服与中尉同车而行，到了东市，即被斩杀。在这里，刘启与其他朝臣合谋，创造了斩杀晁错的一切条件，程序合理，形式正常，甚至施刑的场所也都安排妥当，但对这一切，晁错本人却浑然不知，他是穿着朝衣，以公干巡视的心态去东市，大概在受斩之时也不明事情底里。丞相、中尉等人都是奉旨而行，没有刘启的安排，他们绝不会知道晁错对皇帝所提出的平叛方案而诬之以罪，也绝不敢联名弹劾正被皇帝器重的御史大夫。而作为事情的安排人刘启，既要斩杀晁错，又不愿以审讯的方式面对晁错，因而玩弄了许多欺瞒哄骗的把戏；他既要实施自己的意志，又不愿显露自己，因而躲在幕后由他人申奏其罪并实施斩杀。晁错是先朝名臣，对刘启多有师教之情和相知之义，在关键时将其抛弃斩杀，刘启内心愧疚难以面对晁错，事后也要承担忘师和负义的恶名。他盘算许久，干脆安排别人来实施并自始至终瞒过了晁错本人。这一过程表面上似乎是按朝廷的定罪与处罚程序来运作，而实际上完全是一种由君主所操纵玩弄的权术手段。

刘启刚即位时，将当时著名的战将陇西都尉李广调任为骑郎将，让他担任皇帝护卫骑兵的统率将领,这应属一种超常的信任和提拔。平叛吴楚时,李广被派往太尉周亚夫的军中,以骁骑都尉身份从征,为轻骑部队统率,李广曾在昌邑交战中夺敌帅旗,立有大功,但因战后他曾接受了梁王刘武授给的将军印,因而回朝后刘启没有给他封赏,并把他调为上谷(今河北省西北部及中部一部分)郡太守,明显有贬用之意。法家主张政出一门,赏罚不二,强调由君主本人掌握赏罚之柄。李广作为一员战将,大概并不理解梁国与朝廷的微妙关系,他把刘武作为皇弟与诸侯王来看待,故而不能辞却对方授予的某种荣誉。但当他接受了梁王的赏予时,却犯了朝廷的大忌。尽管他战场有功,且在之前深得朝廷信任,刘启还是毫不犹豫地将其调离京城,贬任为边郡太守,他要让李广的受赏之错得到明确的贬用式惩罚,以更实质性的贬任来显示朝廷拥有的赏罚权威。这一改任本身及其原因的形成完全符合于法家的思想逻辑,表明刘启在用政处事上对法家思想的崇尚。

后来的丞相周亚夫因反对刘启改立太子等事而被免职,周亚夫精于用兵,如不能心悦诚服地拥戴太子,那将成为太子即位后会对朝政形成威胁的人物。面对这种情况,刘启不是推心置腹地告以真言,争取到周亚夫对新太子的支持,而是设下饭局,对其进行为臣心态的测试。他召周亚夫进宫赐食,席上只放着未切开的一大块肉,周亚夫让主管酒席的人取筷子,刘启则从周亚夫的愠怒之色和其后快快不乐的态度上认定他不会做太子的忠顺之臣,最终利用周家在一次官司中的受诬之词治其谋反之罪,逼死了周亚夫。提倡刑名之学的法家主张臣子要绝对地服从君主,要求在君主的绝对权威面前不能保留为臣者丝毫的个人尊严与意志。尽管吃肉索筷和为臣不忠是风马牛不相及的两回事情,二者没有必然的联系,但法家理念会把前者视为为臣者在君主面前个人意志的恣意保留和放肆展现,将其认作为臣不忠的心中根苗。刘启其后催使官吏致死周亚夫,表明他是毫不置疑地相信法家这些理念的。

刘启曾在朝中设有博士官,征召许多饱学之士备问政事和讲学授业,赵绾、王臧、辕固生、胡毋生等人均在其中,深通《春秋》的广川(今河北景县西南广川镇)人董仲舒也作为博士在此设帷讲学。有一次,辕固生与黄生两人就商汤伐夏桀和周武灭殷纣的历史问题在刘启面前辩论。黄生说:"汤武并非承受天命,而是弑逆君上。"辕固生说:"不对。桀纣暴虐荒淫,天下人心都归于汤武,汤武顺应天下民心而诛桀纣;桀纣治下之民不为暴君所用而归顺汤武,汤武不得已而登位,这难道不是承受天命吗?"黄生说:"帽子虽破旧,一定要戴在头上;鞋子虽新,一定要穿在脚上,这是由上下名分所决定的。桀纣虽然失道,但总归是君上;汤武虽然圣明,总归是臣下。君上有过失,臣下不能以正直的言语去纠正过失以尊崇天子,反而利用君上的过错去诛杀他,取代其位而自己南面称尊,这不是弑逆又是什么?"辕固生回答说:"如果照你的说法,那高祖皇帝取代秦朝而登上天子之位,是不正当的了!"刘启听到这里打断说:"食肉不食马肝,不算不知味;谈论学问不说汤武受命,不为愚蠢。"遂结束了这场辩论。

辕固生深通《诗》《书》,是儒家学人,黄生则持法家之论,他们的论辩反映了儒法两家一种正相对立的社会政治观,是这种社会政治观的对立在某一历史问题上的表现和冲突。儒家认为天命无常,有德者居之。统治者如果不能顺应民心,就会被天命抛弃,而那些能顺应民心的人则会承受天命,将统治者取而代之。商汤对于夏桀、周武对于殷纣正是这种情况,所谓"汤武革命,顺乎天而应乎人。"(《易·革》)辩论中的辕固生正是遵照和发挥这一观点。法家则强调社会各层的等级秩序,认为君主与臣属的上下关系是不可移易的。先秦法家的集成者韩非就曾引用过这样的话:"冠虽穿弊,必戴于头;履虽五彩,必践之于地。"(《韩非子·外储说左下》)认为是殷纣对西周的诛讨未行才导致了自己的身亡国灭。辩论中的黄生必是精通于韩非之作,他几乎以韩非的原文原例来提出和论证所谓汤武凌替行为的不正当性。面对黄生关于汤武僭次越等、弑君为非的辩难,辕固生直截了当地点破了这一命题论辩的现实意义并想以此压服对手:儒家的天命无常观是给新生王朝的创立提供理论依据的,法家的等次不变观将会使汉王朝的代秦而立失去合法性。辕固生把双方论辩的理论问题政治化,表明儒家思想与现实政治的结合,大概他是想借用政治的权威来压倒黄生的法家理论。然而,法家理论不仅不脱离现实政治,而且尤其看重当前的政治问题。如果按照黄生的论辩逻辑:刘氏汉家是当今天下的君主,占据至尊之位,无论何种情况下,他人都不得僭越凌替。黄生极可能会接着反问辕固生:按你的说法,如果当朝君主有了过失,其他哪位臣属就应该取而代位么? 刘启还真是一位心性聪明、反应敏捷的人,他在辕固生发问之后,未等黄生开口,即打断了辩论,他不愿让黄生把当朝政治对法家理论的借重关系以那么直白的方式表露出来,使后者丧失自身应有的尊严,故此转而以一种隐晦的说法表达了自己对这场论辩的鲜明立场。马肝相传是有毒之物,食之能致人死亡。刘启认为,吃肉的人不吃马肝,并非不知马肝之味,反而是深知马肝之性;同样地,谈学问不说汤武受命,非但不是愚蠢,反而是极有见地的聪明人。从刘启的表态中可以看到,他是不大赞成汤武受命之说的。在汉家天下,任何人都应安守既成的社会等级秩序,在任何情况下都不得有非分之想。他希望由此保持刘氏本家在天下永久的君上地位;同时刘启也不想把这一思想理念直露无晦地表达出来,以避免某种学问理论为承奉眼前政治而显得过分生硬和违拗人心。他借食马肝一事作喻,启发那些辩论不休的博士学人:真正知味的人不食马肝;真正聪明的人不提汤武受命。法家的理论本来就是一种服务于当前政治,宜做不宜说,不可张扬的学问,刘启对上述辩论的表态和他对自我观点的暗喻无不表明他对法家思想的选择和崇尚。据说自刘启那次在辩论中表态之后,当朝的学者们没有人再公开论说汤武是受命还是弑君的问题,刘启的表态几乎已一锤定音。

刘启在用人上也表现出了对法术之士的看重。除晁错之外,他后来重用的郅都就是一位践行法术的官员。统领侍卫的中郎将郅都有一次随刘启去上林苑(今西安市南周至、户县界)游猎,刘启的贾姬跟随,贾姬如厕时,一头野猪突然跟了进去,见郅都无意行动,刘启自操兵器准备如厕营救,郅都伏地劝阻说:"失去一姬又会有一姬进宫,天下缺少的难道是贾姬这类人吗?陛下纵然看轻自己,皇室和太后怎么办呢?"于是大家没有相救,据说野猪后来也没有伤害贾姬。在这里,许多大男人们带着若干女人去打猎游乐,在野兽威胁女人生命时,郅都却阻拦她的夫君去救援,还振振有词地不失理由,全是那些贵贱有等、尊不易贱等草菅人命,冷酷无情的理念,这是法家思想的典型表现,反映着法术之士的基本特征,而郅都正是因这件事情及其理念而被朝廷看重。当时济南郡的瞯(xiān)氏族人共有三百多家,在郡中横行无度,不守法纪,郡太守不能制服他们,刘启特任命中郎将郅都为济南太守。郅都到任后族灭首恶,震慑了瞯氏,一年之后,郡内道不拾遗。郅都在任上,不拆看因私送来的信件,不接受馈赠的礼物,不理会私事之托,公正廉洁,宣称自己已抛开双亲出来做官,应该在官位上尽职守节而效死。他执法严酷,不避权贵,皇亲列侯见之都害怕得侧目而视,称他为"苍鹰"。他曾在栗太子刘荣被废时受命逮治其母舅栗卿之属,后又审查临江王刘荣侵占宗庙空地之罪,逼其自杀。郅都曾在雁门太守之位上令匈奴所惧。据说匈奴人雕刻下郅都的木偶头像,令骑兵奔驰射击,但没人能射中,见其畏惧之深。郅都因故受到窦太后的刻意追究,但刘启对他的保护和看重却是毋

┌─ 王皇后生刘彻 (汉武帝) —— 庾太子刘据前 91 年死，弟刘弗陵（汉昭帝）──→

├─ 栗姬生刘荣(栗太子) 前 150 年废为临江王，前 147 年受审自杀。

├─ 栗姬生刘德 (河间献王) —— 共王刘不害 —— 刚王刘堪 —— 顷王刘授──→

├─ 栗姬生刘阏(临江哀王)，前 152 年死, 无子, 国除。

├─ 程姬生刘馀(鲁恭王) —— 安王刘光 —— 孝王刘庆忌—— 顷王刘劲——文王刘晙

├─ 程姬生刘非(江都易王) —— 嗣子刘建荒淫无度，前 121 年受审自杀，国除。

├─ 程姬生刘端(胶西于王)，数犯法，前 108 年死, 无子, 国除。

景帝刘启 ┼─ 贾夫人生刘彭祖(赵敬肃王)，擅位六十余年— 顷王刘昌—— 怀王刘尊, 无子。

├─ 贾夫人生刘胜(中山靖王)，好酒色，子百二十余—— 哀王刘昌— 康王刘昆侈 →

├─ 唐姬生刘发(长沙定王)—戴王刘庸 — 顷王刘鲋鮈—刺王刘建德 — 炀王刘旦

├─ 王夫人生刘越(广川惠王)—缪王刘齐 — 广川王刘去, 兄戴王刘文—— 刘海阳

├─ 王夫人生刘寄(胶东康王) —— 胶东王刘贤 —— 戴王刘通平—— 顷王刘音──→

├─ 王夫人生刘乘 (清河哀王)，前 136 年死, 无子, 国除。

└─ 王夫人生刘舜 (常山宪王) —— 前 114 年子刘勃嗣立，数月罪废。

汉景帝刘启的众多后嗣状况

庸置疑的。郅都死后,长安附近的皇族贵戚多作恶犯法,刘启遂征召酷吏宁成为中尉,宁成仿效郅都的办法治理长安,皇族豪强们都恐慌不安。据说宁成先曾为济南都尉时,人称其治民"如狼牧羊",言其狠毒严苛,但刘启却宁愿任用这样的人物,可见他对法术之士的偏爱。

司马迁和班固都称刘启执政时"不任儒者",这当然与窦太后爱好黄老之学有关,但也反映着刘启本人的思想倾向。然而,崇尚法术的刘启却聘用多位儒生作他儿子的老师,除辕固生被任为清河王刘乘的太傅外,他曾任儒生王臧为太子刘彻的少傅。还任燕儒韩婴为常山王刘舜的太傅,韩婴是西汉今文《诗》学"韩诗学"的开创人,著有《韩诗内传》和《韩诗外传》,后者至今流传于世。儒家看重礼仪,强调仁爱,被视为一种道德学问。刘启对儒生的态度反映着他期盼后辈诚实做人的另一种复杂心态,而对继位者刘彻的儒学培养,也无意中为后朝的思想大转变起到了现实的铺垫。

原始史载中一般不记人物的出生之年,如刘邦的生年就很难确定。刘恒的出生可以根据刘邦前 203 年在魏宫得到薄姬,推知其为前 202 年出生;王美人在刘启为太子时怀男,在刘启即位后生产,据此推知刘彻生于前 156 年;而刘启的确切生年几乎无由推知。现代史书史典上都写定刘启生于前 188 年,未知第一位作此断定的以何为据。若刘启生于是年,那他的姐姐刘嫖最迟应生于前 189 年,但在前 189 年时,身为代王的刘恒只有 13 岁,而刘恒在宠幸刘启生母窦姬之前,尚有王后先后所生三男(《汉书》言王后有四男)。一个不到 13 岁的男子就生子为父,似乎不大可能。另外,女人生子正常情况下一般不会小于 15 岁,窦姬在前 189 年生下长女,据此会推出她的出生约为前 204 年,她不是刘恒的第一位正式夫人,比夫君年龄更长的可能性也不大。如果上述两点理由不为失误,那么刘启的出生年可能要晚于前 188 年。但刘恒在前 180 年底入京即位时,刘启已有一个同母弟,那他本人的出生也不会晚于前 182 年。按这样的推断,刘启生于前 183 年的可能性更大些,这主要由父亲刘恒的生育年龄来决定。窦姬生他时若正值 16 岁之时,则她是前 199 年出生之人,比刘恒小三岁,也更符合于一般的情况。

在刘恒为帝的第一年,四岁的刘启被立为太子,二十二年后继父之位,执政十六年,于前 141 年去世,终年四十二岁。班固曾把刘启执政的特点概括为"遵业",认为他继承了先朝的善政,使汉世达到了"移风易俗,黎民醇厚"的境地,并不失感慨地称赞:"周云成、康,汉言文、景,美矣!"他把刘启父子的治政与周代成康两世相媲美,这种评价是不错的。班固还第一次把文景两朝相提并论,这对人们在认识了刘启执政时的特殊表现后再从总体上把握其执政的大略特征不失为重要的提示。

事件篇

赵佗:称尊岭南,感恩属汉

真定(今河北石家庄市东北)人赵佗在秦朝南海郡尉任嚣的支持和指导下,于公元前 206 年平定了岭南,自立为南越武王,建都番禺(今广州市),俨然一个独立王国。十年后,刘邦派朝臣陆贾出使南越,经过陆贾的斡旋和努力,赵佗对汉称臣,被汉朝封为南越王,成为汉朝一方诸侯,双方有正常的往来和贸易。

吕雉执政时,汉朝禁止南越在边关集市上购买铁器,也禁止把母马、母牛、母羊卖给南越。赵佗以为汉朝实行这种歧视性政策是由于北境长沙王挑拨的结果,是长沙王想借汉朝之势兼并南越的前奏,于是在前 183 年春自加尊号为南越武帝,发兵攻打长沙国边境城镇,毁败数县后撤兵而去。其时长沙国王吴右是刘邦所封长沙王吴芮的曾孙,他将南越的挑衅告知朝廷,吕雉在前 181 年派将军周灶率兵征讨南越,赶上酷暑阴雨天气,军中发生瘟疫,军队无法越过阳山岭(今广东阳山县西北)。约一年后吕雉死掉,周灶之军遂撤回。赵佗趁机陈兵边界,他还用财物贿赂了地处今福建北部和浙江南部的闽越,今广西及越南北部一带的西瓯、骆越等国,使其归属南越,东西万余里。他自己乘坐黄屋左纛(dào)的帝王车舆,自称皇帝发号施令,与汉朝相对抗。

刘恒即位为帝后,朝廷派使者向诸侯四夷通报告谕。刘恒为解决与南越的关系问题,他让人在真定为赵佗的双亲之坟设置守墓民居,逢年过节按时祭祀,又对赵佗的堂弟宠予高官厚赐,前 179 年刘恒选派与赵佗曾有厚交的退职老臣陆贾再次出使南越,他任陆贾为太中大夫,并任一谒者为副使,向赵佗带去自己的礼物与书信,信中介绍了汉室皇权易手的大致过程和自己的目前身份,说明了朝廷对他的祖坟和堂弟的亲厚对待,表明自己不愿兴兵苦民的衷肠,允诺了赵佗岭南自治的权力,责备他自立为帝后未派一介之使前来报告的错失,也表达了愿双方恢复往昔关系的愿望。刘恒赠送给赵佗上等锦衣五十套、中等锦衣三十套,下等锦衣二十套,供他解忧娱乐和慰问邻国之用。

赵佗接到刘恒的书信和礼物后非常惶恐,他叩头道谢,表示愿意奉诏办理,他公开称赞汉帝刘恒的贤良,下令国中取消黄屋左纛,并向刘恒写信致谢说:"蛮夷首领,老臣赵佗再拜上书皇帝陛下:以前高后歧视和隔绝南越,我怀疑是长沙王进谗,又隐隐听说高后杀尽我的宗族,掘烧先人坟墓,因此破罐破摔,侵犯长沙边境,加之南方卑湿远僻,东边千人之众的闽越和西边裸赤无衣的瓯越也都称王,老臣妄窃帝号,聊以自娱,怎敢把这事报告天王?"表示愿意永作藩臣,奉职纳贡。

陆贾完成使命,还报朝廷。赵佗则如约向汉朝称臣,派人按时朝见汉帝。不过赵佗在自己的南越国之内仍然窃用帝号,只是在派使拜见汉帝时如同诸侯一样称王。这种状况一直到刘恒之后刘启执政之终,持续了约四十年之久。

刘恒即位之初,想要稳定与南越的关系,他不愿给天下民众加给兵役之苦,因而选择了和平解决的方式。根据南越王赵佗出身中原,必然心系祖坟和亲属的具体情况,刘恒给他们以尽可能好的照顾与关爱,以此表达朝廷对疆边臣属的恩宠和体恤。刘恒以谦恭的姿态给赵佗写了辞意恳切的书信,表明了他对双方关系的基本态度及和好如初的真挚愿望,特地让熟悉南越之情的陆贾将书信和厚礼带给赵佗。他是要示之以恩,达之以情,让赵佗感受到朝廷的厚恩与诚意,以期收到出兵用武所不能及的效果。

赵佗的青年时代是在中原内地度过,他身受中原文化的影响,果然有着浓厚的故乡与先祖情结。他也曾诚恳地对汉朝表示说:"老夫平定岭南百邑,东西南北数千万里,带甲百万有余,然北面而臣事于汉,何也? 不敢背先人之故。"这当是他一种真实的心理描述。然而另一方面,赵佗作为南越国首领,与汉廷五岭阻隔,遥远难及,他既然有能力掌控岭南,臣属闽越西瓯之国,就必定会产生摆脱汉朝、称尊一方的欲望。对汉朝武威的忧惧和对先祖魂灵的牵念是赵佗窃号称尊的两大顾忌,他在对汉关系上的不同选择其实都由上述矛盾心理的不同方面所引发。当年陆贾首次去南越说服赵佗臣汉内属,就曾借重了赵佗的两大顾忌,而当吕雉朝廷的军队不能越过五岭以显威,他的祖坟和亲族又在其时得不到有效保护的时候,赵佗就失去任何顾忌,宁愿走上与汉朝相对抗的道路。刘恒不愿烦扰百姓以挟武威之重,却抓住赵佗的先祖和亲族情结做足文章,使其感受到尊祖宠族的荣耀,从而把他放弃顾及的顾忌恢复起来,使他不得与汉廷相对抗。

　　作为南越首领,赵佗不乏应有的诚实和必要的圆滑,他向刘恒复信解释自己称帝的原因,一是说闻听吕雉诛灭自己族人,掘烧祖坟,采取歧视南越的政策,使自己对朝廷失去了一种顾忌;二是闽越西瓯等卑蛮之国尚且称王,自己只好取帝号来自娱。赵佗所言前一原因多为诚实的表白,所言后一原因多含圆滑的开脱。他的所谓长沙王进谗之言,属一种主观猜测,是为自己北攻长沙故意寻找的借口,但无论怎样,当他恢复了对朝廷的某种顾忌时,不敢与汉朝对等称帝的心态却真实无误。可以看出,赵佗对刘恒施予的恩宠还是非常感激的,因为这些恩宠使他身处遥远的南国而仍能光宗耀祖、誉满故乡,这打动了他最深处的心弦。赵佗在回信中曾对刘恒深沉地表白说:"老夫在南越四十九年,现在已抱上孙子。然而我夙兴夜寐,寝不安席,食不甘味,就因为不能成为汉朝之臣。现在陛下有幸哀怜,恢复旧号,互通往来,老夫死骨不腐,改号不敢称帝了。"他从刘恒的书信和各种行为中感到了朝廷的诚挚态度,故而以中肯的言辞回复之,并献上岭南所产的白璧、翠鸟、犀角、紫贝、孔雀等珍贵礼物,以表达自己的敬奉与诚意。赵佗在南越国对年轻皇帝刘恒公开赞扬,多半是内心感激和叹服之情的借机表露。

　　然而,赵佗作为久治南越的首领,他在岭南辖域广阔、多国从属,因而很难完全消除称尊一方的欲念。他对汉朝以臣自居,而在国内仍用帝号,这种两面性的手法既是他一种矛盾心理的反映,也是他不愿在自己臣民面前降格认过的自矜要求。据说他曾对身边人讲:"事奉天子不要失礼,但不要听到好话就高兴地入朝拜见,去了就回不来,就会亡国。"赵佗深知自己的这套作法并不是能够被朝廷真正所允许,只是钻了地僻路遥、朝廷不易兴师问罪的空子。具有较多政治经验的赵佗一定是记取了汉朝多年前诛杀异姓诸侯王的教训,才有如此明确的避祸认识。有一种存疑的记载是他一直活到公元前 137 年,即汉武帝刘彻为帝的第四年,自与刘恒通使起的四十余年间,他虽然对自己故乡的祖坟和族人存有无尽牵念,却始终不曾衣锦探视。他宁愿对朝廷保持一种有距离的侍奉,而保证始终不落入其直接控制中;他希望永远在享有岭南称尊的同时真诚而友好地奉事汉朝。

　　刘恒是在南越与西汉的对抗状态下派使修和的,是以江山一统、免除边患为目标,无论如何,他所采取的和平对外的方针在南越国取得了扭转局势的显著成功。这一成功是汉廷针对对手的特殊情况精心筹划、全面准备而取得的预期结果,它在免除战争之苦的前提下,维护了国家的统一,张扬了和平善政的巨大威力,显示了刘恒治政的鲜明特点及其优势,映证和支持了他的对内政策。

陈平：恭谦让位，凭才再获

刘邦时的谋臣陈平在吕雉执政后期担任右相，是大臣诛吕的出谋人，事后与诸臣一起拥立刘恒为帝。刘恒登基后，陈平觉得诛吕时太尉周勃亲自出面领军，功劳最大，决定把首辅大臣之位让给周勃为好，于是称病请假，初为皇帝的刘恒觉得奇怪，加以追问。陈平说："高帝时，周勃的功劳不如我；诛灭诸吕时，我的功劳不如周勃，我愿把右丞相之位让给周勃。"刘恒于是任命周勃为右丞相，位次第一，调任陈平为左丞相，位次第二。赐给陈平黄金千金，加封食邑三千户。

不久，刘恒已经更加熟悉国家大事了，有次在朝上问周勃说："天下一年审多少案件？"周勃说不知道。刘恒又问："天下一年钱粮收支多少？"周勃又说不知道，他汗流沾背，深感惭愧。刘恒于是问陈平，陈平回答："陛下若要知审案，请问廷尉；若要知钱数，就问治粟内史。各部门都有主管的人。"刘恒问："如果各部门都有主管的人，那你们丞相主管什么事呢？"陈平回答说："主管群臣！作为宰相，上佐天子理阴阳，顺四时，下育万物适时生长，对外镇抚四夷诸侯，对内亲附百姓，使卿大夫各得履行其职。"刘恒听后深表赞赏。

周勃这次在朝堂上丢了面子，退朝后埋怨陈平平常没有教给他如何对答，陈平笑问道："您身居相位，难道不知道丞相的职责吗？如果陛下询问长安城中盗贼的数目，您也要勉强回答吗？"周勃感到自己的才能和陈平差得很远，恰好此时有人劝谏周勃说："功高威重而久居尊位，祸必及身。"周勃遂借口生病，请求免相，刘恒于是任命陈平独为丞相。这是公元前 179 年内的事情。

新帝即位，陈平不知道他的处事为人和选相标准，为了避免不必要的摩擦与冲突，他选择了政治上退而回避的方法，陈平并非不知道周勃的从政能力，但周勃是刘恒为帝的第一功臣，出了问题回旋的余地更大些，陈平于是毫不犹豫地想法把首辅相位让给周勃。在诛吕中立有大功的周勃对占有尊位当仁不让，刘恒也认可了以功排位的做法,这更表明陈平甘退次位实属顺势而为,他把周勃和刘恒想做的事情主动提出来,避免了两争相伤,也表现了自己推举功臣、甘居人后的美德,他为此得到了不小的赏赐。然而,行伍出身的周勃在右相之位上必定是不合适的,他于何事上出错受窘纯粹是偶然的、无所谓的,但他不能履行职责、难称君意却是必然的。把周勃推到尊位上,让他暴露自己的缺短,最终受窘弃位,正是陈平予取先与、后发制人的玄机所在。

一定的职位给人尊荣,也给人以考验。这种考验终究要使身处显位的人回归到与他的能力相适合的位置上。周勃的任职只是刘恒不大熟悉国家管理时的决定,当逐步理事的刘恒询问相国的某些分内事务时,周勃的尴尬就立刻暴露了出来。

对于刘恒所提出的同一问题,陈平的对答并非事前准备,但却非常精彩,其中表达了一个管理层次问题。世界上任何人的所知都不可能是无限的,在国家管理的大系统中,每个官员都只能在一定位置上担任相应的职能,宰相的特殊性仅仅在于其为高层管理、宏观管理,而绝不是全能管理。陈平在具体事情上并不比周勃知道得为多,但他明白管理层次的问题,明白宰相的职责范围及其管理界限,因而比周勃高明。

陈平任全权丞相的次年病逝于任上,时为前178年。司马迁认为陈平在吕后称制的多事之秋能自免于祸、安定汉室,能够善始善终地保持尊贵,荣耀终身,没有智慧和谋略是难以做到的。陈平去世后。刘恒重用周勃为丞相,这也许是刘恒暂时没有更合适人选时的一种无奈选择。

周勃：受诬入狱，私情求免

　　绛侯周勃于前 178 年陈平去世后继任为丞相，次年刘恒让列侯们回到封国，并让周勃带头执行。于是，周勃在他的第二任首辅丞相之位上被免职，回到了自己的封地绛（今山西省侯马市东北）。

　　绛地属于河东郡辖区，每当河东郡守、郡尉来绛县巡视时，周勃都非常害怕诛杀自己，总是身披铠甲，让家人手持武器来见郡守郡尉，其后有人上书朝廷告发周勃谋反，朝廷将此事交给掌管刑狱的最高长官廷尉来处理，廷尉又下交长安有关机构去办，长安方面逮捕了周勃进行审问，周勃不胜恐惧，不知怎样回答，狱吏遂欺凌羞辱他。周勃情急之下将千斤黄金送给狱吏，狱吏在书写公文的木牍背面写道："以公主为证。"原来皇帝刘恒的女儿嫁给了周勃的长子周胜之，狱吏写字提醒周勃。周勃曾把刘恒增加给自己的封邑和财物全部送给了薄太后的弟弟薄昭，案件紧急时刻，薄昭去见薄太后为周勃说情。薄太后觉得周勃不可能有谋反之事，等到刘恒来朝见时，她反问刘恒说："周勃当年在诛吕之后提着皇帝玉玺，统领着北军部队，那时不去谋反，难道现在要在小小的绛县谋反吗？"说话时还把一种特制的头巾摔给儿子。刘恒已经见到了周勃的狱中供词，对母亲道歉说："狱吏刚查清，就要释放他。"于是派使者带符节去赦免了周勃，并恢复了他的爵位和食邑。

　　周勃是跟随刘邦创立汉朝的战将，尤其在诛灭吕氏事件中功劳最大，是刘恒能够入京称帝的第一功臣，曾任刘恒之朝的首位丞相。由于稍疏治国之能，以及在督促列侯各回封地上效果不佳而被免职回到封地，且刘恒是以相国带头就封的名义打发周勃回绛的，即便不考虑他为列侯示范就封的荣誉，那也不是因罪错而受贬黜。然而周勃却在自己的封地遭受到无名的谋反之诬，这一狱案从发生到终结有许多耐人寻味之处。

　　首先是，一位先朝功臣、退职老相因谋反罪而落入长安狱吏之手，令人扼腕感叹。周勃离开丞相之位,来到了远离京师的绛县后,心理发生了巨大的变化。他先后失去了太尉、丞相之职,脱离了国家最高政治的决策圈,丧失了一切政治行为的主动权和知情权,因而在生活中变得极度惊恐,甚至对自己的生命安全也极为担心。郡守郡尉来到下属的绛县巡视,这是其正常的工作,他们原本是周勃的下属官员,用不着任何紧张地对待。周勃的爵位尚在郡中守尉之上,他只需要平静地坐等地方官员前来参见问候即可,甚或像一个普通百姓一样照常生活、不加理睬就行。然而,政治知情权的丧失使他不知道守尉官员来绛是否有针对自己的政治行为。刘恒以前的西汉朝政一直是谲诡复杂的,周勃亲历过太多的朝廷诛杀王侯事件,他在绛地不具有政治行为主动权的时候,对自己的生命安全实在没有把握,因而在郡中守尉来绛时,不免过分紧张地做出防卫的准备。尽管这种防卫是弱小的,在必要关头是无济于事的,但却能使多年玩弄兵器的周勃一时将惊恐的心理舒缓下来。

周勃的家中防卫本来无碍于地方官员的巡视,可以视作退职老臣无所事事、神经过敏的宅府闹剧,终归是自生自灭的结局。然而周勃对郡中官员的武装戒备却暴露出了一些敏感的问题,一是他与朝廷的关系并不紧密,朝廷对他已很疏远;二是他对上属官员紧张防范,有心虚的表现;尤其是退职官员在家中摆弄武器,是严重犯忌的行为。可能因为这些原因的综合作用,加上人们的引申和想象,以及其他莫名的缘由,周勃被人以谋反罪告发,若以告发者的着意渲染和周勃的某些行为表现看来,这一罪名似乎不全属空穴来风。专制朝廷对下属谋反的追究历来是宁可失之以严而不愿稍有疏忽的。当时朝廷的廷尉是刚任职不到一年的张释之,他以执法公正出名,因其与周勃没有同朝共事之知,遂按程序将周勃交付长安方面处理,故而使周勃落入狱吏之手。

其次是,案件的审理过程表露了周勃与皇家数人的微妙关系。周勃的长子娶皇帝刘恒之女为妻,这是一条最畅顺的私情求脱之道,长安狱吏以此写字提醒周勃,但周勃却并没有托儿媳之情,因为长子周胜之与公主并不融洽。多年后周胜之因罪受死,亦未见公主有何相助,可见两人关系不是一般的不相合。周勃虽然急于求免,但也不宜走此门径求情。然而狱吏的提醒使周勃明白了私情求免的可能,周勃想到了自己曾以重金结交的刘恒母舅薄昭,他宁愿通过薄昭的私情求得解脱。

车骑将军薄昭闻知此狱后一定深信周勃之冤,但他并未直接找刘恒论说,而是将此事告知了姐姐薄太后。薄太后是西汉早期最少参政的女主,却对周勃入狱表示出极大的关注。她并未了解案情,凭对周勃一贯行为的对比推断,肯定其绝无谋反之事,他向儿子刘恒做了说明,并表达了一种为周勃鸣冤的愤然之情。刘恒对薄太后所说的周勃往事不是不知,他后来也曾对身边大臣称赞过周勃为忠厚长者,看来他当时对周勃是否谋反并非胸中无数。从刘恒对母后的回答看,他也已知道周勃在审讯中没有谋反问题,但不知道为什么,却拖着没有结案释放,直到母后催逼才做出了公开表态,这与薄太后的急迫之情形成鲜明对照。

周胜之与公主的失败婚姻想必是皇室哪位长辈的撮合,这反映着相国周勃与皇室当时曾有过的密切关系。我们可以把薄太后给予周勃的特殊关照视作皇室对一位功臣的厚爱与回报。但联系刘恒数年前催逼周勃免相就国一事,在此却无法理解刘恒对这位老臣无缘由的如此疏远与打压。

周勃狱案也反映了当时司法运作上的许多特点。长安狱吏无论是否相信周勃谋反,但在接手周勃的案子后,他只能把周勃当作一个不能自我洗刷干净的负罪之人看待。因为古代的刑狱审查没有无罪推定的概念,全是一种不自觉而成惯例的有罪推定。大概是为了催逼周勃坦陈罪错事实,以尽快向上级司法机构交代,狱吏自然在审讯中有凌辱之事,这当是审讯中惯常的做法。周勃为人质朴敦厚,他缺少文才,一生不爱好文辞礼节,面对从未经见过的狱审恐惧无措,不能解脱,情急之下给狱吏转送去千斤黄金,这是一笔数目不小的重贿,他是想以此求得狱吏的宽待。

拿到千金的狱吏对周勃的审讯立场已发生了根本转变,他在文牍背面写下五字,传给周勃,给周勃指出一条私情求脱的路径。他以文牍传书,是要保证在传递中有所遮蔽,防止他人知晓。案件的审办人收金后也许表面态度依旧,但已无法指望单凭这种审讯能得出什么可靠的结论。受贿后的狱吏徇私而似乎又不枉法,司法程序只成了对于外人的障眼之物。熟知狱场之情的狱吏给周勃指出的求脱之路,以及周勃最终的解脱手段,表明了私情在狱案背后的决定作用。狱场徇私,法不敌情,应当不是个别现象。另外也可看出,在专制制度下,作为最严重罪名的谋反,其实许多时候只是由最高当权人的主观臆度来判定,狱案的定断往往成为皇家的私事;无辜受狱者只有解脱后的庆幸,而绝无无缘受辱的愤懑。受狱人和审办人双方都没有关于被审者权利的概念。

周勃出狱后对人说:“我曾经统百万军队,但却不知道狱吏的厉害。”这当是他的内心实情。他出狱后居家数年,于前169年去世,儿子周胜之嗣其爵位。

刘长：椎杀朝臣，绝食弃生

刘恒有一位同父异母的弟弟刘长，前196年被封为淮南王。兄弟俩早年从未见过面，刘恒为帝后刘长请求入京朝见，前177年刘长来到长安，尽兄弟之欢，不想却引发了一系列是非纠葛，激起了不小的朝政动荡。

刘长的母亲原是赵王张敖的美人，姓赵。前199年刘邦由东垣县（今河北石家庄市东）经过赵国都城，张敖将赵美人献给刘邦侍寝，致怀身孕。张敖不敢将她纳入赵宫，为其另建宫室。后来赵相贯高谋刺刘邦的事情被泄露和追究，张敖的母亲、兄弟和嫔妃全被拘捕，囚禁在河内郡的治所怀县（今河南省陜县西南）。刘长的母亲也被囚禁，她将自己曾为皇帝侍寝并身怀有孕的事告诉了狱吏，这事最后被报告给刘邦。刘邦正为赵国谋刺自己的事情发怒，对此没有理会。赵美人的弟弟赵兼听说辟阳侯审食其与皇后吕雉过从甚密，遂想法通过审食其将此事告诉了吕雉，吕雉生性忌妒，不肯向刘邦说起，审食其也没有力争。赵美人生下刘长后心中怨恨而自杀，官吏抱着刘长献给刘邦，刘邦有些后悔，便让吕雉抚育刘长，把刘长的母亲埋葬在她的原籍真定县。

刘长是在原淮南王英布被击败后于其辖地上封王就位的。他从小依附吕雉，因而在吕雉执政期间免于祸害，但时常在内心怨恨审食其，只是不敢发作。刘恒为帝的第三年，他入京朝见，因和刘恒是至亲，所以兄弟俩能同乘一辆车子一起到御苑打猎。这位淮南王长得很有勇力，力能扛鼎，他去拜见审食其，等审食其出来相见时，即从袖中抽出铁锤砸向审食其，又让随从的魏敬割断其脖子。刘长驰骑至宫门前，肉袒请罪说："我母亲不应当因贯高之事被治罪，那时辟阳侯有能力保护而不争取，这是一罪；赵王如意母子被吕后残杀，辟阳侯不曾谏争，这是二罪；吕后封诸吕为王，危害刘氏天下，辟阳侯不阻止，这是三罪。我为天下诛杀贼臣辟阳侯，报母亲之仇，谨伏宫阙下请求惩处。"刘恒哀伤于他的心志，因为是至亲，赦免了刘长，不予处分。

刘长在当时的骄横放肆是出名的，刘恒即位以来他就多次不遵守法令，刘恒总是予以宽赦。入京期间与刘恒同车去打猎，常呼刘恒为"大哥"，朝中众位大臣，及薄太后和太子都害怕他。椎杀审食其后受赦回国，他越发放纵，不采用汉朝法令，自搞一套，出入警戒清道，行为拟于天子，刘恒曾让母舅薄昭写信劝谏，刘长并未听从。

史载，前174年间，刘长让淮南国大夫但等七十人与汉功臣之子柴奇密谋，以四十辆辇（jú）车——这是一种马拉的大车，在谷口（今陕西礼泉县东北泾水出山谷处）发动叛乱，派使者去联络闽越和匈奴。反情被察觉后，朝廷追究此事，派使者召唤刘长，刘长又来到了长安。

丞相张苍、典客冯敬及御史大夫、宗正、廷尉、中尉等多名朝官参与对淮南王刘长的审查，之后联名给刘恒上书，写明审查结果和刘长的种种罪状，要求依照法令将刘长处死。刘恒发令说："我不忍心施法给淮南王，请公卿大臣们商议。"张苍等人不久第二次呈上奏章说："我们奉命与公卿大臣及夏侯婴等四十三人商议，都觉得应该依照法律论处。"同时重申和确认了刘长"不奉法度，不听天子诏，暗中聚集党徒和谋反者，厚养亡命之徒，想有作为"的罪名。刘恒再次发令说："我不忍心施法于淮南王，现赦免刘长的死罪，废黜他的王号。"张苍等人后来第三次上书，请求把刘长安置在蜀郡严县的邛邮（今四川荥经县西）居住，并提出让刘长身边生子的姬妾母子随去，让所在县保障其生活日用。刘恒下令说："考虑供给刘长每天五斤肉，二斗酒，让原来侍寝过的十位姬妾跟随同去，别的依照奏请办理。"

朝廷诛杀了其他与这次谋反有牵连的人，之后用蒙着黑布的车子遣送刘长入蜀，令沿途各县依次传送。刘长途中对侍者说："谁说老子我勇猛？我怎能勇猛！人生一世，怎能如此过活。"于是他绝食而死。当时沿途各县都未打开槛车的封门，到达雍县（今陕西凤翔县南），县令打开槛车，刘长已经死去。刘恒闻讯，哭得很伤心，最后让丞相和御史逮捕拷问所经各县没有打开封门送食物的人，把他们全部处死，又以列侯之礼安葬刘长，安置三十户人家看守坟墓。

刘长被审查和治罪的直接起因是他指使人在谷口叛乱。从治罪的过程看，张苍等官员是在奉法守事，刘恒一直以宽容、保护的态度对待刘长，只是刘长自己骄纵过度、肆意违法，又不愿受屈，才自取其死。然而，以四十乘辇车在谷口的反叛无异于儿戏。淮南国治所寿春（今安徽寿县），远在长安东南，刘长会指使大夫但等人在长安西北方向作这种势小而无味的叛乱吗？他真的指使了叛乱，还会在朝廷召唤时无所顾忌地赴召吗？这其中有许多不合情理之处。

张苍等人向刘恒的第一次奏报中较详细地列举了刘长的罪状：(1)废先帝法，不听天子诏，自制黄屋盖车舆，出入仪仗比拟天子。(2)擅自任他的郎中春为丞相，聚集犯罪和逃亡之人，暗中为他们安排住处，赐给财物和官职，想有所作为。(3)大夫但与因罪失爵的开章等七十人联合柴奇谋反，使开章暗中告诉刘长，想让闽越和匈奴一起出兵。刘长多次与开章坐在一起吃饭谈话，为其娶妻安家，还给以二千石俸禄的官职。开章让人告诉大夫但，说刘长已知此事，丞相春也使人报知大夫但。(4)官吏发觉了大夫但等人的事情，朝廷派人去逮捕开章，刘长隐藏不给，与中尉蕑忌谋划，杀开章以灭口。埋了开章后，欺骗官吏说："不知道开章在哪里。"又在伪造的坟堆上标记："开章死，埋此下。"(5)刘长等人擅自杀无辜者七人，为有罪之人开脱；赦免罪人和死罪十八人，擅赐爵位九十四人。(6)前次刘长生病，皇帝派人带书信和礼物慰问，刘长不想受赐，不肯拜见使者。(7)居处于庐江(今安徽庐江县西南)的南海之人叛乱，淮南官兵前往平定，皇帝派人给淮南送去绢帛五千匹，让刘长赐给劳苦的官吏和士兵，刘长拒辞说："没有劳苦的人。"(8)南海王织上书献给皇帝玉璧，蕑忌烧毁了上书，不上报朝廷，朝廷召蕑忌欲给惩处，刘长拒绝遣送，撒谎说："蕑忌有病。"当丞相春再次请求时，刘长发怒道："你想脱离我依附朝廷！"张苍等朝廷官员提出对刘长论法处死，正是依据以上的罪行。

在刘长的多项罪状中，第三、四条与谷口叛乱事件有关，但从开章传出的话语中看不出刘长对叛乱者的指使。开章曾经接触过刘长，因他不是唯一的传话人与知情者，杀掉他并无彻底灭口的意义，反而会有难以洗刷的结果。总之由此推不出刘长对叛乱行为的支持。但人们从上述罪状中却可以看到淮南王刘长的为人骄横和对皇帝与朝廷的傲慢。联系到三年前刘长在长安椎杀朝臣，以及后来薄昭对他许多违法事情作劝谏而不被听从等事，朝廷与刘长的真正矛盾之所在就比较清楚了。

大臣诛吕后刘长曾是被荐为帝的另一候选人，只是因为当时刘长年小及母家稍恶等原因，终被刘恒取代。称帝后的刘恒曾对荐举齐王刘襄为帝的刘章、刘兴居二人削夺其功，对同他一样有资格为帝的刘长不会没有心中之忌。失了帝位的刘长不遵汉朝法度，模拟天子仪仗，对皇帝以大哥相称，骄横无比，正是自以为他与刘恒具有同样的为帝资格。他杀掉朝臣审食其,本属大罪,他自己在宫阙肉袒请罪,也深知事情的轻重,只是审食其原属吕氏党羽,怨敌不少,为诛吕时的漏网之鱼,杀掉他朝臣们暗自庆幸,无一人出面提出惩治不法的刘长,刘恒也只好顺水放舟,找借口赦免。但刘长的过度骄横使朝臣和薄太后都感到害怕,尤其是太子也感到害怕,这就是十分危险的事情,迫使刘恒不得不对他进行制裁。

对刘长的制裁是刘恒稳定朝政的政治需要,但刘恒不愿为此落下以兄惩弟的不良名声,于是他必须等到一个合适的机会,并在惩治中张大其事地表现出自己对弟弟的怜爱与宽容。谷口四十辈车与七十人的骚乱,其主持人曾是淮南国的大夫但,官吏查究时,据称事前淮南国高官开章向大夫但转达过刘长知晓的口信。把这一骚乱作为叛乱看待,刘长就成了一场谋反的主使人,这无疑是惩治他的最好借口。

与大夫但一同起乱的是柴武的嫡长子柴奇。柴武即是跟随刘邦创立汉朝的大将陈武,被称柴将军。他曾与韩信大破齐军,随周勃参加过垓下会战,后来率军破杀反叛的韩王信,又以大将军身份参与迎立刘恒为帝,不久奉刘恒之命率兵击破济北王刘兴居的叛乱,是西汉为数不多的两代功臣,一直深得刘恒器重,其太子柴奇没有组织叛乱的理由。柴武被刘邦封为棘蒲侯,食邑所在不详。四十辈车的谷口作为是否是发生在柴家封地内部或其周边的闹剧,不得而知。既然周勃的家中戒备也能被朝廷以谋反罪收审,那柴奇与大夫但的七十人聚众骚动也就不难被定为叛乱之罪。

当朝廷认定刘长是谋反的主使人,假借他事召其进京时,刘长尚不知道事情背后的严重性,他心无顾忌地入京,以为仍可像三年前一样览京师风光,尽兄弟之欢,但不想却遭到了朝廷的禁闭。他离开封国后,朝臣们也立刻去淮南国调查和核实他的罪行,丞相张苍等人向刘恒的联名奏书就是这次调查的产物。

向刘恒联名奏书的除张苍外,还有负责诸侯事务的典客冯敬、管理皇族事务的宗正刘逸、掌管刑狱的廷尉贺、执掌京师治安的中尉福,其中刘逸还代理主管监察执法的御史大夫之职。可以想象,如果没有皇帝的许诺允准,上述高级官员是不敢擅自组织有针对性的调查,也不会有相关负责人的巧合联名。就是说,对刘长罪状的这次全面调查不能不出于刘恒的主使。但当朝臣们在奏书中罗列了刘长的许多罪责事实,提出依法处死的请求时,刘恒则一再公开表示:

"朕不忍致法于王。"他对第一次奏书做出批示,让将此事交给公卿大臣们商议,实际是要在显示自己怜悯心意的同时,把刘长的罪名公布于众。大臣们在第二次奏书中进一步为刘长的罪行定性,并增加了夏侯婴的署名,夏侯婴是西汉的三世重臣,在执掌舆马之职的太仆之任上侍奉了皇家一生,他处世敦厚,极有威望,此事发生两年后去世,时已进入垂暮之年,署名的四十三人中特意加上这位老臣,更加重了奏请的分量。刘恒第二次的批示是:赦免死罪,废掉王号。不久他对群臣关于刘长贬处安排的第三次奏书作批,提高了刘长受贬期间的生活保障,总之是一次次地显示了自己对刘长的宽厚对待、仁至情长。

刘长被传送入蜀前,担任侍卫长官的中郎将袁盎对刘恒说:"刘长心性刚硬,一下子制裁得过分,恐怕会仓促间经受不了而病死。如果那样,您会落下杀弟之名。"刘恒回答说:"我正是为这个事苦恼。不久就会让他回来。"刘恒的回答说出了他长久没有下手惩治的真正原因之所在,也表明了对刘长作惩治的真正决定权其实还是在皇帝手里。刘长绝食自毙后,刘恒哭得非常伤心,他向事前曾有建议的袁盎征求处理意见,袁盎说:"只有杀掉丞相和御史大夫,向天下做出说明才行。"刘恒未说什么,他下令让丞相和御史大夫将各县没有打开车门送食物的侍者逮捕处死。袁盎在此所提的处置意见自然未必正确,但刘恒对丞相和御史大夫的庇护立场还是十分明显的,因为刘恒明白,惩处刘长的奏书即便错了,其真正的责任人也不是张苍等人,何况他始终不认为对刘长的惩处是错误的。

如果刘长真的指使他人谋反,那对他的惩处就无可非议,没有必要顾忌人们以兄杀弟的议论。然而刘恒在刘长被治罪期间及其死后,却一直顾忌着人们的非议。他将各县送饭的侍者们处死后,以列侯之礼安葬刘长。两年后,又将刘长四个七八岁的儿子均予封侯,作为对刘长的补偿。前 168 年,已是刘长死去六年之时,民间有人为刘长之事编了歌词唱道:"一尺布,尚可缝;一斗粟,尚可舂;兄弟二人,不能相容。"歌词终究反映着民间百姓对处理刘长之事的认识和评价。刘恒听到后叹息说:"帝舜曾放逐了他的亲弟象,周公处罚了兄弟管叔、蔡叔,天下称他们为圣人,就因为他们不以私情害公义。天下人难道以为我贪图淮南国的封地么?"刘长死后,淮南国一定是被并为朝廷直接管辖的领地,刘恒以为民间百姓是把惩处刘长看成了朝廷兼并淮南封地的手段,是归并其地导致了民众对处罚刘长之事的误解,于是调封城阳王刘喜为淮南王,而追尊刘长为厉王,按诸侯王的规格设置礼仪和陵园。刘喜是诛吕功臣刘章的儿子,刘恒让他占有淮南国,是要显示朝廷惩处刘长并非为了归并他的封地,是要让人们相信那是与皇帝私利无关的公正行为。但刘恒的徙王和追谥两项弥补性行为却在一定程度上表明他自己正在为刘长的受惩处间接地承担了责任。又过了四年,刘恒仍对刘长违法失国之事感到怜念,刘长的一个儿子刘良已死,刘恒再调刘喜做原来的城阳王,将原淮南封地划为三份,立刘长的三个儿子刘安为淮南王、刘勃为衡山王、刘赐为庐江王。梁王太傅贾谊事前极力反对对三人的分封立王,认为三人长大后必会为父报仇,这一分封是交给仇人危害朝廷的资本。但刘恒还是坚持了自己的做法,他愿意以此消弭族内私仇,并进一步向天下表明自己对刘长的宽厚之心。这是刘长死后十年,前164年的事情。刘长对朝政的威胁已经远无踪影,而刘恒对其惩处的愧疚仍难平复。许多年后,淮南王刘安对父亲的受惩处一直耿耿于怀,吴楚七国叛乱时因故未能发兵响应,在后来刘彻执政时掀起了不小的政治风波。刘安的态度不无包含着对父亲蒙冤的怨望。

当然,刘长的生前作为并不能归于合理与正确,他骄横待人,目无朝廷,政治上擅自妄为,成为刘恒治国中的不安定因素,对刘恒身后的政治稳定构成长远威胁,当朝执政的刘恒设法制裁他,也是政治运作的需要。鉴于两人的兄弟亲情,刘恒在惩处他时假以借口,并表现出宽容厚爱的慈兄姿态,这也并非他的虚伪,而是一个政治人物充分顾及一种行为之社会影响的必要策略。刘恒仅仅是想剥夺刘长的政治权力,消磨他的骄横之气,但当事态的演变结局超出了刘恒的设计,他还是真的有一些愧疚之情。一种不做不能,做之不忍的矛盾选择在这位心性善良的皇帝心中集郁十余年之久,未能排遣,这就是政治的无奈和无奈的政治。

薄昭:擅杀汉使,受逼自尽

　　薄太后的弟弟薄昭是刘恒的母舅,原籍在吴(今江苏苏州),刘邦在世时为郎,从军十余年,吕雉时从薄太后入代,为太中大夫。大臣诛吕后奉送代王刘恒为帝,旋被任为车骑将军,封为织侯,食邑万户,在今河南省济原县东南,成为刘恒为帝初年最为倚重的亲贵。

　　由于与当朝皇帝的特殊关系,薄昭曾是朝中比较活跃的人物,他在刘恒忐忑入京之时,奉命前往京师打探消息,与周勃等大臣先行接触,为刘恒了解朝中真实情况,不久以将军身份迎奉薄太后等皇帝亲属离代入京。相国周勃感其权势之盛,曾把刘恒增封给自己的食邑和财物全部送给薄昭。刘恒的同父弟、淮南王刘长曾有擅杀朝臣、在封地不遵汉法等违规犯纪的行为,薄昭奉命以帝舅的身份写信责备劝谏,可见其在朝中炙手可热和受到尊重的程度。

　　公元前 170 年冬,刘恒去甘泉宫小住,此宫为秦始皇前 220 年所建,在今陕西省淳化县西北甘泉山,距长安约百里。可能是刘恒自甘泉宫派使者去见薄昭,不知什么原因,薄昭杀掉了使者。刘恒不忍加诛于母舅,遂让朝中公卿陪侍薄昭饮酒,席间劝谏薄昭自缢。薄昭拒不接受,刘恒于是让群臣穿着丧服去薄昭之府哭吊,薄昭只好自杀。

　　薄昭为当朝皇帝亲贵,曾是刘恒为帝的重要支持力量,极受尊崇的地位使他的骄恣心态数年间迅速膨胀。杀掉朝廷使者,他并非不知道属于违法行为,而是自持皇家亲贵,认为这没有什么了不得。数年前诸侯王擅杀朝臣,朝廷也没有过多地追究,何况自己在关键时候还有姐姐薄太后的相助。也许正是在这种心理的支持下,薄昭才敢于违法杀使,也才能公开拒绝公卿们的自缢劝谏。

　　刘恒前因周勃被诬受刑之事,在三年前接受梁王太傅贾谊的劝谏,对有罪大臣改用新的惩罚方式,即让他们自杀而不施刑。薄昭犯罪后,刘恒不愿因私枉法,也不愿让薄昭无体面地死去,遂让大臣在酒席间劝其自缢,给了母舅应有的尊重。在薄昭拒绝自缢后,刘恒别出心裁,派人去薄府戴丧哭吊,实是对外公布薄昭的死讯,把他当作已死之人来对待。面对公卿们的哭吊,薄昭有两条选择,一是坚持活下去,但同僚们的奉旨哭吊已是剥夺了他继续生存的尊严,即便活着也是苟且偷生,朝臣与世人不忍卒视,使他成了没有脸面之人,何况还难保刘恒不会有其他的逼杀措施;薄昭的另一条选择是随坡下驴,以体面地方式自我结束生命,享受到朝廷已经安排和正在进行中的较高规格的丧葬。薄昭无疑是留恋这个世界的,但情势所逼,实出无奈,只好选择自杀。

春秋时鲁国一度到了"庆父不死,鲁难未已"的地步,那位行为不端的庆父后来被邻国送还至密地(今山东费县北),他怀着一线恋生之心让同僚奚斯向鲁国执政季友请求赦罪,季友没有答应,反而让奚斯劝说庆父自裁,答应为庆父建祀立后,奚斯返回密地,感到难于向庆父启齿劝死,遂在庆父门外号啕大哭,庆父听见奚斯哭声,心知其意,乃自缢而死。刘恒把奚斯劝死庆父的手段变化应用到对薄昭的处理上,将以哭告死改变为哭丧催死,以无可回旋的方式逼杀了薄昭。

人们可以就此认为刘恒是不以国法徇私情,是以使者之命与王侯平等的观念让薄昭杀人偿命等等,但实际情况并非如此简单。刘恒确实是一位善良待人、不喜骄横的皇帝,但他尚无人们所期待的法制意识与平等观念。他的弟弟刘长椎杀了辟阳侯审食其,刘恒不忍行法,赦其不究。后来刘长以它罪被贬入蜀,在途中辎车中绝食饿毙,刘恒为此将沿途各县送食物的相关责任人全部处死。他的长子刘启为下棋争子打杀了吴王刘濞的长子,也未见他有任何责任追究。汉朝固然有较成体系的法律,但刘恒本质上仍是一位遇事以情定夺,按个人意志来使用法律的君主,不能对他处事和用法上的公正性有过高的期待。刘恒对薄昭的软性逼杀智则智矣,但对没有谋反大逆而有旧功与亲缘的母舅采取这种决绝的态度,并且不顾母亲的感受,确实有些蹊跷。另外,薄太后曾在刘恒面前为受到狱审的周勃出面开脱,而自己的弟弟受逼自尽前却未见她出面劝阻,也有些令人不可理解之处。

《史记》对薄昭之死未作记载,《汉书》只简单地提到"将军薄昭死"五字,《资治通鉴》介绍了薄昭自杀的过程,司马光对此事大发感慨,并引用唐人李德裕和魏文帝曹丕的评说,总之认为刘恒在持法中于义不当。从后人的非议中也许能理解两汉史家对此事明显的避讳态度。由于个中细理不明,我们无法对此做出更多的评价,但却由此能管窥到皇家内部的某些复杂关系及刘恒处事的一斑。

中行说：叛降匈奴，挑战母邦

公元前 174 年，匈奴冒顿单于去世，其子稽粥立为君主，号为老上单于。新君初立，即位第六年的刘恒按以往的和亲之策，选宗室之女为公主送做单于的阏氏，同时在宦官中选定了一位复姓中行（háng），名说（yuè）的燕人随行去辅导公主。中行说不愿去，朝廷强迫他前往。中行说说："一定要我去，我会为汉朝制造祸患。"他到了匈奴，真的投降了单于，老上单于非常信任和看重他。

中行说降了匈奴，果然想法给汉朝制造麻烦。当时匈奴人喜欢汉朝的绸绵和食物，中行说劝单于说："匈奴人口不抵汉朝一郡，之所以强大，是因为衣食与汉人不同，不用仰仗汉朝。如果现在改变习俗，喜好汉朝物品，那汉朝只要给予不到十分之二的东西，匈奴就得仰仗和归顺汉朝了。应当把汉朝送来的衣服让人穿上在野草荆棘中奔跑，衣服裤子都会开裂破烂，以显示它不如兽皮制成的衣服完美；得到的汉朝食物应当扔掉，以显示它不如我们的乳酪方便和味美。"中行说还教给单于身边人计数和计算的方法，以统计他们的人口牲畜并征税。

在双方的交往中，汉天子写给单于的信，木札按当时的量度为一尺一寸长，开头题写："皇帝敬问匈奴大单于平安"，然后写所赠的礼物和要说的话。中行说教单于给汉朝写信用一尺二寸长的木札，印章和封缄搞得又宽又长，开头故意用傲慢的言辞："天地所生、日月所置匈奴大单于敬问汉皇帝平安"，也把赠送的礼物和要说的话写在后面。

汉朝使者说："匈奴的风俗鄙视老人。"中行说诘难说："你们汉朝的风俗，年轻人参军出发时，年老的双亲不是把暖衣美食送给他们吗？"汉使者点头称是。中行说说："匈奴人一直把作战看作大事，老弱者不参加战斗，所以将上等饮食供给健壮者，这全是为了保卫自己，使老年和青年长久相存，怎能说匈奴鄙视老人呢？"汉使者说："匈奴人父子两代在同一个毡帐里睡觉，父亲死了，儿子娶后母为妻；兄弟死了，则尽娶其妻为妾，也不讲服饰和朝礼。"中行说说："匈奴人服饰简便,行动方便;君臣关系简单,一国政务就像一个人的身体那样协调。父亲兄弟死后,娶他们的妻子为妻,是为保存和兴旺自己的种族。所以匈奴虽有动乱,却一定要立本族子孙。现在中国虽然佯装正经,不娶父兄之妻,而亲属逐渐疏远,互相仇杀,直到改姓换朝,这都是由佯装正经的礼仪造成。况且礼仪导致上下相怨恨,宫室华美会耗尽民力。你们虽然耕田求食,筑城防卫,但紧急时不熟悉战争,和平时疲于生产。你们这些住土室之人不要多说了,纵然喋喋不休地替自己辩解,你们的礼仪到底有什么好处呢?"

自此以后,汉朝使者想要与其辩论,中行说总是说:"汉使者不要多言,你们只要让汉朝送给匈奴的缯帛精粮量足质好就行,不然的话,等到秋熟,我们的骑兵就将在你们的庄稼地里往来驱驰。"他同时教单于派人在边界的要害之处日夜窥探。

古代的诸侯之女嫁往另一国,会有陪嫁的人,称为"媵(yìng)",随行的大夫称为媵臣,另有媵侍、媵御,属地位低下的婢女和奴仆。春秋时的百里奚就曾被晋国作为嫁女之媵,他以此为耻辱。中行说被选派随和亲的公主去匈奴,名义上是辅导公主,但他本人一定知道其事实上的卑贱地位,因而拒绝随行。当他最终被强迫去匈奴后,不禁满腹怨恨,他以叛投匈奴、与汉作对作为对朝廷的报复。这也是对他出发前公开诺言的践行。

从后来的言谈看,中行说是一位极有才学和个性的人,这样的人卑身为宦,必有特殊的原因,我们无法知道他是因战争的原因而沦身,还是想以此厕身宫中谋求高就。朝廷也许看中他的才学,诚心地想让他辅导远嫁匈奴的少年千金,但他却将此视为卑辱之事,或者视为进身之求在汉朝的彻底破灭。投降了匈奴后,以他的才学很快得到了新任单于的赏识,他由汉朝的仆媵一跃而变为匈奴单于的宠幸之臣,对匈奴的感恩和对汉朝的怨恨使他竭尽才智地帮助匈奴,向汉朝的父母之邦挑战。

中行说对匈奴的帮助不仅在于通过培养计数能力以提高他们的文化素质,并训练其军事防御技巧,而且致力于对匈奴文化优越性的证明和论证,他竭力挑战汉人的文化优越感,加强匈奴人的自信心。

中行说首先想培养匈奴人生存上的独立性。在与汉人的渐次接触中,匈奴人已感到了对方衣服和食物的优越。中行说认为匈奴人所以被汉人的和亲和好之策所牵引,正是贪于汉人的衣食之美,因而要有意演示布帛的易裂和汉食的不适,借以衬托匈奴衣食的完美,树立匈奴人生活方式的优越感,以求断绝生存上对汉朝的依赖。他以为有了生存上的独立性,匈奴人就不会被汉朝的衣食之利所引诱而走上对方所设定的道路,一切决策才会有自我独立自主的选择。

其次是在双方的书信交往中,中行说在木札尺寸和君主的自我称谓两方面刻意表现出压倒对方的态势,以显示匈奴的优胜。在木札的大小上计较短长,似乎有些儿戏般的无味,但中行说正是要借此挫伤汉天子的独尊意识,让单于在与汉天子的交往中不失优胜。

中原人面对四周蛮夷,自古就有一种文化优越感,他们对其他族种的鄙视最终都归结为生活方式的比较上。也许是为了挫败中行说挑战汉朝的气焰,汉使者把匈奴人生活方式上已成习俗的最丑陋方面揭露了出来,这就是鄙视老人和婚姻禁忌松弛两个方面。讲求伦理道德的中原社会尤其将后者视为耻辱,汉使者是要以此作为捍卫中原文明优越性的最后一搏。中行说并未否认汉使所说的两条事实,但他提出了种族为贵的价值体系,并以这种价值观说明了上述两种现象的合理性。按中行说的观点,一个种族为了保持自身的安全,就必须把最好的资源使用到最能爆发战斗力的地方,这反而是一种资源为公、全族受益的安排;同时为了保持种族的繁衍,就无须过多计较婚姻的禁忌,而婚姻的过多禁忌反而是族内利益分割、亲族疏远、杀戮不断的根源。中行说还指出了中原文明礼仪刺激下的杀戮与怨恨,也讥讽了其婚姻禁忌的某些虚伪性。已为匈奴降臣的中行说在汉朝使者面前没有丝毫归属自卑,他反把中原之民戏称为"土室之人",有意显示出对中原文化的蔑视。他以匈奴的武力为后盾,向汉朝提出输粮送物的严苛要求,大概他并非看重那些财物的使用价值,而是要借此显示对汉朝的作践,捍卫匈奴在军事和文化上的优胜地位。

汉朝和匈奴分别代表着当时东亚大陆上的农耕文明和草原文明,它们的文化状态品质有别、程度不同,双方在接触和冲突中各显短长,优劣分明。中行说出于提高匈奴自信和打击汉朝的目的,对中原汉文化有意贬低,自有其牵强之处;他想以行政手段拒绝匈奴人对中原文明成果的吸收与享用,大概也难以收到预想的结果,但他在与汉使者的论辩中却论证了匈奴某种特有生活方式的合理性。凡存在于现实中的东西总有其存在的理由。中行说的论辩向汉人及其后人传递了一种考察社会现象的独到方式,启示人们应当不怀偏见地正眼看待不同状态的文化,也使人们不断反思人类在文明进步中的某些缺失,始终在文化的冲撞中保持宽容,在感受发展的欣喜中保持清醒。

　　汉朝廷当初强迫中行说前往匈奴实际上是匹夫夺志的失败。中行说赴匈奴十四年后,老上单于的儿子军臣继立为单于,中行说仍然在身边尽心辅佐。由于汉匈双方主政者的刻意努力,两国和亲与和好的大略方针并未受到多少影响。中行说出于某种个人目的而投靠匈奴,向父母之邦反戈挑战,伤及中原的文化优越和文化自尊,无论他怎样被当时的政治家和后来的史家所诅咒、贬斥,他无疑是出身于中原的文化鉴赏家。他给饱受鄙视的异族文化以正面评价,开拓了汉人的文化视野,扩大了人们的文化胸怀,促进了当时两种文化的相互认识与交融。

冯唐:君前论将,评说赏罚

刘恒身边有一位名叫冯唐的近侍,他的祖父是战国时赵国的官帅将,为百人之长,与名将李牧交好。他的父亲曾为代相,与赵将李齐相知,后徙居代国。汉朝建国后他们家族作为关外大户徙至刘盈墓地安陵(今陕西咸阳市东北)。冯唐以孝著名,为朝中中郎署长。

公元前166年的一天,刘恒坐车经过中郎官署,问冯唐说:"老人家为何还在做郎官? 家在什么地方?"冯唐如实作答。知冯唐原籍在代,刘恒说:"我在代地时,膳食官高祛经常对我称赞赵将李齐,讲李齐在巨鹿城下的作战故事。现在我每次吃饭,都会想起李齐鏖战巨鹿的情景。老人家知道李齐吗?"冯唐回答说:"他还比不上廉颇、李牧的带兵为将。"刘恒问其评价的根据,冯唐就把他从祖父和父亲处听到的关于廉颇和李牧的为人述说了一些。刘恒听罢非常高兴,拍着大腿说:"可惜啊! 我偏偏得不到廉颇、李牧这样的将领,不然,我还担忧匈奴吗?"冯唐说:"陛下即使得到廉颇、李牧,也不可能任用。"刘恒听了大为不快,起身回宫。过了许久,召见冯唐责备说:"你为什么当众羞辱我,难道不会找个僻静处吗?"冯唐道谢说:"粗鲁人不知忌讳。"

当时匈奴大举入侵朝那县(治所在今宁夏固原东南),杀死了北地郡(治所在今甘肃宁县西北)都尉孙卬,刘恒为此忧虑,又请来冯唐说:"你怎么知道我不能任用廉颇、李牧?"冯唐告诉刘恒说,上古君王遣将出征,总要告诉将军:"阃(kǔn)以内寡人治之,阃以外将军制之",把国门以外的奖赏都交由将军决定。他又提到祖父所说的李牧往事:李牧为赵国守疆时,把军中交易市场的所得租税都用来犒赏将士,赏赐由军中决定,朝廷不加干预,只把任务交下去责令成功,所以李牧能用尽他的聪明才智,获得不少战功。冯唐最后讲到当朝新近发生的一些事情:云中郡(治所在今内蒙古托克托县东北)郡守魏尚也把军市交易税用来犒赏将士,还拿出私俸钱杀牛飨军,他在云中抗击匈奴极其成功,但这些平民出身的士卒因不懂军法条令,向衙门报功时稍有不符,就受到法官制裁,结果是奖赏不能兑现而法令必行。魏尚本人报功时差了六个首级,朝廷就把他交给司法官治罪,削夺了他的爵位,判了一年徒刑。冯唐认为这是赏太轻,罚太重。所以说按这样的用将办法,即使得到廉颇、李牧,也不能任用。刘恒听罢上述议论,当天就令冯唐持节赦免了魏尚,恢复他的云中郡守之职。并任冯唐为车骑都尉,掌管中尉和各郡、国的车战军士。

冯唐在武帝刘彻求贤良时被推举,时已九十多岁而不能任职,乃以儿子冯遂为郎官。刘彻求贤良是前 140 年之事,假设冯唐时为 91 岁,那与刘恒论将时也已为 65 岁。37 岁的刘恒称他为"父老(老人家)",当是不悖情理的。

冯唐在刘恒面前两次论将,其核心是主张给守边之将以更多的自主权,让他们按照自己的风格去统兵率众,朝廷只应考虑他们的责任,而不必过多干预其具体事务。他尤其对朝廷用将中的苛法提出非议,以事例说明这一用将之法的弊端,给刘恒的用将之弊以尖锐、明确的劝谏。

冯唐是一位对事情有见解又极耿直的老者,在刘恒车过官署,说到赵将时,他不失时机地讲给廉颇、李牧等名将的用兵事例,大概希望刘恒以史为鉴,改变现行的用将之法,着力培育和引导出一批优秀的将领。当刘恒拍腿叹息现世无良将时,他指出刘恒有良将也不能任用,也许是对年轻君主的有意激将,而在对方责备时,直人无讳就成了他谢过的借口和更加坦率的表达,他并不为此而认错。在匈奴外患的压力下,刘恒邀他相谈,颇有请教之意,冯唐引申上次的话题,仍以廉颇、李牧等优秀将领为例,作古今对比,把自己的用将见解直言相告,意在促使刘恒营造出优秀将领自得其能、脱颖而出的客观环境,他的劝谏是直率的,也是成功的。

曾任代王十多年的刘恒始终对故国有着深深的眷恋,见到代地之人,他总有更多的话题,当冯唐论及代地上世的优秀将领及其出众的统军风格,刘恒赞叹他们,并叹息自己的错失,当是由衷的。他不能忍受冯唐对自己的反唇讥诮,但却极想知道自己错失良将的真正原因,因而请来冯唐再作深谈。在具体事实的对比中,他明白了自己对统兵将领要求苛刻,赏少罚多的弊端所在,遂以立即恢复云中郡守魏尚的原职做出纠正的表示,并让冯唐担任车骑都尉军职,既是对他谏言的嘉奖,又是对贤能者的任用。从对冯唐的接触上可以看出,所传刘恒对朝臣的恭谦、随和和对老者的尊敬绝非虚言,刘恒确有一些自负之气,但他能接受正确意见,善纳谏言,他毕竟是一位宽厚容人、招人喜欢的君主。

　　冯唐任军职十年后刘启即位为帝,也许其耿直之气不能为新帝的朝廷所接纳,他被改任为楚相,不久被免职。刘彻执政时,九十多岁的冯唐被推举为贤良,这是他生命中的再一次辉煌。冯唐看来是一位对军事颇有见解之人,他偶然遇到明君,阐发了自己对军事上用将和赏罚的见解,被朝廷采纳,一朝知名,终也名载史册。

刘濞：坐大东南，聚势反叛

刘濞是刘邦次兄刘喜（又称刘仲）的儿子。刘喜在公元前 200 年被封为代王，不久匈奴攻代，刘喜弃国逃回洛阳，被刘邦贬为合阳侯。前 196 年刘邦率兵攻伐淮南王英布时，二十岁的刘濞从军有功。次年平叛结束后，刘邦考虑到吴地民风强悍，特封刘濞为吴王以镇抚之。吴国辖有东阳郡、鄣郡和会稽郡，占有今安徽省南部、江苏省南部和浙江北部之地，建都广陵（今江苏扬州市），据五十三城，属较大的诸侯国。刘盈、吕雉执政时，刘濞依恃吴地的鄣郡铜矿和沿海条件，私自铸钱煮盐，收其利以足国用，当时吴国财用富足，势力渐大。

刘恒执政之初，吴太子入京朝见，与皇太子刘启饮酒下棋，两人发生争执，刘启用棋盘打死了吴太子，朝廷送吴太子灵柩至吴安葬，刘濞含怒说："天下都是刘家，死在长安就在长安安葬，何必送到吴地。"又打发将灵柩送回长安安葬。刘濞自此逐渐不遵藩臣之礼，称病不朝。朝廷后来查证得知刘濞并未生病，于是多次拘留吴国的使臣，准备进一步追究刘濞之罪。刘濞知道了朝廷的意图，加紧进行自己的谋划。后来刘恒明白了事情的委原，他释放了吴国使者，赏赐给刘濞几案和拐杖，声称刘濞年龄大了，不必来朝见。刘濞见朝廷无意追究自己的过错，遂放弃了以前的图谋。

刘启执政后，御史大夫晁错实行削夺诸侯之策，他追究刘濞诈病不朝等罪错，拟议罚削吴国之地，同时受罚被削地的还有楚王刘戊、胶西王刘卬、赵王刘遂等诸侯。刘濞担心朝廷自此无休止地削地，于是决定起兵发难。他听说胶西王刘卬勇而好兵，遂派中大夫应高前去引诱联络，刘卬应允后，刘濞犹不放心，他亲自出使胶西，与刘卬当面结盟而还，后又联络了楚、赵两国一同起事。

刘卬与齐王刘将闾、济北王刘志、淄川王刘贤、胶东王刘雄渠、济南王刘辟光都是刘肥的儿子，即刘襄的庶兄弟。前 164 年齐王刘襄的嗣子刘则死后无子，朝廷遂于次年在原齐国的地盘上同时封刘卬等兄弟六人为王。刘卬当时对刘启的朝廷削夺自己的封地也心存怨恨,他与刘濞结盟后,又联络自己的五位兄弟一同起兵反叛。其中齐王刘将闾起兵前后悔,没有参加反叛行动,济北王刘志因城墙坏了没有修好,他的郎中令也反对参与,强制看守他不让出兵。实际参加反叛行动的是刘印等四位诸侯兄弟。另外,赵王刘遂接受了刘濞之约,杀掉了反对起兵的国相建德和内史王悍,发兵扎驻赵国西界,并欲联络匈奴一同进军;楚王刘印也接受了刘濞之约,他杀掉了持反对意见的国相张尚和太傅赵夷吾,与吴军一同行动。

七国密谋既成,刘濞亲自出马率军。他向国中下令说:"我今年六十二岁,亲自统军,我的小儿子十四岁,也率先士卒。凡年龄上跟我一样,下跟小儿子相同的人,全部出军。"一共发动了二十多万人。刘濞还派人联络南边居今福建、浙江一带的古越部族闽越和东越,其中东越发兵跟随。

从后来的行动过程看,七国反叛是分为三路行动的,一是吴楚两国的南路部队,他们向西北攻打梁国,直指长安,这是叛军中的主力部队;二是刘印为魁首的东路部队,其中包括胶西、胶东、淄川、济南四国之军,他们西向进军;三是刘遂自领的北路赵国部队,他们准备等待有匈奴的配合后向东南进军。

公元前154年正月,刘濞在吴国处死了朝廷任命的二千石以下的官吏,自广陵起兵,西渡淮河,与楚军会合后公开发布通告,一是说明出兵的理由和行动目标,认为朝廷任用没有功劳的贼臣,侵夺诸侯之地,以审讯惩治为能事,不用诸侯人君的礼遇对待刘氏骨肉,欲危害社稷,而陛下因多病而神志失常,不能察觉,现需要举兵诛之。大军将直指长安、匡正天子,以安宗庙。二是为起兵进军制造声势。刘濞说自己统精兵五十万,从南越得兵三十多万;又说楚王、淮南三王,以及齐国诸王和燕王积怨已久,早欲起兵,自己现在愿意追随奉陪,想要存亡继绝、振弱伐暴,以安刘氏。三是颁布了作战的奖励措施。他说自己在国中节俭衣食三十多年,积聚金钱和粮食,就是为了今日之用,希望大家能利用这些条件。他宣布:凡军中能斩杀或捕获大将的,赐金五千斤,封万户;斩获列将的,赐金三千斤,封五千户,等等;他还宣布对带着军队或城邑来投降的,比照获大将的规格来赏赐,其他情况来降的,也有相应的奖赏标准。刘濞让各诸侯王把奖赏的规定告诉参战的将士,并宣称:"我的金钱在天下到处都有,不一定要到吴国来拿。各位诸侯王日夜不停也用不完。遇到应当赐赏的请告诉我,我会送给他们。"

朝廷与诸侯的矛盾自汉朝建国就有,七国反叛是朝廷当时政策失误而激化了这种矛盾,促使众多诸侯走上了联合对抗之路。刘濞充当了诸侯反叛的发起者,也不是没有原因的。首先是刘濞经营吴国约四十年,在远离长安的富庶之地独立发展,很少受到朝廷的干预和利益削夺。吴国主要依靠铸钱和煮盐,也有其他的农副业生产,经济得到了极大的发展,积累了雄厚的实力。刘濞在向各国的通告中宣布重金奖励军队作战,不知其中到底有多大的夸张,但吴国的财力富足当是不容置疑的。其次是刘濞凭借雄厚的财力在吴国实行了极为优厚的惠民政策,他对全体百姓不收赋税,对服役的士兵发给代役金,士兵从当地府库领取工钱,相当于是有偿征用;每逢年节总是慰问才士,赏赐普通平民;他用金钱招致四方游士,齐人邹阳、淮阴人枚乘等文辩著名之士皆投奔吴国。邹阳曾表示说,自己远涉千里来到吴国,并非不爱齐国而喜欢吴民,而是崇尚吴国时下的风尚,尤其欣赏刘濞的义行。当时其他郡国的官吏要来抓捕逃亡之人,吴国总给予庇护收留。这些措施实行了多年,所以国人拥护他,愿意听他的安排。三是刘濞早年出身军功,有征战之勇,他对与朝廷的矛盾冲突更倾向于采用军事对抗的手段来解决。当时邹阳、枚乘等人知晓了刘濞的一些心机,上书劝谏他放弃叛逆之心,刘濞宁愿让他们离吴别去,也不屑采纳他们的谏言。据说吴地民风彪悍,人们轻于械斗。刘邦当年选择吴王时就考虑到须以壮勇之王镇抚;刘濞的太子与皇太子刘启下棋时,就盘中争道而有骄悍不恭的行为,这都是吴地民风的旁证。轻悍的国民碰上了强勇的君王,前者又乐为后者所用,又逢朝廷的削夺挤压过于苛急,因而就不能不擦出危险的火花。另外,刘濞对刘启当年在京城打杀自己的儿子早就心存怨恨,现在刘启作了皇帝,不仅没有他父亲刘恒那样示恩的表示,反而公开削夺诸侯利益,刘濞将此视作对诸侯的欺侮,旧恨新仇一齐发作,恰好朝廷的削夺行为激起了大多诸侯王的怨望,为刘濞创造了可以利用的时机和可以借重的力量。刘濞宁愿抵押自己经营吴国四十年的成果,孤注一掷,与那位不甚成熟的堂侄儿刘启作一拼搏。使汉朝的江山易主,当是他未曾启齿的最终行动目标。

刘濞在起兵通告中称说朝廷贼臣在侵夺诸侯,伤及刘氏骨肉,自己要举兵诛之,这就给人们以极大的迷惑,似乎诸侯起兵仅仅是要讨伐朝中贼臣而已。这一迷惑手法掩饰了他反叛夺政的目标,在天下之人尚且尊奉汉朝统治、认可当朝者正统之位的背景下,不至于一开始就失掉人心。刘濞又说陛下神智失常,不能省察贼臣,这实际上给自己军事得手后更替君主的后期行动埋下了伏笔。替换一个神智失常的皇帝,当是维护社稷江山的有益行为,只是刘濞不能提早说出这替换的打算而已。连刘启本人也一时被刘濞的巧言所迷惑,他大概以为杀掉身边的"贼臣",就能向刘濞表明自己并非神智失常,就能堵塞对方的进军借口,于是听从袁盎的建议杀掉了晁错,派人前去与吴军议和。当时已离开吴国的枚乘致书刘濞,极力劝他见好收场,但刘濞断然拒绝了朝廷的和好之议,甚至对劝他行礼接受皇帝诏书的朝廷使者说:"我已作了东方皇帝,还向谁行礼?"刘濞起兵的真正目的这才昭然若揭。

刘濞在起兵通告中还大肆说到自己的兵力之盛,事后知道其中有成倍的夸张。当时淮南王刘安、衡山王刘勃、庐江王刘赐并未参与这次反叛行动,刘濞却把这淮南三王与胶西诸王相提并论,又诬说燕王刘定国(刘泽之孙)也参加了行动,连南越都出重兵配合。当时事中的其他人并不知道刘濞之言的多重夸张,似乎叛军声势浩大、无可抵御。刘濞的手法确有威震对手的作用,连刘启也在这一声势威胁之下心生恐惧,慌张无措,他宁愿抛出晁错,侥幸以求,这也表明了刘濞一定程度上的狡诈。

吴楚之兵会合进发,作战方案上面临几项重大的选择。吴国大将军田禄伯提出:"我军聚集西进,没有出奇之道,很难成功。我愿率领五万人,沿长江、淮河一路进军,收取淮南、长沙之地,进入武关,与大王会合,这也算一条出奇之策。"刘濞正在考虑这一方案时,吴太子劝阻说:"大王的行为属反叛,这种军队难以委托他人,别人掌握了军队也会反叛大王的。况且让一支部队单独行动,也会节外生枝,产生无法预料的其他利害,白白地损失了主力。"刘濞于是没有同意田禄伯的方案。

田禄伯可能是当时吴国较有名的军事人才,刘启在吴国起兵后就曾向袁盎询问过田禄伯的情况,可见田是朝廷觉得应该认真对待的人物。兵法提倡在战术上奇正配合,出奇制胜,田禄伯自愿领一旅偏师避开正面战场,绕道南面,自武关(今陕西丹凤县东南丹江上)进军,这一方案或者会分散汉军的防御,或者会在汉军无备时收到出奇制胜之效,无论如何还算不上庸人之策。然而吴太子的担心亦非多余,反叛的军队内部有着更为复杂的关系,必须有更多相戒备的一手,这是作战性质对部队行动无形的限制。刘濞父子认为他人领兵会增加不可测的因素,坚持把部队全部控制在自己手中,这固然避免了节外生枝的可能,但同时也失去了出奇用兵的机会。

吴军中一位姓桓的年轻将领提议说:"我军步兵多,适宜在险阻地势作战;汉军车骑多,适宜在平坦地势作战。我们所经过的城邑如不能攻取,可绕开城邑一直向前,迅速西进占领洛阳的武器库,取用敖仓的粮食,凭借中原的山河之险来号令诸侯,即使进不了函谷关,而天下已掌握在手了。但我军如果行动迟缓,滞留下来攻夺城邑,汉军车骑到来,在梁、楚之间的平原地带驰骋阻挡,事情就糟糕了。"刘濞就此议与老将们商议,众老将说:"这是年轻人冲锋陷阵的办法,怎能作为重大的谋划。"刘濞于是没有采用桓将军的方案。应该说,桓将军的提议针对两军的不同兵种和各自的作战特点,意在避开对方的长处,发挥自己的优势,是在两军势力相当的情况下力求克敌制胜的上好方案。这一方案的危险处在于吴军需要千里跃进,沿险阻长驱直入,是一种置自己于无后方作战的险胜策略,但实行这一策略,却摆脱了对方拦截,最后能获取对方的粮草武器。兵法云:"智将务实于敌。食敌一钟,当吾二十钟。"(《孙子兵法·作战篇》)在吴军远离本土作战、粮食供应势成难事的情况下,这不失为摆脱自己困难的一着。另外,雄踞洛阳的吴军若取得了号令东方、进逼长安之势,抗拒汉军当有更多的胜算,危险的方案中包含着克险制胜的因素,故而属可以认真考虑的战略方针。吴国的老将们只习惯于在战术上避短就长,不能认识到这种避短就长的策略仍然可以被应用于军事战略上。其实桓将军所提方案的最大问题是在吴军相持洛阳时,汉军凭借部队数量上的优势分兵直捣广陵,攻取吴军老巢,这当是该方案的致命之弊,能否有效防止汉军此招才是可否实行该方案的关键,但吴军老将们也许对年轻将领心存倨傲或心有嫉妒,不愿认真考虑其提议,终于轻易地否定了这一方案。从事情的商议过程看,刘濞先是听太子之言否定了田禄伯的方案,后又听老将军的意见否定了桓将军的方案,他虽有军事反叛的勇气和胆略,但看来却一直缺少谋划之能和用兵的主见。

与叛军南路军队相对峙的是太尉周亚夫统领的汉军主力。周亚夫在受命出征前就制定了坚壁不战、断敌粮草的策略。他避开敌军,把集合于荥阳的汉兵领至今山东巨野东南的昌邑,派出一支轻骑抢占了今淮阴西南的泗淮口,截断了吴军的运粮通道。而刘濞并不知道汉军的这一行动,他亲自统兵,沿大路进发,一举攻下棘壁(今河南省宁陵县西南),兵锋直指梁国。梁王刘武是刘启的亲弟,数年前刘恒改封他为梁王,就意在让他防御东南,为朝廷屏障,他是死心塌地地抵御吴军,尽管向周亚夫的军队求救而没有得到援助,但他还是组织兵力发动了几次突袭,一时阻挡了吴军的攻势。当吴楚之军正与梁军全力鏖战之时,他们断了粮草,士卒饥饿,又返折回来与周亚夫决战,他们在下邑(今安徽砀山县)多次挑战不得,后又发动突袭,终被守御有备的汉军击溃,由于饥饿难战,只好全师撤退。在汉军的全力追击下,刘濞丢弃部队,经丹徒逃至东越,他的两个儿子逃至闽越。后来汉朝用金钱收买东越,东越即诳骗刘濞出外劳军,派人将其刺杀,并把他的首级送给朝廷。楚王刘戊也在兵败后自杀。

吴楚之军的战斗力也许未必比汉军相差过多,他们首先是败在战略谋划的不足上。兵法云:"胜兵先胜而后求战,败兵先战而后求胜。"(《孙子兵法·形篇》)这是强调作战应先创造取胜的条件,然后再同敌人决战。又言"知己知彼,百战不殆。"(《谋攻篇》)战略谋划和把握敌情是用兵作战永远不可缺失的方面。吴楚之军一度在战场上气势逼人,但因缺乏应有的战略谋划,且对汉军致命的作战意图一无所知,终因一着不慎陷入了全盘被动的境地,看来即使他们当时在战场上攻下了梁国,也无法改变因战略不足而导致的全局之困。另外,吴国的二十万部队多是临事纠集而战,刘濞在战前征召十四至六十二岁的吴人从军,看来没有经过多少有效的训练;吴军中的校尉、军侯和司马都由刘濞平日所养的宾客担当,这些人物也许不乏应有的忠诚,但其作战经验和相互协调却是一个很大的问题。这样的部队在战场盛势之下也会士气高昂,但在战局不利的情况下则可能惊恐万状,难以收拾。吴楚之军自梁国返折下邑,表明了战局的逆转,及攻下邑不得而撤退时,全军果然不堪一击,兵败如山倒,这是由军队素质所决定了的结果。吴楚军队在出兵不到三月的时间即顷刻瓦解,两位诸侯王最终也性命未保。

刘濞曾有一位叫周丘的门客,因为品行不好,没有被任为军吏,他为了报答刘濞,战前从刘濞那里请求到一枚汉朝的节符独自行动。周丘是下邳(今江苏省邳州东南)人,他带着节符夜晚驰车进入下邳。当时下邳人听说吴国反叛,都据城防守。周丘到了官舍,召见县令,等县令进门后,他让随从人员诬罪将其杀掉,然后通过自家族内兄弟招来县中相好的豪杰官吏,告诉他们:"吴国部队就要到来,他们血洗县城很容易。如果我们主动投降,必能保全身家性命,有能耐的还可以封侯。"消息被互相传告,下邳降了吴军,周丘得到了三万士兵,他报告了刘濞,率部队北进,及到达城阳(今山东莒县),军队已有十多万之众,一举打败了城阳中尉的部队。后来听说刘濞已失败逃走,他估计自己独自成不了气候,遂向下邳退军,中途背生疽疮而死。在这里,刘濞手头有汉朝的节符,想必是他伪造的以供临急之用。周丘在夜晚持节进入下邳,是否也反映着所持节符经不起白天的辨认查验。周丘以诡诈手段掌控下邳,得师数万,并迅速向北推进,成为吴军一支很有希望的部队。可惜吴军大势已去,周丘独力难支,后来又天不佑人,南路叛军至此全部灰飞烟灭。

七国反叛的中路军由胶西、胶东、淄川和济南四国部队组成,朝廷派将军栾布率军迎击。因原来准备一同参加反叛的齐王刘将闾中途反悔,拒绝听命,叛军遂将齐国临淄包围,刘将闾派中大夫路卬向朝廷求援,刘启让转告齐国:"妥善坚守,我们的军队快要攻破吴楚了。"齐国君臣听到这一消息,打消了与叛军和谈受降的念头,振作信心,一直坚持到三月之后汉兵到来。叛军听说吴楚南路军已败,自知无能为力,与汉军稍战即引兵退归。事后胶东王刘雄渠、淄川王刘贤和济南王刘辟光均被处死。

胶西王刘卬在引兵退归后深知自己罪大,郑重地向自己的母后请罪,太子刘德建议乘汉兵远来疲乏,率兵突袭。刘卬认为兵无斗志,不可再用。当时周亚夫派去截断吴军粮草的将军韩颓当已引得胜之兵到了齐国,他向刘卬致信劝降,刘卬肉袒叩头,直至营前。韩颓当读罢诏书,令其自裁,他的母后和太子也一同就死。叛军的中路部队在谋划、战斗力和组织性上都乏善可陈,即使负隅顽抗,也不难被乘胜而来的汉军一举荡平。

不明白栾布的军队为什么三月后才迟迟赶至齐地与叛军交战。齐王刘将闾在路卬传来消息之前一度因守防危机,曾暗中与叛军通谋,尚未形成盟约,听到路卬传来的消息后才下定了防守的决心。栾布之军解了齐国之围,之后听说齐国曾与叛军勾结,又准备移兵伐齐,刘将闾恐惧之下竟饮药自杀。后来刘启认为刘将闾没有罪过,遂封其太子刘寿为齐王,其他几王的封地一律收归,朝廷从东方诸侯的反叛失败中获益不少。

叛军北路是赵王刘遂的部队。刘遂屯兵赵国西界,派人与匈奴联络,准备一同进攻。汉朝派郦寄率兵迎击,刘遂于是返回去守御邯郸。相持七月后,匈奴听说吴楚兵败,不愿发兵入汉界。汉将栾布在打败中路叛军后来到赵地,与郦寄之兵会合,一同引水灌城,城墙毁坏后刘遂自杀,邯郸举城降汉。北路叛军力量弱小,全想依仗外部势力的配合,当依仗落空时其自保不及,虽然这里的战

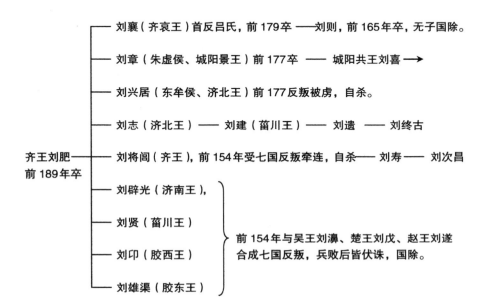

齐悼惠王刘肥的后世及承嗣状况

事耗时最长,但汉军的取胜却轻而易举。

刘濞发起的一场颇具声势的七国反叛很快失败了,这一事件是朝廷与诸侯相互关系的转折点,朝廷自此取消了诸侯王的许多权力,掌握了对诸侯国的绝对支配权,中央集权得到加强,西汉王朝具备了进一步权力专制的内在机制。

窦太后：跳出荆门，鹊变凤凰

在家天下的专制体制下，天下之事被视作皇家的家事，一位年轻的皇帝执政时，他的母亲总会对儿子颐指气使，对自家的大事指点安排，形成太后参政现象。汉初吕雉开始了太后参政的先例，并将此发展到亲自主政的登峰之地。大臣诛吕之后，刘恒执政时的薄太后属阅历丰富的恭谦之人，未见对儿子主持的政务有过多的插手；刘启执政时的窦太后是一位从贫寒中脱身，且颇有思想和主见，性格刚毅的女主，偏偏刘启处事又有一些轻燥乏慎之处，因而窦太后成了刘启执政十六年间对朝政深有影响的人物，这一影响甚至延伸到刘彻执政的开初若干年间。

窦太后是赵国的清河郡观津（今河北武邑县东南）人，有些史书上说她名叫窦猗房。她因父母亲早逝，少年时与哥哥窦长君和弟弟窦少君（又名窦广国）相依为命，曾领着不到四岁的弟弟采桑叶谋生。后来她以平民之女被选入宫，遂辞别弟弟，进宫中侍奉吕雉。吕雉曾决定把身边侍女赐给各位诸侯王，每王五人，窦宫女也在这次被遣送出宫的人员中。她家在清河，想回到赵国离家近些，便请求主管遣送事宜的宦官，让把她的名字放在去赵国的宫女名册中。宦官办理时忘了托付，误把她放在了去代国的宫女中，名册报上去，吕雉下诏批准。窦宫女知道自己要去代国，十分怨恨，流泪拒绝，后来宫中强迫她去了代国。

窦宫女到了代国成为王姬，代王刘恒只宠窦姬，生了女儿刘嫖，后又生了刘启和刘武两个男孩。刘恒早先的王后有三个男孩，母子四人都先后去世，刘恒在前180年底入京为帝，数月后在公卿大臣的请求下立年龄为长的刘启为太子，窦姬遂被立为皇后，刘武次年被立为代王，后经两次调整被徙封为梁王。

宫女被遣出宫赐王，许多人都并无主张，是随遇而安，但窦姬却对自己的前程独有设定，且以自己的努力去争取，表现了某种不甘命运、自为自主和与众不同之处。虽然事不凑巧，被人误置，但塞翁失马，福在其后。吕雉作太后前期的赵王先后为刘邦儿子刘友和刘恢,两人分别被吕雉饿死和逼死。不知窦姬出宫时是两人中的哪位正为赵王,但无论如何,宦官的错置使窦姬躲过了一场大劫,使她避免了在赵宫中的殉身。与此不同的是,她被强迫去代后,出乎意料地得到了刘恒的专宠,而刘恒不久入京为帝,她则在宫中偶然的变故中母以子贵,顺理成章地作了皇后,一时成了天下最为尊贵的女性。

窦姬出身赵国贫寒之家,她当年被选入宫后不久,四五岁的弟弟窦少君被人掠夺出卖,他被转卖了十余家,最后被卖到宜阳(今河南宜阳县西)。少君为主人家进山烧炭,晚上与同伙一百多人睡在山崖下,山崖崩塌,只有少君一人得以脱身。他大难未死,占卜当吉,于是从主人家跑到长安。窦少君被人拐卖时虽然年龄尚小,但还记得自己的县名和姓氏,他到长安后听说新立的皇后姓窦,老家在观津,就上书自述,说到自己曾和姐姐一起采桑叶,从树上掉下来,并有凭证。窦皇后把此事告诉了刘恒,召见少君,对他已全不认识,问他还有什么验证,少君回答说:"姐姐离我西去时,与我诀别于官家驿站,曾要来淘米水给我洗头,又要了饭给我吃,然后才离去。"听到这里,窦皇后拉着少君的手泣不成声,左右侍者也都深为伤感,伏地哭泣。朝廷遂厚赐给窦少君田宅和金钱,并给窦长君和其他窦氏兄弟也予厚赐,让他们在长安安家。当时薄太后下诏给有关部门,追尊窦皇后已逝的父亲为安成侯,母亲为安成夫人,下令在其家乡清河郡设置园邑,专人奉守。这位出身寒门的窦家闺女因为入宫,变身皇后,终使筚门生辉,光耀乡里。

二十多年后,刘启即位为帝,封母舅窦少君为章武侯,食邑在今河北黄骅北,因窦长君已经去世,乃封其子窦彭祖为南皮侯,食邑在今河北南皮县东。窦太后的堂侄窦婴喜交游侠之士,起先担任朝中詹事,吴楚反叛时他被朝廷任为大将军,统兵驻荥阳监督出征齐、赵的部队,后以军功被封为魏其侯,食邑在今山东临沂县。窦氏三人为侯,一时成为旺族。

窦姬作了皇后之后,因病失明,陪刘恒游猎玩乐的风光都让慎夫人、尹姬等新宠沾尽,窦皇后在长乐宫渡过了许多年清静的时日。前157年儿子刘启作了皇帝,她被尊为太后。可能是感到刘启为政的轻躁和欠妥,也可能是感觉到对儿子的处事应负有指导和匡正的责任,窦太后以她自己的知书聪慧与刚毅性格开始插手政事,对西汉朝政影响达二十多年之久。

和世间许多做母亲的女人一样,窦太后非常疼爱自己的少子刘武,对其宠爱无度。刘启为讨好母后，曾戏言身后传帝位给刘武，窦太后不仅满心欢喜，而且此后积极地主张和提议，为此引发了两个儿子间的相互怨恨，这也成为她与刘启长期不能和睦共政的重要根由。

窦太后出身贫寒之家，少年在家时与作吕雉宫女期间肯定没有识字读书的机会，想必在代地生女育儿时开始有所用心，在作了皇后的许多清静日子里，她一定潜心地研读了许多文化经典，对黄老之术、道家学说产生了深情钟爱，而这种研读是以失明之身进行的，其兴致与毅力的非同寻常可想而知。这位不乏主见的刚强女性在掌握了一种学说理论之后，形成了自己处政用人的独特风格和自信底气，加以太后的尊贵地位，使她成为对天下政治极有影响的人物。她曾对坚持以法术治政的酷吏郅都依法指控，逼使刘启将其斩杀；也曾对博士辕固生进行过刻薄地迫害打击。她坚持对朝中许多待诏的博士儒生不予晋升，对黄老无为政治在刘启执政时期的地位巩固起到了重要的支持作用。在刘启去世后第二年，御史大夫赵绾向新帝刘彻提议，以后大臣不必向太皇太后奏请朝事，窦太后闻之大怒，她罢免了赵绾和郎中令王臧的官职，将他们逮捕入狱，逼其自杀，喜好儒术的外戚窦婴和田蚡也因推荐过二人而被分别免去了丞相和廷尉之职。前135年窦太后去世，二十一岁的刘彻才真正开始了属于自己的时代。

窦太后大约出生于前199年，终年约六十四岁，后期参政二十二年。她的许多政治主张及其措施不是全部正确，但也未必全部错误，只有具体分析每一政治行为的针对性及其正反两方面的社会效果才能对其做出较为可靠的判断。人们从她失明后的生活中能感触到一个自强女性在清静生活中的自我塑造，能发现一位权力女性的某种倔强性格；人们尤其能从她身世的巨大变化中，看到一个出身贱微的女子在命运转机中鹊变凤凰的人生奇迹，观赏人世的神奇。

王美人:民妇入宫,用心争宠

太子刘启的宫中曾有一位姓王的美人,有些史书上称其为王娡,她是一位已在民间结婚生子的妇人,但她的入宫却改变了刘启之后的汉朝历史。

这位王美人是关中槐里(今陕西兴平东南)人,她的母亲名叫臧儿,是项羽当年所封燕王臧荼的孙女。臧儿嫁给槐里王仲为妻,生下儿子王信和两个女儿。王仲死后,臧儿改嫁给长陵(今陕西咸阳市东北)田氏,生有儿子田蚡、田胜。臧儿在王家所生的长女王娡嫁给金王孙为妻,生有一女。臧儿为女儿占卜,被告知两个女儿都会成为贵人,她想让两个女儿出人头地,就准备从金氏家中领走,金家人为此愤怒,拒不答应,臧儿就把长女送入刘启的太子宫中为美人,刘启见之,非常宠幸,入宫后共生有三女一男。王美人身怀儿子时,梦见太阳落入怀中,他把此梦告诉了刘启,刘启说:"这是大贵的征兆。"在刘启刚继位为帝不久,王美人生下了这个儿子,即为刘彻,时为公元前 156 年。

刘启早年由奶奶薄太后做主,娶薄氏族女为妃,即位后立薄妃为薄皇后。皇后无子,亦无宠,在前 155 年薄太后去世后,刘启废掉了薄皇后,立栗姬所生的长子刘荣为太子。

古人把皇帝的姊妹称为长公主。当时的长公主刘嫖是刘启的亲姐,她想亲上加亲,把女儿陈阿娇嫁给太子刘荣为妃,就去说给刘荣的母亲栗姬,但生性嫉妒的栗姬一直对刘嫖心存怨恨,因为刘嫖向刘启引荐过多位美人,其宠幸都超过了栗姬,栗姬于是回绝了刘嫖的请求,未答应这门亲事。刘嫖于是改变主意,准备把女儿嫁给刘彻。刘彻在四岁时被父亲封为胶东王。据说姑姑刘嫖曾把五、六岁的胶东王刘彻抱放在自己腿膝上问道:"你想要媳妇吗?"刘彻说:"想要。"刘嫖指遍身旁百余侍女,刘彻都说不要,最后刘嫖指着自己的女儿问:"阿娇好不好?"刘彻笑着答道:"好!若能娶到阿娇,我会作下金屋藏起来。"刘嫖与刘彻的生母王夫人(王美人生子后的称谓)约此亲事,王夫人一口答应下来。陈阿娇的曾祖父是与项羽一同起兵的陈婴,后来归属刘邦,为汉朝开国功臣,其祖父和父亲也相继为侯,也算门庭不低,陈阿娇后来成为刘彻的第一位夫人。

刘嫖为约亲被拒一事对栗姬很是怨怒,常在弟弟刘启跟前说栗姬的坏话,她曾告诉刘启:"栗姬与你的各位贵夫人及宠姬聚会,经常让侍者在她们背后吐唾诅咒,施展害人的邪术。"刘启心疼自己的众多夫人宠姬,为此也怨恨栗姬。刘启有次生病,心中不舒,他把那些受封为王的儿子们托付给栗姬,说:"我死后你要善待他们。"栗姬大概觉得刘启对其他儿子的挂念太多了,心中有气,不肯答应,并且出言不逊,刘启非常气愤,心里憎恨她,但忍而未发。

刘嫖因为女儿与刘彻约婚,因而经常夸赞刘彻的美德,刘启也很赏识这位皇子,又有从前王夫人怀孕时梦日入怀的瑞兆,他想让刘彻承嗣继位,因已立刘荣为太子,一时拿不定主意。

王夫人知道刘启恨栗姬,乘刘启怒气未消,暗地里给朝中负责接待异邦宾客的一位大行作了交代,这位大行在一次奏事完毕后对刘启说:"'子以母贵,母以子贵',现在太子的母亲没有封号,应当立为皇后。"刘启发怒道:"这是你应当说的话吗?"遂问罪杀死了大行,并不顾丞相周亚夫等人的执意反对,废太子为临江王,打发他到今四川忠县的偏远之地。数月后刘启立王夫人为皇后,紧接着立刘彻为太子。这是刘启为帝第七年,前150年的事情。

改立太子之后,栗姬更加怨恨,她见不到刘启,不久忧郁而死。三年之后,临江王刘荣利用汉文帝宗庙外的空地扩建王宫,被告发有罪,朝廷传讯他至京城,专门安排担任中尉的酷吏郅都办案,在郅都的严厉审讯下,刘荣惊恐自杀。而刘彻在被立太子九年后继承父皇之位,是为汉武帝。刘彻执政约五十四年,他调整了先朝的治国思路,锐意开拓,竟把汉王朝推进到了另一番辉煌的时期。

七岁的刘彻能被改立为太子,自然有姑母刘嫖的协助,但说到底还是王美人的用心力争。王美人深知刘嫖对刘启的特殊影响作用,料到刘嫖对自己母子支持的极端紧要,因而在刘嫖约婚时与其一拍即合,由此她扩大了自己的宫中势力,为儿子的发展争取到了一个最有力的扶助人。王美人也一定深知刘启是一个感情型的人物,知其易暴易怒而不沉稳,在刘启对太子有所失望,而对栗姬心有怨恨、隐忍未发之时,她暗使大行提出立栗姬为皇后之请,实际上是要以此触怒刘启,促使他下决心对太子之位做重新考虑。按照皇宫中母子同贵同贱的常规,刘启若不愿立栗姬为皇后,就必须对刘荣的太子之位做出更改,而生性躁急的刘启果然被大行之请所激怒,盛气之下,直将刘荣太子废掉,徙往边远之处为王。王美人在这里没有出面,但她的个人目的却在后来不久全部实现。

值得注意的是,王美人让大行请求的是立栗姬为皇后,那是一种抬举他人、遮蔽自身的请求。即使自己作为主使人被暴露出去,那显示出去的也是自己的大度容人和退让美德,反而会生出更多的赞誉;如果刘启知道大行之请是王美人所使,也只能相信她的宽厚和善良。那位大行奏请后被发怒的刘启斩杀,看来他实在是不知道事情背后的玄机,他是把奏请视作王美人自愿谦让、栗夫人顺理晋封,以及对朝廷有利、使自己立功的大好事情来接受和实行的,殊不知却被王美人玩于掌中,充当了为人利用的角色。

古人认为,孕妇梦日入怀者,其子大贵。王美人身怀刘彻时有此瑞征,她当即告诉了刘启,刘启后来宁愿改立太子,此梦曾是他一个重要的考虑因素。但王美人当时是否真有此梦,只有她自己才最清楚。现代心理学认为,梦是人内心欲望的一种曲折地满足。如果王美人怀胎十月内真有此梦,那似乎并不奇怪,反映的是她心底里长期存有的盼子非凡和出人头地的欲念;如果此梦只是王美人对夫君的刻意杜撰,那就更加体现了这位美人的长远心机。

刘启的嫔妃不少,但从许多事情上可以看到他对这位王美人是历久不厌、宠爱有加。美人进宫后,刘启不久把她的妹妹王姁纳入宫中,生有四男,后来又在反对者周亚夫死后即封王美人的哥哥王信为侯。刘启废掉栗太子的当年四月,是在乙巳日先立王美人为皇后,在十二天后的丁巳日立刘彻为太子,刘启要演示给人们的不是母以子贵,而恰恰是子以母贵。王美人被立为皇后,自然有刘彻当为太子的助推作用,但刘启大概正是想通过这种子因母贵的形式对王美人给足面子,显示他对王美人的宠爱和看重。梁王刘武是刘启的亲弟,在朝廷审查其策划谋刺袁盎之罪时,他的门客邹阳去长安找王信兄妹的门径期求宽释,可见王美人当时在朝中的得宠程度。那位在吴楚之乱中迎击北路叛军的将军郦寄,正是早年大臣诛吕时诱说吕禄交出兵权,被称"郦况卖交"的功臣,早已继位为侯,他在前148年欲取王皇后的母亲臧儿为夫人,刘启闻讯大怒,将郦寄交给狱吏治罪,夺其侯爵。当时郦寄和臧儿都已到了老年,大概是想求得相互间的某种慰藉,郦寄无论如何是不会违背臧儿的意志强娶皇后之母,其中必含有臧儿的个人意愿,但在刘启的心目中,皇后的母亲是无上高贵的人物,其他人不得染指。他用一种武断的手段惩治向臧儿求偶的郦寄,由此可见王美人一家在刘启心中的地位。

　　王美人为皇后第九年,太子刘彻继位为君,尊太后之母臧儿为平原君,并封臧儿在长陵田氏家的生子田蚡和田胜为侯,太后之妹王姁在宫中的四男皆有王号。此时的王美人已为汉朝太后,在宫中无比尊荣。刘彻听身边幸臣说母后早年在民间生有一女,遂带着仪仗和专车自往迎取。太后的前夫金王孙已死,女儿见车骑来家,吓得藏于内屋床下,刘彻让人扶其出门,相见说道:"大姐,为何藏得这么深呢?"之后将她以车载回长乐宫,令与母后相见。刘彻不久封这位金姓姐姐为修成君,赐给她金钱千万,奴婢三百,公田百顷,修成君在民间所生的儿子号为修成子仲,其所生之女后来成为淮南王刘安的太子妃。此是后话。史书在记载刘彻迎回金家大姐前,特别强调当时是"王孙已死,景帝崩后"。王美人当年被母亲带出金家入宫,无疑是金王孙心中之痛;如果刘启知道美人的出身,那也必定成为他内心的忌讳。《汉书》上说:"皇太后微时所为金王孙生女俗,在民间,盖讳之也。"刘彻肯定是做了一件他父亲深为忌讳、不愿看到的事情。正是从这里,才可清楚地看到刘彻不顾禁忌而对母后极力讨好的心情。

　　这位王美人早年嫁夫生子,按说已失去了入宫作妃的先决条件,但她竟能违例进入宫中,得到刘启的多年宠爱,并在刘启之后的朝中享尽尊荣。这当有许多出乎意料之处,但其中不会缺少王美人的聪明与心机。汉朝一代雄主出自她的怀襟,长于她的手中,她不能不是非凡的。

本篇结语

西汉上层政治集团的内部矛盾发展到前 180 年时，曾以大臣诛吕的形式而得到了缓解，社会政治由此进入了一个相对稳定的时期。

大臣诛吕是长期受吕氏集团压抑的朝中大臣和刘氏亲族在吕氏核心人物离世的关键时刻，乘新的政权结构尚未形成、吕氏执政者对政权设定胸中无数并且对反对势力戒备不足的情况下联合发动的一次宫廷内变。内变的成功打破了吕氏集团十多年间几乎一统朝政的死寂局面，表明了朝中元老势力的强大和刘氏集团社会基础的依旧稳固，是西汉政治运行回归坦道的一次重要契机。

元老大臣们是诛灭吕氏的主要力量，但他们并没有自己独立的政治企图，事变成功后，他们既不能形成自己的政治核心，也不愿看到某些显赫的刘氏势力和可以预期的外戚势力再次膨胀；而参与事变的刘氏势力既不能逾越元老大臣自成核心，又不愿定尊于刘氏之外。各方势力的妥协终于把久处国家政权结构边缘的势力推到了政权核心的地位，无心插柳的代王刘恒反倒成了一片柳茵成果的最大受益者。

刘恒以忐忑不安的心情进入京城，被推到了皇帝之位，但他深知情势的复杂和为君的不易。他是一位聪明、仔细、善良和谨慎的人物，不被家族看重的童年生活和边塞为王的个人经历也使他对世情民风有更多的了解。在天下至尊的帝位上，他明白自己的称尊仅仅是处于侥幸，也明白治理天下的艰难，他以坐稳江山、安定社稷和掌控天下为依次伸展的目标，据此实施了许多极有成效的政治行为：（1）刘恒的朝廷对元老重臣实行重用、尊崇，后来又适当裁抑的策略；对同宗其他势力采取安抚、妥协和个别惩治的方式，使统治集团内部达到了基本的稳定；同时刘恒又及时发现和吸收同辈年轻的优秀人物参与朝政，保证了国家政权结构的长久稳定和治政者的人选质量。（2）刘恒凭自己本有的善良心性和聪颖天质而处政，他看到百姓安康对于汉室江山稳定的决定意义，也基本上懂得国家最高执政者所应负担的政治责任,他把千万子民的生活福祉放在了极高的地位,从减省酷刑到免除田租,从节免劳役到为民祷福,他做到了一位治国皇帝能够给予百姓的最大关爱。西汉社会的发展,无论经济的繁荣还是政治的巩固,由此打下了坚实的基础。(3)在当时国家政权结构中,同姓诸侯王可以说是最高执政者的一种竞争力量,与他们的关系如何处理,考验着最高执政者的智慧。刘恒的朝廷对诸侯王们不乏应有的尊宠与安抚,也有瞅准机会时极为策略地制裁,但更多地和更为实质的方式是妥协。对吴王刘濞赐以几杖,极典型地表现了朝廷处置此事的方向和方式。主事的刘恒心中明白,任何内部矛盾的处置都应不干扰并服从于巩固政权的大目标,而对那些过分特殊的隔膜只能交由时间去销蚀,他也相信没有什么尖锐的政治对立是时光消磨不了的。刘恒的朝廷对某些诸侯的妥协不是矛盾的回避与推脱,而是一种以特殊方式正面对待的积极态度,体现着主事人的历史变化感和处理复杂事态的智慧。(4)北方匈奴仍然是西汉政权最大的外部威胁,刘恒的朝廷以民众的安宁为主旨,坚定地放弃了兴兵黩武、以战制人的选择,继续采用了和亲之策。刘恒曾以极大的耐心说服朝臣,并以汉朝的长期行为感染单于,终使和平交往成为双方关系的主流;原已归属称藩的南越在刘恒上台之初也曾出现了叛离倾向,汉朝年轻的君主以极为诚恳的态度示恩南藩,感化赵佗,坚定地推行安抚之策,实现了南粤的重新归属。和平外交是当时西汉政治战略的组成部分,对政权的巩固和社会的发展起到了重要的保证。

前156年继位执政的刘启并没有理解先朝许多政治战略的意义,尤其在对待同姓诸侯的方针上一改妥协为苛察,引发了震动朝野的七国反叛,靠前朝长期积累的政治基础,包括物质供应、防守布局、人才储备和上下齐力,刘启的朝廷最终赢得了平叛的胜利,但他们也从中感到了前朝多种政治战略的正确,因而从总体上更加自觉地沿袭刘恒时期的大政方针。终刘启之世,西汉已构成了时间上延续约四十年之久的文景之治。西汉朝廷存在二百一十多年,就民众的安宁和社会的发展程度言,文景四十年应是最好的时期。

文景四十年的朝廷,除前期的开国元老陈平、周勃、灌婴、张苍、申屠嘉相继被任相外,也出现了一些精诚为国的新一辈辅君之才。青年才俊贾谊以其敏锐的政治识见向朝廷献出多项有效的治国之策,包括若干很有见地的战略设想;晁错以自己的远见卓识为国家兴利除弊,对社会经济的繁荣和边防的巩固提出过极有价值的建议;被刘恒发现而为刘启所重用的军事统帅周亚夫成功地平叛内乱,稳定了政局。他们是四十年间推动社会发展不可或缺的股肱之才。公正守职的周亚夫和方正做官的袁盎成为一时名臣,他们的处事风格是淳朴世风的产物,也反映着当时政治活动领域中的某种风气。刘启的朝廷在申屠嘉逝后相继任陶青、周亚夫、刘舍、卫绾为相,每人任职大约短短四年,除将军周亚夫外,他们都是质朴淳厚而恭谨守命之人。这一现象既是皇权对相权长期挤压的结果,也反映着朝廷选相用人的思路,总之是社会现实的产物。这是一个崇尚无为政治的年代,大作为的政治人物较少,这是符合历史逻辑的,但那些不多的人物却在无为的气氛中努力有为,为无为而有为,他们不失为国家的栋梁。

和刘恒的朝廷不同,刘启执政时又出现了太后参政的现象。家天下的制度无法排除女主参政现象,而太后参政正是这种制度的应有之义。人们不能绝对地认为女主干政为坏,也不能绝对地认为女主干政为好,关键是要看女主干政措施的好坏优劣,以及她的行为是否导致了政局的动荡。刘启朝中的太后参政客观上制约了刘启的皇权膨胀,阻碍了刘启对严苛酷吏的重用,保证了黄老政治思想继续居于国家意识形态中的主导地位,也可能避免了法家刑名之术的滥用,这些尚一时不能判定为坏的效果。然而,窦太后的具体用政行为多以争取爱子刘武的更大利益为旨归,由此导致了国家政权内部的重大裂痕,引发了谋杀朝臣等行为,对此却难以判定为好的结果。无论如何,最高权力的二元化倾向对国家政治的影响是明显的。

刘启的宫中嫔妃甚多,他的皇子不少。宫闱争夺的结果是将王美人所生的刘彻推到了皇储之位。一个时代的伟大在于其创造了辉煌,因而伟大的时代总是以辉煌跟随。文景四十年积累了西汉社会腾飞的基础,又把一位非凡的人物带入权力核心,西汉未来的兴旺气势正是在此积蕴而成。

关于西汉开国六十年的议论

从公元前 202 年刘邦在定陶登皇帝之位,到前 141 年汉景帝刘启离世,西汉政权经刘邦、刘盈、吕雉、刘恒、刘启执政,走过了六十年的风雨历程。经过春秋战国数百年的社会动荡、秦朝十三年苛政压迫和秦末五年的战争罹难,灾难深重的华夏民众再次获得了半个多世纪的安宁,这是社会发展和民族聚合中一次重要的恢复性修养。

汉朝的创国者起自社会的低下层,根系较深,他们曾感触到社会的疾痛,比较了解民众的需要,加之有秦朝的现实前鉴,因而建国后自发地推行了一条尽量不扰民的政治方针。任何社会的统治集团自然都不能游离于社会之外,他们必然要从千万民众的活动中获得自我统治的物质基础,但西汉的开国者却在一开始能考虑到民众的承受力,想到自己的得失利害,宁可把不扰民的施政原则作为一种主动地选择,则表现了一种善识时务的智慧。这一政治方针经过当时一些文化人的倡导和论证,形成了"无为而治"的统治思想,这是传统的仁政观念和朴素的惠民意识在当时情况下最可行的具体表现形式,道家的理性思维在此也第一次上升到了现实政治的层面,居处于社会意识形态中的主导地位。西汉政权在统治思想上由此获得了理性和现实的双重成功。航程业已启动,指南又已获得,虽然探索于黑暗与迷雾之中不乏巨大的风险,然而前景并非一片黯淡。

西汉的创国者也许并未意识到国家制度建设的紧迫性和紧要性,他们凭自己有生以来的个人感触和可能的想象去设定政权,秦朝的体制是他们最为熟悉、可以模仿的样本。但在设定政权时,秦朝的体制已无法在他们手中复制,因为那种一人独尊的郡县制虽能为刘邦本人及其心腹臣属所接受,但却不能留给许多功臣们应有的政治空间。政权的设定者参照战国时周室宇下诸侯分立的形式,在汉承秦制的郡县制之外,又封立若干功臣为诸侯王,使他们裂土而治。

于是,西汉的政治体制表现为汉室宇下郡县制和分封制并存的不对称结构,这是一种由某些现实原因所决定的仓促形成、未经推敲的特殊政治形式。

在这种特殊的政治形式中,受封的诸侯王可能意气自得,心满意足,但一统天下的皇家却有肌肤被割之感,他们视分立的诸侯国如鲠在喉。专制制度中的最高权力是不受限制的,在某些高层权力人物的策划和推动下,西汉开国六七年间的政治舞台上即上演了一出出兔死狗烹的悲剧。这些悲剧的出现其实并非必然源于国家体制中两种结构间的冲突,而是诸侯国对于皇家天下的利益分割不能为国家权力专制化的要求所允许。分封制体现着最高执政者在国家全盘中对诸侯王的某种利益分配和权力划分,但政治体制的设定者并没有对这些分配和划分做出法律意义上的规定,也没有提出对各方违规的仲裁和制裁设想。在一个毫无法制意识的国度,分得利益的各方只能在相互戒备中寻求自身的安全,在他们的深层意识中,消灭对方才是对自己最大的保护。这样,力量强大的中央专制集团必然要寻找机会、制造借口,灭掉那些自己认为内心不轨的诸侯王。战事的延绵、政局的震荡和对生命的草菅均是民族的法制意识缺失在此必然要付出的代价。所幸西汉政权终究撞出了这片激流险滩,走出了新的前景。

消灭初封的诸侯王是西汉政权最高执政者为追求天下利益和国家权力双重独占而必有的措施,但他们并没有改变国家政治体制的设想,因而在事罢之后,又基本上在原地盘上分封自家的亲属为诸侯王,即"同姓诸侯王",并认为就此实现了"天下一家"的局面。这一变化的确实现了"天下"与"家"的高度重合,利用家族内部的血缘之脉运行天下政治,有了更大的灵便性,各方的相互信任度也迅速提高。然而,天下利益和国家权力被分割的格局并未变化,各方的信任随着代际下延中血缘关系的疏远而渐次淡漠,中央政府与诸侯国由相互戒备引起的对抗争夺在一段时间后又重新发作,吴楚七国反叛正是这种冲突被延缓后的集中爆发,是地方诸侯对中央专制权力蓄意伸张而做出的强烈反应。吴楚兵败后,地方诸侯的权力被迅速削弱,中央政府的权力进一步扩大,国家体制朝秦朝的模式靠近了一大步,离西汉开国者当初的设定已相去甚远,这符合了皇权统治下权力专制无限化的本质要求。中央政府的军事胜利,一时消除了与诸侯国的相互戒备,减少了国家的内耗,然而,国家政权内部的摩擦终在专制伸张的方向上作结,却是莫大的遗憾。自然,起兵反叛的诸侯未必能建立一个更为合理的国家政权,但皇室与诸侯间的是非纷争最终要靠双方武力的拼争来裁决,无论如何不是国家民族的幸事。

西汉政权与同姓诸侯国的矛盾酝酿一度曾被外戚集团的膨胀所打断。外戚执政是家天下的专制制度中必然生长出的伴生物,随皇权的代际交替而具有周期性发作的特点。西汉政权的第一次代际交替适逢接替人的软弱和早逝,强悍的母后作为实际掌权人遂把外戚执政逐次推到了极端。元老大臣的权力被剥夺,许多族内诸侯王被迫害致死,吕氏外戚已成了整个朝廷的支配力量。然物极必反,突然膨胀的外戚势力由于缺乏赖以支持的社会政治基础,在核心人物一朝撒手时,国家政权中长期被压抑的势力必然会将其联合摧垮,以恢复和建立他们所认可的政权,这是各派势力在长期的较量中追求平衡的结果,也符合于国家政权结构要与社会政治结构相适应的运行要求。

内变后的西汉政权有幸得到了一位聪颖善良的道德君子为帝。人们固然不宜把一个社会发展的希望寄托于执政人物的品质上,但在专制制度下,一位君主的品格和才质却对该朝代的兴旺几乎有着决定的意义。汉文帝刘恒极稳妥地处理了各种政治关系,它在朝廷与诸侯国间实行积极地妥协,在元老大臣和新任朝臣间寻求应有的平衡,他坚决地推行和亲匈奴与安抚南越的对外方针,长期实行了爱民施惠的治国方略,并对后朝治政起到了直接的引导和示范。这是西汉社会最为稳定、民众最为康乐、社会发展最为迅速的时期。身为帝王的刘恒痛惜民力、身自节俭、大仁济世,他的德性风范也为后来的执政者立下了不易逾越的标杆。刘恒治国的成功向人们清楚地表明,对专制权力的执政者而言,善良其实就是最大的智慧。

西汉六十年的政治演变也印证了先秦许多治国理念的正确性。如孔子所言:"政者,正也。""其身正,不令而行;其身不正,虽令而不从。"刘恒执政时的社会风尚与前朝十余年迥然不同,正是源于最高当权者的德行差异。一个只关心攫利自享的政治集团,他们的治下无论如何不会有良好的社会风尚。又如《老子》所言:"治大国如烹小鲜。"人们烹小鱼时不作翻搅,恐其糜烂。据此,国家治理中政治方针的稳定当是一种重要的策略,多变的政治最易引发政治的激变,七国反叛的发生就与朝廷对诸侯对策的骤变不无关系,而文景时期惠民方针与和亲政策的长期推行正是社会得以走向兴盛的保证。《老子》又言:"民之饥,以其上食税之多,是以饥;民之难治,以其上之有为也,是以难治。"西汉六十年,尤其是文景时期,执政者选择的是一条无所作为和食税愈少的治国方针,刘恒的朝廷甚至取消了天下田租十二年,这样所得到的恰是百姓康乐和民之易治。国家治理中许多相反相成的关系由此显示得更为清晰。

"维天有汉,监亦有光。"内蕴着天汉光灿的王朝在鲜血流淌的废墟上挺立起来,经过政制调适的危机和利害相残的考验,终以绝大的智慧坚守了六十年无为、内敛的治政思路,使羸弱的民族在数百年疲惫后得到了气力的恢复,筋骨的强健,魂灵的重塑和豪气的滋养,由此创造了盛世,孕育了辉煌,足令后世永久地神往。前141年,世代更替,政局开新,积蕴既久的汉民族掀开了历史的新洞天,那是一个豪气冲涌、心魂激荡、重铸金瓯、血染山河的时代。

后 记

司马迁是中国伟大的史学家和文学家，他的《史记》被鲁迅称为"史家之绝唱，无韵之离骚。"是学习和研究中国历史的必读书。一部《史记》上起黄帝，下迄汉武帝晚年，其记述略古详今，对秦皇及其以后的历史描述尤为备细。本书系对司马迁所述国史的"当代史"部分进行重读，叙述从秦始皇到汉武帝约130多年间中国政治演变的基本轨迹，并试图做出应有分析反思，以揭示司马迁笔下中国社会政治形态的特点和历史演进的规律。本部《天启汉光——西汉开国六十年》，涉及公元前202年西汉建国至前141年汉景帝刘启离世时期的政治运动。其中以公元前180年的"大臣诛吕"事件划分上下两个阶段，分别对汉初社会发展和文景之治时代的内外事件、政治人物、治国思想做出了系统分析与反思，意在反映西汉开国六十年间政治演进的规律性。

司马迁主要是以众多人物活动为载体来记录了历史运动的轨迹，他在叙史上打破编年体而首创纪传体，这不仅是叙史形式的变化，也体现着司马迁以人为中心的历史观。事实上，历史活动应该有人的完整映像，应该有不同人性、纷繁人情和各式人生的掺杂表演。按照司马迁的历史理念及其方法，本书系各论著选取了许多有影响的人物来提挈政治发展的脉络，既对人物所涉政治事件做出了系统详尽的分析，也对各类人物的完整心性做出体认。应该说，对人物性格与命运之复杂关系的体悟，是被当代史论学鉴忽视了的方面，本书系在此做了开拓性工作，具体说来，对于特定的政治人物，书中的分析触及到了全部资料所涉的思想、性格、心理、谋略、事业及人生轨迹等许多方面。多方位的分析意在强化人物的立体感，并揭示各种政治活动的复杂成因。这更合于司马迁的史学理念，能使当代读者能得到许多不同人生的启悟。

本书系在体系的建构上把对历史的宏观把握与微观解剖相结合，每部论著均按历史与逻辑相统一的方式构建分析框架，作为史论形成的时代背景，同时把具体人物放在特定的时代中去认识,而对人物的认识又以其全部史载的具体活动为据;论著通过对具体活动的剖析完成对人物的全面认识,又通过对历史人物及其相互关系的把握来揭示历史政治发展的基本趋势,进而认识中国社会政治的一般特征。

"社会是单向引长的线,人人都来自昨天;记住往昔的经历与得失,我们才会走得更端、更远。"人类社会的无限延续,使昨天的历史与今天的现实间有着割不断的联系。从一定意义上说来,历史孕育着现实、包含着现实:现实映照着历史,包含着历史。历史与现实的这种贯通性使任何有意义的历史反观都具有强烈的现实性,同时也使任何有意义的历史反观必然带有现实的考量。《重读司马迁》以当代人的视角,深入到历史政治的演进过程中,运用唯物史观以及政治学、心理学、军事学、文化学的理论观点审视历史政治,分析许多具体的人物关系,心理变化,认识和发掘史迁不朽之作中具有当代意义的历史智慧和文化内涵。论著以史引论,寓论于史,在历史事实的展现中阐发着对社会和人生种种问题的思考与看法。史实的叙述在书中只是作为议论的引子,而由此引发的种种思考和理性的归结才是全书的重点。"文章千秋事,得失寸心知。"作者以敬畏之心对待历史人物,分析叙述未敢轻率,力求下笔慎重,书中认识和观点上的任何错失完全由作者本人负责。阅读此书的朋友在观点上如有不同看法,可将宝贵意见发至邮箱(skfla@126.com),欢迎做进一步交流切磋。

该书系各论著所用资料完全忠实于《史记》文本,参考使用的是王利器先生主编的三秦出版社1988年版全四册《史记注译》,在许多必要的地方,尤其是对司马迁同代人物的分析取材上参考了《汉书》和《资治通鉴》。全书对纷繁庞杂的征引资料,采取了内在融化、直白叙述、免去引注的方式,希望能方便阅读。本人所在单位广东省社会科学院为撰著提供了很多帮助,广东省社会科学界联合会的领导和朋友给予了热情鼓励,杨春霞女士做了许多文字处理工作,中联华文(北京)图书有限公司总经理樊景良先生、中联学林文化发展中心张金良经理及其同事以强烈的事业心和崇高的敬业精神推动了论著的出版,中国文史出版社的几位编辑朋友为该书系的问世做出了辛勤工作,在此表示衷心的感谢!

作者

2013年10月25日于广州